정상적인 것과 병리적인 것

Le normal et le pathologique

by Georges Canguilhem

프리즘 총서 029

정상적인 것과 병리적인 것

발행일 초판1쇄 2018년 12월 15일 초판2쇄 2020년 12월 10일
지은이 조르주 캉길렘 | **옮긴이** 여인석
펴낸이 유재건 | **펴낸곳** (주)그린비출판사 | **주소** 서울시 마포구 와우산로 180, 4층
주간 임유진 | **편집** 신효섭, 홍민기 | **디자인** 권희원
마케팅 유하나 | **경영관리** 유수진 | **물류유통** 유재영, 한동훈
전화 02-702-2717 | **팩스** 02-703-0272 | **이메일** editor@greenbee.co.kr | **등록번호** 제2017-000094호

철학과 예술이 있는 삶 **그린비출판사** www.greenbee.co.kr

정상적인 것과 병리적인 것

조르주 캉길렘 지음 | 여인석 옮김

프리즘총서 029

그린비

차례

옮긴이의 글 7
미셸 푸코의 서문 17

1_정상적인 것과 병리적인 것에 관련된 몇 가지 문제에
  대한 논고(1943)

재판 서문 40
서론 45

1부 · 병리적 상태는 정상 상태의 양적인 변화에 불과한가? 49

1. 문제의 도입 49
2. 오귀스트 콩트와 "브루세의 원리" 59
3. 클로드 베르나르와 실험병리학 80
4. 르네 르리슈의 개념 110
5. 이론의 함의 122

2부 · 정상적인 것과 병리적인 것에 대한 과학이 존재하는가? 133

1. 문제의 도입 133
2. 몇 가지 개념들에 대한 비판적 검토: 정상, 이상, 질병, 정상적인 것과 실험적인 것 143
3. 규범과 평균 173
4. 질병, 치유, 건강 205
5. 생리학과 병리학 230

결론 259

2_정상적인 것과 병리적인 것에 대한 새로운 고찰
(1963~1966)

20년 후 264

  1. 사회적인 것에서 생명으로 268
  2. 인간에서의 유기체적 규범에 대하여 294
  3. 병리학의 새로운 개념: 실수 315

  에필로그 332

옮긴이 후기······ 20년 후 334
참고문헌 337
찾아보기 349

옮긴이의 글

이 책의 교정지를 보고 있던 10월의 어느 날 캉길렘의 죽음을 알리는 소리를 접하게 되었다. 20세기 후반 파리의 지성계를 화려하게 장식하던 거장들이 세기말이 다가옴과 함께 하나둘씩 역사 속으로 묻혀 가고 있다는 생각에 조금은 허전한 느낌이 들었다(더구나 캉길렘이 죽은 지약 한 달 후에는 질 들뢰즈가 파리의 아파트에서 투신자살했다).

사실 그동안 캉길렘은 우리들에게 풍문으로만 전해졌다. 그 유명한 푸코의 스승으로, 또 바슐라르와 함께 20세기 프랑스의 과학철학을 대표하는 철학자의 한 사람으로 알려졌지만, 적어도 역자가 아는 범위 내에서는 그에 대한 해설 논문 한 편도 국내에서는 쓰인 바 없다.

캉길렘은 1904년에 태어났고, 1924년에 사르트르, 아롱 등과 함께 동기생으로 고등사범학교에 입학했다. 철학 교수 자격시험에 통과한 후에 다시 의학 공부를 시작하여 제2차 세계대전이 한창이던 1943년, 이 책의 앞부분에 실린 논문으로 의학 박사학위를 받았다. 처음에는 스트라스부르 대학에서 가르쳤고, 1955년 바슐라르의 뒤를 이어 소르본에 부임하여 과학사와 과학철학을 가르치기 시작하였다. 일반적으로 프랑스의 철학자들이 다작인 점을 고려한다면 캉길렘은 과작으로 5권 남짓한 많지 않은 저서를 남겼다. 그나마 하나의 주제하에 일관된 저서의 형식으로 집필된 것은 여기에 번역한 『정상적인 것과 병리적인 것』 정도이고, 나머지는 여기저기에 발표한 글들을 비슷한 주제별로 묶어 놓은 것들이다. 20세기 후반의 프랑스 지성사에서 캉길렘이 차지하는 위치와 여기에 번역된 이 책의 의의에 대해서는 푸코가 쓴 서문에 잘 밝혀져 있으므로 여기에서 되풀이할 필요는 없을 것이다. 다만 여기서 역자는 이 책을 읽고 번역하여 나름대로 느낀 내용들을 몇 가지 적어 보고자 한다.

이 책은 원래 캉길렘의 의학 박사학위 논문으로 그의 저서 중 가장 먼저 출판된 것이면서 동시에 그의 대표적인 저서로 손꼽는다. 우리는 영미의 과학철학이 최근에 와서야 다루기 시작한 문제들(예컨대 과학지식의 객관성, 과학의 이데올로기적 기능에 관한 문제 등)이 1943년에 나온 이 책에서 이미 깊이 있게 다루어지고 있음을 확인할 수 있다. 영미의 과학철학은 철학이라는 이름을 달고 있음에도 불구하고, 보편성을 추구하는 철학에 가깝다기보다는 자체의 논리에 갇혀 있는 기술적이고 특수화된 하나의 분과 학문으로서의 성격이 강하다. 그에 반해 프랑스의 과학철학은 철학에서 따로 떨어져 나와 나름의 영역을 구축한다기보다는 그리스로부터 시작되는 서양 철학의 본류에 자연스럽게 연결되어 있다. 그것은 바슐라르나 캉길렘과 같이 소위 과학철학자로 분류되고 있는 이들이 프랑스 지성계 전체에 미치고 있는 영향의 범위와, 영미의 과학철학자들이 그들의 지성계에서 차지하고 있는 위상을 비교해 보는 것으로 충분할 것이다. 후자의 경우는 대부분 그 영향의 범위가 자신의 영역 내에 국한되고 있다고 할 수 있다. 그나마 미치는 영향의 범위가 가장 컸다고 볼 수 있는 사람으로는 토마스 쿤 정도를 꼽을 수 있을 것이다. 흔히 프랑스의 과학사를 대표하는 학자로 알려져 있는 알렉상드르 쿠아레도 단순한 과학사학자가 아니라 플라톤에 관한 전문적인 연구서와 철학사를 저술한 철학자이기도 하다.

위에서 말한 프랑스 과학철학의 특징은 이 책의 내용을 검토해 보면 더욱 분명히 드러난다. 이 책은 외견상으로는 생리학과 병리학이라는 특정 과학의 영역에 대한 몇몇 학자들의 의학 이론을 세밀하게 검토하고 있는 지극히 전문적인 성격의 책이다. 그러나 이 책에서 다루어지고 있는 정상적인 것과 병리적인 것의 관계라는 문제는 그 의학적 맥락과 소재의 특수성을 잠시 사상시켜 본다면 파르메니데스에서 보이는 존재에 대한 관심으로 곧장 연결된다. 이 문제는 존재와 무의 관계에서 파악이 된다. 조금 더 시대를 내려와 살펴보면 병리적인 것의 문제, 즉 질병의 문제는 교부 철학에서 다루고 있는 악의 존재론적 지위에 관한 문제와도 연결되어 있음을 알 수 있다. 초기 교부들에게 있어 악의 존재론적 지위를 어떻게 설정하느냐는 것은 큰 문제였다. 그들은 동방의 다른 종교들처럼 선악의 이원론을 주장할 수 없었다. 왜냐하면 절대선인 신으로부터 나온 모든 존재들은 논리적 귀결상 선한 것일 수밖에 없기 때문이다. 악은 실체를 가질 수 없다. 선한 신이 악이라는 적극적인 존재를 만들어 낸다는 것은 논리적으로 모순이다. 모든 존재를 선하다고 보는 교부 철학에서는 다른 해결책을 찾아내야 했다. 그래서 등장한 것이 '악은 선의 결여'라는 아우구스티누스의 이론이다. 그는 악을 '결여(무)'라는 소극적인 의미로 파악함으로써 악에게 적극적인 실재를 부여했을 때 발생하는 난점을 피해 가려고 했다. 그렇다면 질병이란 무엇인가? 그것은 어떤 적극적인 실재인가, 아니면 조화의 결여, 질서의 결핍으로 설명될 수 있는 소극적인 실재인가? 혹은 르리슈처럼 의학에서는 이 관계를 뒤집어 건강이란 다른 모든 질병의 부재 상태라고 말할 수 있는가?(캉길렘은 건강을 이처럼 소극적으로 규정하는 것에 대해 반대한다.)

　우리가 질병을 하나의 구체적 현상으로서 경험하게 될 때 우리는 또 다른 문제에 봉착하게 된다. 질병은 분명 개체들에서 발현되고 개체들을 통해서만 파악된다. 그렇다면 다양한 개체들이 앓는 어떤 질병을 동일한 이름으로 부를 수 있게끔 해주는 무언가가 존재하는가? 그 질병의 이데아라고 할 수 있는 것이 존재하는가, 존재한다면 어떤 양식으로 존재하는가? 이러한 질문들과 더불어 우리는 존재론의 다른 차원으로 이행해 간다. 서양 철학사를 대충 한번이라도 훑어본 사람이라면 이러한 물음들이 상당히 낯익게 느껴질 것이다. 이것은 중세 철학에서 가장 중요한 논쟁 중의 하나였던 보편 논쟁, 유명론 논쟁에서 제기된 물음들과 정확하게 일치한다. 보편의 문제는 종種의 문제와도 연결된다. 우리는 종이라는 범주를 통해 사물을 분류하고 인식한다. 우리는 종을 기본 단위로 사물들을 분류함으로써 세계에 질서를 부여한다. 생명체를 종으로 분류하게 된 것은 근대 이후의 일이다. 먼저 종으로서의 식물에 대한 분류가 이루어졌고, 이어서 동물에 대한 분류가 이루어졌다. 질병에 대한 분류는 미리 이루어진 동식물에 대한 분류를 모델로 이루어졌다(이러한 분류의 문제를 깊이 있게 다루고 있는 책으로는 다고네의 『생명의 목록』*Le Catalogue de la Vie*이 있다).

그러나 동식물에 대한 분류와는 달리 질병에 대한 분류는 여러 가지 난점을 드러냈다. 먼저 하나의 질병이 동식물의 종과 같은 위치를 자연계에서 차지하고 있는가 하는 의문이 제기된다. 물론 현대 생물학에서도 종에 대한 입장이 서로 간에 완전히 일치하는 것은 아니다. 종이란 존재하지 않는 허구라는 극단적인 유명론적 입장을 취하는 사람이 있는가 하면 그 반대의 입장을 취하는 사람도 있다. 그러나 대체적으로는 유전자의 풀pool을 공유하고 있는 개체들의 집단을 동일한 종으로 보는 데 동의한다. 한 가지 확실한 사실은 동식물의 개체들은 적어도 실체로서 존재한다는 점이다. 그에 비해 질병은 개체적 실체로서 존재하는 것은 아니다. 물론 실체론적 병리 이론이 있지만 질병의 원인이 실체라고 말하는 것과 질병이 곧 실체라고 말하는 것 사이에는 큰 차이가 있다. 질병은 실체로서 존재하는 것이 아니라 관계적 상황으로서 존재한다. 질병은 존재의 한 양식이다.

이 책에서 캉길렘이 주장하는 주요한 주제 중의 하나는 생명이라는 현상, 질병이라는 현상은 순수하게 과학적인 사실로 환원되지 않는다는 것이다. 여기에는 가치의 문제가 개입된다. 따라서 이제 질병의 존재론은 질병의 가치론으로 이행한다. 이러한 이행의 의미를 보다 잘 파악하기 위해서는 논의를 보다 추상적인 수준으로 끌어올릴 필요가 있다. 원래 존재론은 가치론과 분리되지 않는다. 전통적인 형이상학에서는 모든 존재가 곧 선이기 때문이다. 우리는 여기서 존재론과 가치론의 관계를 검토하는 데 있어 스피노자를 참고하고자 한다. 그의 『윤리학』은 우리의 논의에 필요한 존재론과 가치론의 관계를 잘 보여 주는 탁월한 텍스트이다.

『윤리학』은 실체와 신의 존재에 대한 지극히 추상적인 논의로 시작되고 있다. 스피노자는 이 책에서 절대적인 실체에 대한 순수존재론을 시도하고 있으며, 이러한 시도는 근대 형이상학의 가장 근본적인 실험의 하나로 평가되고 있다. 그런데 그는 이러한 존재론적 시도를 왜 '윤리학'이라고 이름 붙였을까? 들뢰즈는 스피노자에 대한 작은 책(『스피노자: 실천의 철학』*Spinoza: Philosophie pratique*)에서 그 이유를 설명해 주고 있다. 그에 의하면 스피노자는 '도덕'과 '윤리'를 대비시킨다. 도덕은 신으로 표상되는 초월적 존재에 의해 외부에서 부과되는 초월적 가치로서, 그것은 외재적인 규범이다. 반면 윤리학은 내재적 존재 양식의 유형학이며 따라서 그것은 내재적 규범이 된다. 윤리학에서는 '선과 악'이라는 초월적 가치 사이의 대립(도덕)이 '좋은 것과 나쁜 것'이라는 존재 양식의 질적인 차이로 대체된다. 결국 윤리학은 존재 양식에 대한 실천적 학문이 되는 것이다. 존재론과 가치론은 스피노자에서 이렇게 연결되어 있다.

이제 다시 이 책의 내용으로 돌아와 보자. 캉길렘은 사회와 생명체를 유기체라는 유비를 통해 동일시하는 경향에 반대하여 이들의 근본적인 차이점을 다음과 같이 제시한다. 그에 따르면 사회의 규범은 외부로부터 부과되는 것임에 비해 생명체의 규범은 내재적이다. 이것은 곧 스피노자가 말하는 도덕과 윤리의 차이이기도 하다. 생명의 규범은 생명체와 하나를 이루며 그 자신의 존재 방식을 규정짓는다. 우리는 이 규범에 따라 우리 자신을 정상 상태와 병리적인 상태로 규정한다. 이 규범은 생명체의 존재 방식을 규정하는 한에 있어서 존재론의 규범이기도 하지만, 이것은 정상 상태이고 저것은 병리적 상태라고 규정하는 순간 바로 가치론의 규범이 된다. 캉길렘은 이 책에서 정확히 스피노자적인 의미에서 생명체의 '윤리학'에 대해 말하고 있다.

마지막으로 캉길렘과 푸코의 관계에 대해 간단히 언급하고자 한다. 캉길렘이 푸코의 스승이었고, 푸코의 학위 논문 심사자의 한 사람이었다는 외적인 사실 이상으로 캉길렘은 푸코에게 큰 영향을 미쳤다. 그것은 푸코의 저서들을 통해 잘 나타난다. 푸코의 학위 논문인 『고전주의 시대 광기의 역사』는 이성과 광기의 문제, 특히 광기가 이성에 의해 어떻게 규정되는가를 다루고 있다. 푸코는 이성이 배제하고 '무' 속으로 밀어 넣은 광기의 역사를 씀으로써 광기는 이성의 결여가 아니라 또다른 이성이라고 말하고 있다. 우리는 여기서 정상적인 것과 병리적인 것의 관계에 대한 캉길렘의 문제 의식이 이성과 광기의 관계에 대한 푸코의 문제 의식에 투영되어 나타나는 것을 볼 수 있다.

다음으로는 의학사의 문제를 직접적으로 다루고 있는 『임상의학의 탄생』이 있다. 의학에 대한 푸코의 관심은 각별한데, 그것은 단순히 푸코의 아버지가 외과 의사이자 해부학 교수였다는 사실에서 유래하는 것만은 아닐 것이다. 어느 대담에서 푸코는 자신이 정신병리학이나 의학에 관심을 가진 이유는 이들 분야가 지식과 권력의 관계를 보여 주는 데 적합한 영역이기 때문이라고 말하였다. 이론물리학과 같은 추상적인 분야에서 그 과학이 정치적이며 경제적인 사회구조와 갖는 관계에 대해 말하기에는 넘어야 할 문턱들이 너무나 많다. 그에 비해 인간의 몸을 통해 형성되고 검증되며, 그 성과들이 인간의 몸에 적용되는 의학은 권력의 통제 대상인 인간의 몸, 권력의 가장 좋은 서식처인 인간의 몸에 대한 직접적인 지식이다. 푸코는 『정상적인 것과 병리적인 것』의 영역판 서문에서 캉길렘이 의학사와 생물학사의 문제들에 관심을 집중시킴으로써 높은 곳의 과학사(물리학사, 천문학사 등)를 중간 영역으로 끌어내렸고, 그렇게 하는 과정에서 상대적으로 무시된 영역을 재평가하는 것 이상의 일을 수행하였다고 말했다. 푸코가 캉길렘이 수행한 "상대적으로 무시된 영역을 재평가하는 것 이상의 일"에서 영감을 받았음은 말할 나위 없다.

우리가 푸코의 저술들을 연대순으로 훑어 나가노라면 푸코의 문제의식 역시 종국에는 윤리학으로 귀결되는 것을 확인할 수 있다. 푸코의 마지막 저서인 『성의 역사』는 성적 욕망, 성풍속 등의 역사를 통해 '몸의 윤리학'을 다루고 있다. 기독교의 초월적인 도덕이 성적 욕망을, 따라서 인간의 몸을 통제하던 시기와 성적 관행과 기술들이 일종의 양생술로 받아들여지던 인간들의 시대였던 그리스와 로마 시대를 대비시키며 푸코는 '육체의 내재적 규범', 즉 '몸의 윤리학'에 대해 말하고 있다. 우리는 캉길렘의 이 작은 책의 내용이 푸코에서 그토록 풍부한 반향과 울림을 일으키며 퍼져 나가고 있다는 사실에 놀라지 않을 수 없다.

프랑스어 공부를 시작하며 역자의 손으로 번역하고 싶었던 책이 세 권 있었다. 라캉의 『에크리』, 푸코의 『임상의학의 탄생』 그리고 여기에 번역한 캉길렘의 책이다. 세 권 모두 어떤 식으로든 의학과 관련이 있는 책이었다. 그러나 『에크리』는 분량도 분량이려니와 워낙 난해하기로 악명이 높아 관련 분야에 대한 상당한 공부 없이는 만용이나마 부려 보기 힘든 책이다. 더구나 이제는 라캉 전문가가 될 의향도 여력도 없는 역자로서는 『에크리』에 대한 미련은 버리기로 했다(우리나라에서도 라캉을 전문적으로 연구하는 사람들이 생겨나고 있으며, 최근에는 『에크리』에 대한 저작권 계약이 체결되었다는 소식을 들었다. 좋은 번역이 나오길 기대한다). 한편 『임상의학의 탄생』은 푸코가 한창 유행하던 시절, 단지 푸코의 책이라는 이유만으로 덩달아서 번역되어 나오는 바람에 뜻을 이룰 기회를 잃고 말았다.

이 책을 번역하면서 제목(*Le normal et le pathologique*)을 어떻게 옮길 것인가 하는 문제로 많이 고심하였다. 다른 곳에서 이 책이 소개될 때에 번역된 제목들을 보면 '정상과 비정상', '정상과 병리', '정상적인 것과 비정상적인 것' 등으로 다양하게 나타난다. 이 중 '정상과 비정상'은 제목으로는 가장 매끄럽지만 이 제목만으로는 정신적인 이상과 비정상의 문제를 다루는 듯한 느낌을 준다. 물론 이 책에서 정신병리학의 문제를 일부 다루고 있기는 하지만 중심적인 문제는 생리학과 병리학의 문제이기 때문에 이 책의 제목으로는 적합하지 않다고 생각되었다. 다음으로 '정상과 병리'는 정상과 병적인 상태를 이데아적으로 개념화하고 있어 이 책에서 의도하는 방향과는 조금 어그러진다. 이 책의 주장은 개체를 통해 표현되는 정상과 병적인 상태는 생명체의 내재적 규범을 통해 규정된다는 것이다. 다시 말해서 이 책에서 다루어지는 문제는 앞서 말한 것처럼 '선과 악' 같은 초월적 가치 사이의 대립이 아니라 '좋은 것과 나쁜 것'이라는 개별적인 존재 양식의 질적인 차이이다. 따라서 제목으로는 다소 부자연스럽긴 하지만 '정상적인 것과 병리적인 것'이 이 책의 의도와 내용에 가장 잘 부합하는 것 같아 이것을 제목으로 정했다.

캉길렘의 글은 멋을 많이 낸 문체는 아니지만 문장이 대체로 길고, 함축적으로 표현된 부분이 많아 의미를 정확히 파악하여 우리말로 풀어 옮기는 데에 적지 않은 어려움을 겪었다. 다행히 영역본은 원본에서 함축적으로 표현해 놓고 있는 부분을 나름대로 풀어서 옮겨 놓은 경우가 많아 여러 곳에서 도움을 받았다. 옮겨 놓은 초고를 읽고 검토해 준 남해선 선생님, 도대체 어떻게 해도 이해가 되지 않는 문장을 함께 읽고 토론해 준 알리앙스의 프랑스어 선생님 바쇠르 양(Mlle Vasseur)에게 고마움을 표하고 싶다.

1996년 2월
옮긴이

미셸 푸코의 서문

프랑스에는 논리학자들이 거의 없는 반면 과학사학자들은 많으며, 그들이 철학과 관련된 기관 — 교육을 지향하는 기관이건 연구를 지향하는 기관이건 — 에서 상당히 중요한 위치를 차지하고 있다는 것은 누구나가 알고 있는 사실이다. 그러나 지난 15년에서 20년 동안, 제도권의 경계에 이르기까지 캉길렘Georges Canguilhem의 업적이 제도로부터 분리되고, 제도에 도전한 사람들에게 가질 수 있었던 중요성을 우리는 정확히 알고 있는가? 물론 그것보다 더 시끌벅적한 극장들(정신분석, 마르크스주의, 언어학, 민족학)이 있다는 사실을 나는 안다. 그러나 프랑스의 지성적 환경의 사회학, 우리 대학 제도의 기능이나 문화적 가치체계와 밀접한 관계가 있는 다음과 같은 사실을 잊지 말자. 즉 지난 60년 동안 이루어진 정치적·학문적 토론에서 철학자들 — 나에게 그들은 단순히 대학 철학과에서 교육받은 사람을 의미할 뿐이다 — 의 역할은 아주 중요했다. 때로는 너무도 중요해 어떤 이들은 싫어할 정도였다. 그리고 직접 혹은 간접적으로 거의 모든 철학자들은 조르주 캉길렘의 가르침과 책을 익숙히 잘 알고 있어야 했다는 사실을.

　이로부터 한 가지 역설이 생겨난다. 어느 경우든 화려한 분야는 결코 아닌, 과학의 역사라는 특정한 영역에 의도적으로 그리고 조심스럽게 자신의 작업을 엄격하게 한정짓는 캉길렘은 자신이 등장하리라고 생각조차 못한 종류의 토론에 자신의 이름이 등장하고 있는 사실을 발견했다. 그러나 캉길렘을 따로 떼어 놓으면 알튀세르Louis. Althusser에 대한 많은 것들, 알튀세르주의와 프랑스의 마르크스주의자들 내부에서 벌어졌던 일련의 논쟁의 전모를, 그리고 부르디외Pierre Bourdieu와 카스텔Robert Castel, 파세송Passerson과 같은 사회학자들의 고유한 특징과, 무엇이 그들을 사회학 내부에서 두드러지게 만드는가를 파악하지 못할 것이다. 또한 당신은 정신분석가들, 특히 라캉Jacques Lacan의 추종자들에 의해 이루어진 이론적 작업의 전모를 놓칠 것이다. 더 나아가서 68년 운동에 선행했거나 이에 뒤따라 일어난 전체 논의에서 가깝든 멀든, 캉길렘에게 교육을 받은 사람들을 쉽사리 발견할 수 있을 것이다.

　종전 후 10년 동안 마르크스주의자와 비마르크스주의자, 프로이트주의자와 비프로이트주의자, 특정한 분야의 전문가와 철학자, 제도권 학계에 있는 사람과 그 바깥에 있는 사람, 이론가와 정치가를 대립시킬 수 있었던 간극을 무시하지 않으면서 나는 이러한 모든 대립을 가로지르는 새로운 분할선을 발견할 수 있을 것이라 생각한다. 그것은 경험, 감각, 주체의 철학과 지식, 합리성, 개념의 철학을 나누는 선이다. 앞의 것은 사르트르Jean-Paul Sartre와 메를로 퐁티Maurice Merleau-Ponty가 짜는 그물망이나 뒤의 것은 카바이에스Jean Cavaillès, 바슐라르Gaston Bachelard, 캉길렘이 짜는 망이다. 달리 말하면, 우리는 현상학이 프랑스에 수용된 두 가지 양식을 다루고 있다. 현상학은 아주 늦게 ─1930년경─ 조금씩 알려지기 시작했다. 프랑스의 현대 철학은 이 무렵에 시작되었다. 후설Edmund Husserl이 1929년에 한 초월적 현상학에 대한 강의(Gabrielle Peiffer and Emmanuel Levinas tr., *Méditations cartésiennes*, Paris, Colin, 1931; Dorion Cairns tr., *Cartesian Meditations*, The Hague, Nijhoff, 1960)가 그 계기를 이룬다. 현상학은 이 책(『데카르트적 성찰』)을 통해 프랑스에 들어왔다. 그런데 여기에 대해서는 두 방향의 독서가 가능했다. 하나는 주체에 대한 철학의 방향으로 사르트르의 「자아의 초월」(1935)이란 글이 여기에 해당되고, 다른 하나는 후설의 사유를 확립한 원리로 되돌아간 것이었다. 그것은 형식주의와 직관주의, 과학이론에 대한 원리들로, 카바이에스가 1938년에 쓴 논문 「공리적 방법」과 「집합이론의 형성」이 이에 해당된다. 이들이 어떻게 변동되고, 가지를 내고, 상호작용하고, 접근하더라도 이 두 형식의 사유는 프랑스에서 두 개의 이질적인 철학적 방향을 이루었다.

이 중 후자의 표면에는 가장 이론적이고, 추론적인 작업으로 가장 경도된, 그리고 가장 학구적인 것들이 남아 있다. 그리고 60년대에 위기가, 대학뿐만 아니라 지식의 지위와 역할에 대한 위기가 시작되었을 때 가장 중요한 역할을 담당한 것은 바로 이 형식의 사유였다. 우리는 자신의 고유한 논리를 따르는 이러한 종류의 반성 양식이 왜 현대와 가장 깊숙이 관련되어 있는가를 자문해 보아야 한다.

그 중요한 이유 중 하나는 의심할 여지 없이 다음과 같은 사실에서 파생되어 나온다. 과학의 역사는 18세기 후반의 철학에 은밀하게 도입된 주제들 중의 하나를 이용한다. 합리적 사유는 역사상 처음으로 자신의 본성, 토대, 힘과 권리뿐만이 아니라 자신의 역사와 지리적 위치에 대해서, 가까운 과거와 현재적 실체, 자신의 시간과 장소에 대해서도 의문을 제기했다. 멘델스존Moses Mendelssohn과 칸트Immanuel Kant는 1784년『월간 베를린』지에 기고한「계몽이란 무엇인가?」란 글에서 이러한 질문에 대답하려 하였다. 이 두 개의 텍스트는 19세기에 철학이 대학에서 교육되고 제도권 내에 뿌리내릴 수 있게 만든 주요한 형태 중 하나였던 '철학적 저널리즘'의 효시였다(1840년대에 독일에서 이것이 얼마나 많은 성과를 거두었는지 우리는 알고 있다). 그들은 역사적·비판적인 전체 차원으로 열리는 길을 철학에게 열어 주었다. 그리고 이 작업은 분리될 수 없고, 끊임없이 서로가 서로의 반향을 지니는 두 가지 목적에 연결되어 있다. 하나는, 서양이 처음으로 자신이 가진 합리성의 자율성과 우선권을 주장한 순간(연대기에서, 구성 요소에서, 역사적 조건에서)을 추적하는 것이다. 그것은 루터의 종교개혁, 코페르니쿠스 혁명, 데카르트의 철학, 자연을 수학화한 갈릴레이, 뉴턴의 물리학이다. 다른 하나는 현대에서 이성이 차지하는 비중뿐만 아니라 과거에 이성의 역사가 어떠했는가라는 관점에서 현재의 순간을 분석하고, 재발견, 잃어버린 방향의 회복, 완성이나 균열, 초기 순간으로의 복귀 등과 같은 근본적인 행위와 더불어 설정되어야 하는 관계들을 찾는 것이다.

계몽에 대한 물음은 왜 사라지지 않고 독일과 프랑스, 그리고 영국에서 그토록 다른 운명을 맞게 되었는가를 우리는 물어야 한다. 왜 이곳과 저곳에서 다양한 연대기에 따라 그토록 다른 영역에 투입되었는가를 물어야 한다. 독일 철학은 무엇보다 사회에 대한 역사적·정치적 고찰을 통해 계몽에 대한 물음에 내용을 제공했다(종교개혁이라는 특수한 순간과, 국가와 경제 관계에서의 종교적인 경험이라는 중심적인 문제). 우리는 헤겔주의자들로부터 프랑크푸르트 학파와 루카치György Lukács, 포이어바흐Ludwig Feuerbach, 마르크스Karl Marx, 니체Friedrich Nietzsche와 베버Max Weber에 이르기까지 모두 이러한 경향을 목격할 수 있다. 프랑스에서는 무엇보다도 과학사가 계몽에 대한 철학적 문제를 떠맡았다. 콩트Auguste Comte와 그의 후계자들의 실증주의는, 일반사의 차원에서 사회에 대해 질문을 던진 멘델스존과 칸트의 역할을 수행했다. 지식에 대한 신념, 과학적 형식을 취한 지식과 그 종교적인 내용의 표현, 전과학적 혹은 과학적인 것으로부터의 전이, 전통적인 경험의 토대 위에서 지식을 획득하는 합리적인 방법의 확립, 이념과 신념의 역사 한가운데에서 과학적 지식에 적합한 역사유형의 모습, 합리성의 기원과 경계 등의 모습을 띠고 실증주의(와 그에 반대하는 이들)를 통하여, 뒤엠Duhem과 푸앵카레Jules Poincaré를 통하여, 과학주의에 대한 소란스런 논쟁과 중세과학에 대한 학구적인 토론을 통하여 계몽에 대한 문제는 프랑스에 도입되었다. 그리고 (프랑스에서) 오랫동안 주변부에 머물러 있던 현상학이 마침내 (중심으로) 침투해 들어온 것은, 후설이 『데카르트적 성찰』과 『위기』(『유럽학문의 위기와 선험적 현상학』)에서 이성의 보편적 발달에 대한 서구의 계획과 과학의 실증성, 그리고 철학의 급진성과의 관계를 문제삼기 시작하면서부터였다.

내가 이러한 논점을 주장하는 이유는 지난 150년간 과학사가 프랑스에서 수행한 철학적 역할을 보이기 위해서인데, 이는 손쉽게 알아볼 수 있다. 쿠아레Alexandre Koyré와 바슐라르 혹은 캉길렘의 작업은 과학사에 있어서 정확하고, 국소적이고, 시기적으로 분명하게 한정된 영역을 준거점으로 삼고 있지만, 그들은 서로 다른 측면에서 현대 철학에서 본질적인 계몽의 문제를 각자의 방식으로 전개하면서 철학적 작업에서 중심적인 역할을 수행하였다.

우리가 프랑스 바깥에서 카바이에스, 쿠아레, 바슐라르와 캉길렘의 작업에 상응하는 것을 찾아본다면 틀림없이 프랑크푸르트 학파에서 찾아볼 수 있을 것이다. 물론 이들의 스타일, 즉 연구를 수행하는 방식과 다루는 대상은 아주 다르다. 한쪽은 데카르트의 기억에 사로잡혀 있고 다른 한쪽은 루터의 망령에 사로잡혀 있지만, 결국 이들은 동일한 종류의 질문을 제기하고 있다. 이러한 물음은 합리성에 대해 제기되어야 하는 것들이다. 그것은 우연적으로 발전하면서도 보편적인 주장을 하는 합리성, 통일성을 주장하면서도 전면적인 수정이 아니라 부분적인 수정으로만 전진하는 합리성, 자신의 종주권을 통해 자신의 합법성을 주장하지만 역사적으로는 자신에게 강요되는 관성과 하중으로부터 자유롭지 못하고 거기에 복종하는 합리성이다. 독일의 비판이론과 마찬가지로 프랑스의 과학사에서 우리가 검토하려고 하는 것은 본질적으로 이성, 다시 말해서 그 자율적인 구조가 교조주의와 전제주의를 동반하는 이성, 자신으로부터 자유로울 때에만 (다른 이들에게) 해방의 영향을 미칠 수 있는 이성이다.

　20세기 후반을 특징짓는 일련의 과정들은 계몽의 문제에 대한 현대 관심사의 핵심부로 우리를 인도한다. 첫 번째는 생산력의 발달과 정치적 결정을 수행하는 과학적이고 기술적인 합리성의 중요성이다. 두 번째는 혁명의 역사로, 합리주의는 18세기 후반 이래로 혁명에 대한 희망을 낳았다. 우리는 합리주의에 대해 다음과 같은 질문을 던질 자격이 있다. 혁명에 대한 희망이 상실되었을 때 합리주의는 전제주의가 미치는 영향에서 어떤 부분을 담당하는가?

　세 번째이자 마지막은 식민 지배 시대의 종말기에 이르러 서양의 문화, 과학, 사회적 구성, 그리고 마침내는 합리성이 보편적인 타당성을 가졌다고 주장할 권리가 어디 있는가를 서구에 대해 따져 묻는 운동이다. 그것은 경제적인 지배와 정치적인 헤게모니에 결합된 신기루가 아닌가? 2세기가 지난 후에 계몽시대가 다시 돌아왔다. 그러나 그것은 서양이 접근할 수 있는 현재의 가능성과 자유를 인식하게 되는 방식으로서 돌아온 것은 결코 아니며, 서양이 남용해 온 권력과 한계에 대해 의문을 제기하는 방식으로서 돌아왔다. 그것은 이성, 곧 전제주의적 계몽주의에 대한 것이다.

　조르주 캉길렘이 제시한 과학사의 한 특수한 형태가 비록 그의 역할이 숨겨진 채로 남아 있더라도, 현재 프랑스에서 진행중인 논의에서 중심적인 위치를 차지하고 있다는 사실에 놀라지 말자.

　프랑스에서 이루어진 과학사에서 조르주 캉길렘은 주목할 만한 관점의 이동을 가져왔다. 넓게 말해 과학사는 배타적이지는 않지만 오랜 토대를 가지며, 고도로 형식화할 수 있고, 수학화하기에 적합한, 실증주의적인 과학의 위계에서 특권적인 지위를 차지하는 고상한 영역을 선호하였다. 과학사는 그리스인들로부터 라이프니츠Gottfried Wilhelm Leibniz에 이르는, 요컨대 철학의 일부를 이루는 이러한 과학들에 대해 충실하기 위해 잊어야만 한다고 생각되는 부분을, 즉 철학이 아닌 부분을 감추었다. 캉길렘은 대부분의 연구를 생물학과 의학의 역사에 집중시켰다. 그는 어떤 과학의 발달이 제기하는 문제의 이론적인 중요성은 (수학적으로) 형식화할 수 있는 정도에 직접적으로 비례하지 않는다는 사실을 잘 알고 있었다. 따라서 그는 높은 곳에 위치한 과학사(수학, 천문학, 갈릴레이의 역학, 뉴턴 물리학, 상대성 이론)를 덜 연역적인 지식의 형식을 취하고 있으며 외부적인 과정(경제적 자극이나 제도적인 뒷받침)에 보다 좌우되고 상상력의 경이로움에 보다 밀접히 결합되어 있는 중간적 영역으로 끌어내렸다.

그러나 이러한 이동을 가져오면서 캉길렘은 상대적으로 무시된 영역을 재평가하는 것 이상의 일을 수행하였다. 그는 단순히 과학사의 영역을 넓힌 것만은 아니었다. 그는 몇 가지 본질적인 점에 있어서 영역자체의 틀을 다시 짰다.

1. 그는 '불연속'의 주제를 다시 거론하였다. 이 주제는 과학사의 탄생과 더불어 거의 초창기부터 현재에 이르기까지 계속해서 제기되는 오래된 주제이다. 퐁트넬Fontenelle의 말처럼 불연속적 역사의 특징은 '무

로부터 출발한' 어떤 과학이 갑작스럽게 형성되는 것이다. 거의 기대하지 않았던 진보가 지극히 빨리 이루어지는 것, 과학적 지식과 '상식'을 분리시키는 거리와 과학자를 자극하는 동기들, 멈추지 않고 '편견'·'저항'·'장애물'에 대한 싸움을 열거하는 역사의 가능적 형식 등이 불연속의 역사를 이룬다.[1] 쿠아레와 바슐라르가 공들여 다듬은 이 동일한 주제를 취하면서 캉길렘은 그에게 있어 불연속에 주의를 기울인다는 것은 가정이나 결과가 아니라, 과학사의 필수적인 부분을 이루는 과정을 실행하는 방식이라고 주장한다. 왜냐하면, 과학사가 다루어야 하는 바로 그 대상이 불연속에 대한 관심을 요구하기 때문이다. 사실 이러한 과학사는 진실의 역사, 객관적인 진실을 천천히 파악해 나가는 역사가 아니다. 현재의 지식이 완벽하고 확실한 진실을 소유하고 있기 때문에 과거를 측정하기 위해서 현재의 지식으로부터 출발할 수 있다고 상상하지 않는다면, 그 역사는 '사물이나 지성에 영원히 각인된' 진실에 대한 점진적인 발견을 열거한다고 주장할 수 없을 것이다. 또한 과학사는 이념과 그 이념들이 나타나고 사라지는 조건의 수수하고 단순한 역사도 아니다. 과학사에서 진실은 획득된 것으로 주어질 수 없으며, 누구도 과학사를 진실에 대한 학문으로, 진실과 허위가 대립하는 영역으로 축소시킬 수는 없다. 과학사의 특수성과 중요성은 이 진실-허위의 관계를 참조함으로써 획득된다. 어떠한 형태로? 누군가 '진실된 담

---

1 Fontenell, *Préface à l'histoire de l'académie*, Oeuvre edition, 1790, vol.6, pp.73~74. 캉길렘은 이 텍스트를 Canguilhem, *Introduction à l'histoire des sciences de la vie*, 1970, vol.1, pp.7~8에서 인용하고 있다.

론'의 역사를 다룬다는 사실을 인식함으로써. 진실된 담론이란 자신을 조정하고 교정하며, '진실을 말하는' 과업으로 완성되는 전체적인 다듬기 작업을 자신에게 실행하는 담론이다. 과학의 서로 다른 계기들이 서로에 대해 필연적으로 가질 수 있는 역사적 결합은 카바이에스의 말처럼 새로운 토대의 변경, 개정, 설명, 척도의 변화, 새로운 종류의 대상으로의 이동——면밀한 검사와 수정을 통해 내용을 계속적으로 수정하는 것——으로 이루어지는 불연속적 형식을 취한다. 실수는 그림자로부터 점차적으로 생겨나는 모호한 진실의 힘에 의해 제거되는 것이 아니라, 진실을 말하는 새로운 방식을 형성함으로써 제거된다.[2] 과학사가 18세기 초에 형성될 수 있었던 조건의 하나는 캉길렘이 말하듯이 최근에 과학'혁명'——해석기하학과 미분, 코페르니쿠스와 뉴턴의 우주론——이 일어났다는 사실을 의식하고 있는 데 있었다.[3]

2. '진실된 담론의 역사'를 말하는 사람은 누구나 또한 되풀이되는 방법을 말하고 있지만, 그것은 과학사가 말하는 다음과 같은 의미에서는 아니다. 진실이 마침내 인정될 수 있도록 내버려 두라. 얼마나 오랫동안 그것을 예측했으며, 어떤 길을 따라야 했으며, 그것을 발견하고 증명하기 위해서는 어떤 실수를 피해야 했던가? 그러나 그는 이러한 진실

---

2 이 주제에 관해서는 Canguilhem, *Idéologie et rationalité dans l'histoire des sciences de la vie*, Paris, 1977, p.21을 보라.
3 Canguilhem, *Etudes d'histoire et de philosophie des sciences*, Paris, 1968, p.17을 참조하라.

된 담론의 연속적인 변형은 계속적으로 그 자신의 역사를 새로운 모습으로 바꾸어 나간다는 의미로 말한다. 다시 말해서 오랫동안 막혀 있던 곳이 오늘날에는 출구가 되었고, 부수적인 시도가 그 주위로 다른 모든 것들이 모여드는 중심적인 문제가 되었다. 조금 벗어난 한 걸음이 근본적인 이탈이 되었다. 파스퇴르와 그의 미생물학이 지배하던 동안에는 부수적인 현상이었던 비세포발효의 발견은 효소 생리학이 발전한 이후에야 본질적인 이탈로 드러났다.[4] 요컨대 불연속의 역사는 한 번 일어나면 영구히 지속되는 것이 아니라 그것 자체가 비영구적이며 불연속적이다.

이러한 사실로부터 과학은 모든 순간에 자발적으로 자신의 역사를 되풀이해서 만들며, 따라서 자신이 과거에 관여했던 일을 재구성하는 과학자만이 유일하게 과학사학자로 인정될 수 있다는 결론을 내려야 하는가? 캉길렘에게 있어 문제는 전문직업의 문제가 아니라 관점의 문제이다. 과학사는 과거의 과학자들이 믿을 수 있거나 증명할 수 있었던 것들을 한군데에 모으는 것으로 만족할 수 없다. 식물생리학의 역사는

식물학자, 의사, 화학자, 원예가, 농경가, 경제학자라는 사람들이 써놓을 수 있었던 것들과 때로는 풀, 때로는 식물, 때로는 채소라고 불리는 대상들에서 구조와 기능의 관계를 추측하고 관찰하고 실험한 바를 다

---

4 캉길렘은 Marcel Florkin, *A History of Biochemistry*, Amsterdam, 1972~1975에서 다룬 예를 다시 취하고 있다.

룬 모든 것을[5]

모으는 것으로 기록되지 않는다. 그러나 그것은 현재 타당한 진술이나 이론의 틀로 과거의 사실을 다시 거르고, 과거에 거짓이었던 것이 현재는 진리가 되고, 과거에는 진리였다가 지금은 오류로 판명된 것들을 폭로하는 일도 아니다. 캉길렘의 방법에서 근본적인 논점 중 하나는 순수역사가와 과학자 사이의 인식론적 관심을 취했을 때 드러나는 고유한 특성이 과학사를 이룬다는 것이다. 이러한 관점은 '숨겨진, 질서 정연한 진보'가 서로 다른 과학적 지식상의 일화를 통해 나타나게 만든다. 이것은 진술과 이론과 대상을 선택하고 제거하는 과정이 각 순간에 어떠한 규범에 의해 이루어진다는 사실을 의미한다. 그런데 이 규범은 이론적인 구조나 현재의 패러다임과 같은 것은 아니다. 왜냐하면 오늘날 과학적 지식은 그 자체가 기껏해야 하나의 잠정적인 일화에 불과하기 때문이다. 우리가 쿤이 말하는 '규범과학'normal science에 의존해서 과거로 돌아가서 과학의 역사를 추적할 수 있는 것은 아니다. 과학사는 '규범'의 형성과정, 규범의 한 계기일 뿐인 현재의 지식을 미래를 예언하지 않으면서도 재발견하는 것이다. 수잔 바슐라르Suzanne Bachelard를 인용하며 캉길렘이 말하는 이 과학사는 '이상적인 시공'에서만 그 대상을 구성할 수 있다. 그리고 이 이상적인 시공은 역사가의 박식함으로 축적되는 현실적 시간이나, 오늘날의 과학에 의해 추월되는 이상적

---

5 Canguilhem, *Idéologie et rationalité*, p.14.

인 공간에 의해 주어지는 것이 아니라 인식론의 관점에 의해 주어진다. 인식론의 관점은 모든 과학이나 가능한 모든 과학적 진술에 대한 일반 이론이 아니다. 그것은 서로 다른 과학적 활동 안에 있는 규범성을 찾아 그것이 효과적으로 작동할 수 있도록 하는 것이다. 따라서 우리는 과학사가 역사 일반과는 다른 방식으로 형성할 수 있는, 필수불가결한 이론적인 고찰을 다루고 있다. 또한 이와 반대로 과학사는 인식론이 어떤 순간에 존재하는 과학 내부의 도식을 단순히 재생산한 것이 아니라, 그와는 다른 무언가가 되는 데 꼭 필요한 것을 분석하기 위한 영역을 개척한다.[6] 캉길렘이 사용한 방법에서 '불연속론적' 분석을 정교화하는 일과 과학사와 인식론의 역사와의 관계를 설명하는 일은 동시에 진행된다.

3. 이제 캉길렘은 생명과학을 역사적·인식론적 관점 안에 위치시키고, 이러한 과학의 발전을 두드러지게 만드는 몇 가지 본질적인 특징을 조명하며, 과학사학자들을 위해 특정한 문제들을 제기한다. 비샤Bichat의 시대에는 생명현상을 연구하는 생리학과 질병을 연구하는 병리학 사이에서 인간의 육체를 치료하기 위해 인간의 육체를 연구해 온 사람들에게 오랫동안 혼동된 채로 남아 있던 것들을 마침내 분명하게 해결할 수 있다고 믿을 수 있었다. 그리고 즉각적으로 취해야 할 모든 시술과

---

6 인식론과 역사의 관계를 위해서는 특히 Canguilhem, *Idéologie et rationalité*, pp.11~29의 '서론'을 참고하라.

유기체의 좋고 나쁜 기능에 대해 내릴 모든 가치판단에서 자유로워졌기 때문에 마침내 순수하고 엄밀한 '생명에 대한 과학'을 발전시킬 수 있었다. 그러나 질병, 죽음, 괴물성, 이상, 실수(비록 유전학자들이 이 말에 18세기의 의사들이 자연의 오류라고 말할 때 의도했던 의미와는 전혀 다른 의미를 부여했다고 하더라도) 등이 그 과학의 본질적인 부분이 될 가능성을 고려하지 않고 생명체에 대한 과학을 만드는 것은 불가능한 일로 판명되었다. 우리가 아는 것처럼 생명체는 자기조절과 자기보존 작용을 갖고 있다. 우리는 그러한 작용을 보장해 주는 물리화학적 기전mechanism을 보다 정교하게 알 수 있다. 그러나 그럼에도 불구하고 그러한 작용들은 생명과학을 이루는 고유한 대상과 영역에서 생명과학이 빠짐없이 반드시 고려해야 하는 특수성을 나타낸다.

따라서 다음과 같은 역설적인 사실이 생명과학에 나타난다. 만약 물리적이고 화학적인 기전을 밝힘으로써, 세포화학이나 분자화학, 혹은 생물물리학과 같은 분야를 확립함으로써, 또 수학적 모델을 사용함으로써 '과학화'의 과정이 이루어진다면, 그것은 다른 한편으로 자연계에 존재하는 모든 존재 가운데 생명의 특이성 문제와, 생물과 무생물을 나누는 문턱의 문제를 설명해 달라는 요구가 계속적으로 저지당함으로써만 발전해 올 수 있었다.[7] 그렇다고 해서 이 사실이 그토록 많은 이미지를 유통시키고 그토록 많은 신화를 지속시킨 '생기론'이 진실임을 의미하지는 않는다. 그것은 대부분의 경우 엄밀하지 못한 철학에 뿌리

---

7 Canguilhem, *Etudes d'histoire et de philosophie des sciences*, p. 239.

박고 있는 이러한 관념(생기론)이 생물학자들의 확고부동한 철학이 되어야 한다는 의미도 아니다. 그것은 의심할 여지 없이 지금까지 그래왔듯이 현재도 생기론은 생물학의 역사에 있어서 '지표'로서 필수적인 역할을 수행한다는 사실을 의미할 뿐이다. 이것은 두 가지 측면에서 그러하다. 해결되어야 할 문제에 대한 이론적 지표로서(그것은 어떤 경우든 자연에서 독립된 왕국을 이루지 않고도 일반적으로 생명의 고유성을 확립하는 것이다)가 그 하나이고, 피해야 할 환원에 대한 비판적 지표(보존, 조절, 적응, 생식 등을 지칭하는 가치에 대한 특정한 입장 없이 생명과학을 수행할 수 없다는 사실을 무시하는 경향이 있는 사람들)로서가 두 번째이다. "생기론은 방법보다는 요청이, 이론보다는 정신이 되어야 한다."[8]

이러한 관점을 확장시켜 보면, 1943년에 쓴 『정상적인 것과 병리적인 것에 대한 논고』에서 1977년에 쓴 『생명과학의 역사에서의 이데올로기와 합리성』에 이르는 모든 캉길렘의 저서에서 항상 다루는 문제는 생명과학과 생기론의 관계에 대한 문제라고 할 수 있다. 그는 모든 생명과학에 필수적인 질병의 문제가 다른 어떤 것으로 환원될 수 없음을 보여 줌으로써, 그리고 생명과학을 둘러싸고 있는 추론적인 분위기와 이론적인 맥락을 구성하고 있는 것이 무엇인가를 연구함으로써 이 문제와 대결한다.

4. 캉길렘은 생물학의 역사에서 '개념의 형성'에 특히 중요성을 부여해

---

8 Canguilhem, *La connaissance de la vie*, 2nd ed., Paris 1965, p.88.

연구한다. 그가 수행한 대부분의 연구는 개념 형성에 집중되어 있다. 반사, 환경, 기형과 기형성, 세포, 내분비, 조절의 개념 등. 여기에는 몇 가지 이유가 있다. 무엇보다도 엄밀한 생물학적 개념은 생명체에 고유한 작용을 총체적인 생명현상으로부터 분리시킨 다음 이를 환원시키지 않고 분석하도록 도와주는 역할을 하기 때문이다(따라서 유전에서 고유하게 나타나는 닮음, 사라짐, 뒤섞임, 재발의 모든 현상 가운데서 '유전소질'이라는 개념은 이와 유사한 분리를 가져왔다). 개념에 의해 인식되지 않는다면 생물학에만 적합한 대상은 존재하지 않는다. 그러나 다른 한편으로 개념은 분석이 초월할 수 없는 한계가 아니다. 오히려 반대로 개념은 이해 구조에 접근할 수 있는 통로를 제공해야 하며, 따라서 기본적인 분석(화학이나 물리학의)이 생명체에 고유한 작용을 밝힐 수 있도록 도와준다(유전소질이라는 동일한 개념이 생식 기전을 화학적으로 분석하게 해준다). 어떤 관념은 외적인 유비와 결합되어 있는 환원적 효과가 생명체에 고유한 분석을 위해 제거되는 순간에만 생물학적 개념이 된다고 캉길렘은 주장한다. 윌리스Willis가 반사광의 이미지를 자동운동에 적용시켰을 때는 생물학적 개념으로서 '반사'의 개념이 형성된 것은 아니었다. 그것은 프로차스카Prochaska가 감각운동 기능과 그 기능이 뇌에 집중되는 현상을 분석하면서 그 단어를 썼을 때 일어났다.[9] 물리학의 역사에서는 이론이 공식화되고 확립되는 순간이 결정적

---

9 Canguilhem, *La formation du concept de réflexe aux XVIIe et XVIIIe siècles*, Paris, 1955.

인 순간으로 간주되어야 하지만, 생물학의 역사에서는 대상이 확립되고 개념이 형성되는 순간이 중요하다고 캉길렘은 말할 것이다.

생명과학은 자신의 역사를 만드는 데 일정한 방식을 필요로 한다. 생명과학은 특수한 방식으로 지식에 대한 철학적 질문을 제기한다.

생명과 죽음은 물리학자가 자신의 생명이나 타인의 생명의 위험을 무릅쓰고 연구할 때에도 결코 물리학의 문제는 아니다. 물리학자에게 있어 그것은 도덕이나 정치의 문제이지 과학의 문제는 결코 아니다. 르워프André Michael Lwoff의 말처럼, 치명적이든 아니든 물리학자에게 있어 유전적 돌연변이는 한 핵산의 염기가 다른 것으로 치환된 것 이상도 이하도 아니다. 그러나 바로 이 차이점에 의해 생물학자는 자기 대상의 특징을, 그리고 자신이 거기에 속한 그 대상의 유형을 인식한다. 그는 생명체로서 살고, 생명체의 본성을 표현하며, 그 본성을 실행하고, "인간과 환경 사이에 존재하는 긴장을 직접적 혹은 간접적으로 해결할 일반적 방법"으로서 이해되어야 할 지식의 활동 안에서 그것을 발전시킨다. 생물학자는 생명을 지식의 고유한 대상으로 만드는 것이 무엇인가를 간취해야 하고, 그렇게 함으로써 무엇이 생명체들의 중심부에, 살아 있기 때문에 무언가를 알 수 있고 마침내는 생명 자신을 알 수 있는 존재가 존재하게 만드는가를 이해해야 한다.

현상학은 모든 지식 행위에 내재하는 원래의 의미를 '현실적 경험'에게 물었다. 그렇다면 우리는 생명체 자체에서 그 의미를 찾을 수 없는가, 혹은 찾아서는 안 되는가?

캉길렘은 생명에 대한 지식을 밝히고, 그 지식을 분절시키는 개념들을 통해 그들 중 어느 것이 생명의 개념에 속하는가를 재발견하고자 한다. 개념은 모든 생명체가 자신의 환경에 가하고, 한편으로 그를 통해서 그 환경을 틀지우는 정보양식의 하나이다. 인간이 개념적으로 축조된 환경에 살고 있다는 사실이, 인간이 실수하여 생명으로부터 이탈하였거나 역사의 드라마가 그를 생명으로부터 분리시켰다는 사실을 증명하지 않는다. 다만 그것은 인간이 어떠한 방식으로 살고 있다는 사실, 인간은 자신의 환경과 관계를 맺기 때문에 생명에 대해 고정된 관점을 취하지 않는다는 사실, 인간은 경계가 없는 영역으로 이동해 갈 수 있으며, 정보를 받기 위해서 돌아다녀야 하고, 사물들을 유용하게 만들기 위해 이들이 상호관계를 맺게 이동시켜야 한다는 사실만을 증명할 따름이다. 개념 형성은 살아가는 한 가지 방식이지 생명을 죽이는 방식은 아니다. 그것은 완전한 유동성 가운데서 살아가는 한 가지 방식일 뿐 생명을 고정시키는 것이 아니다. 그것은 자신의 환경에게 정보를 전해 주고, 그로부터 정보를 제공받는 수많은 생명체들 가운데서 당신이 원하는 바에 따라 보잘 것 없다고도 혹은 중요하다고도 판단될 수 있는 혁신을 보여 주는 것이다. 그것은 매우 독특한 양식의 정보이다.

캉길렘의 중요성은 생명과학의 오랜 문제인 정상적인 것과 병리적인 것의 문제가, 생물학이 지난 수십 년간 정보이론으로부터 빌려온 일련의 개념들(코드, 전언, 전언자 등)과 만나는 자리를 마련한 데 있다. 이러한 관점에서 볼 때 일부는 1943년에 쓰였고 또 다른 일부는 1963~1966년 사이에 쓰인 『정상적인 것과 병리적인 것』은 의심의 여지없이 캉길렘의 업적 중 가장 중요하고 가장 의미 깊은 책이다. 여기서 우리는 최근에 자신을 발견한 생명의 고유성에 대한 문제가 어떻게 본성상 진화의 가장 발달된 형태에 속한다고 믿어지는 몇 가지 문제와 만나게 되는가를 보게 될 것이다.

이러한 문제의 중심에는 실수의 문제가 놓여 있다. 생명의 가장 기본적인 수준에서 이루어지는 암호와 암호 해독의 놀이는 우연을 위한 여지를 남겨 두는데, 질병이나 결핍, 기형성이 되기 이전의 우연은 정보 체계에 일어난 혼란이나 실수 같은 것이다. 극단적으로 말하자면 실수할 수 있는 존재가 곧 생명이다. 그리고 주어진 혹은 이 근본적인 우발성은 이상anomaly의 문제가 생물학 전체를 가로지른다는 사실과 관련하여 해명되어야 한다. 우리는 또한 이 우발성에 대해 돌연변이와, 돌연변이가 초래하는 진화 과정의 책임을 물어야 한다. 우리는 또한 생명으로 하여금 사람을 결코 완전한 적이 없는 생명체, 결국은 실수를 위하여, 실수하도록 운명 지워진 생명체로 만든 이 특이한 돌연변이와 '유전적 실수'에 대한 책임을 이 우발성에게 물어야 한다. 그리고 만약 우리가 실수의 개념이 생명체 자신이 우연에게 주는 해답이라는 사실을 인정한다면, 실수는 인간의 사유와 인간의 역사를 만드는 존재의 뿌리에 있음에 틀림없다. 설사 참과 거짓의 대립, 우리가 이들 양자에게 부여하는 가치, 서로 다른 사회와 제도가 이 가름에 연결시키는 권력의 효과, 비록 이 모든 것들이 생명에 내재하는 실수의 가능성에 대한 가장 최근의 유일한 대답이라고 하더라도. 만약 과학사가 불연속적이라면, 다시 말해서 과학사가 일련의 수정으로서만, 결코 진실을 자유롭게 만든 적이 없는 참과 거짓의 새로운 분포로서만 분석될 수 있다면, 그것은 '실수'가 진실을 간과하거나 지연시키는 것이 아니라 인간의 생명과 그 종의 시간에 적합한 차원을 이루기 때문이다.

니체는 진실은 가장 심오한 거짓말이라고 말했다. 니체와 가깝기도 한 동시에 멀기도 한 캉길렘은 생명의 거대한 달력에서 진실은 가장 최근에 이루어진 실수라고 말할 것이다. 참-거짓의 나눔과 진실에 주어진 가치는 가장 독특한 삶의 방식을 이룬다. 그 방식은 머나먼 기원으로부터 자신 안에 '실수'의 가능성을 운반하고 있는 한 생명에 의해 발명될 수도 있었던 것이다. 캉길렘에게 있어 실수는 그 주위로 생명과 인간의 역사가 발전하는 영원한 우연성이다. 결코 그가 원한 적은 없지만 실수의 개념은 그로 하여금 그가 생물학에 대해 알고 있는 지식을 그가 생물학의 역사를 연구하는 방식에 결합시켜 전자로부터 후자를 유도해 내도록 만든다. 그로 하여금 생명과 생명에 대한 지식의 관계에 주목하게 하고, 가치와 규범의 현존을 따르도록 만든 것은 바로 이 실수의 개념이다.

그 자신 합리주의자인 이 합리성에 대한 역사가는 실수의 철학자이기도 하다. 내 말은 그가 실수로부터 출발해서 철학적 문제들, 진실과 생명이라는 철학적 문제를 제기한다는 의미이다. 여기서 우리는 의심할 여지 없이 현대 철학사에 있어서 가장 근본적인 사건 중 하나를 다루고 있다. 만약 데카르트의 위대한 균열이 진실과 주체의 관계에 대한 문제를 제기했다면 18세기는 진실과 생명의 관계에 대한 일련의 문제들을 도입했는데, 『판단력 비판』과 『정신현상학』이 그것을 최초로 훌륭하게 공식화하였다. 그 이후로 이 문제는 철학적 논의의 한 축이 되었다. 생명에 대한 지식은 진리, 주체, 지식의 일반적 문제에 좌우되는 한 영역에 불과한가? 아니면 이 질문을 다르게 제기해야 하는가? 지식이 진리의 세계로 열려 있는 것이 아니라 생명의 '실수'에 뿌리를 두고 있다면, 주체에 대한 모든 이론은 다시 정립되어야 하지 않는가? 우리는 캉길렘의 사상과, 역사가와 철학자로서 그의 업적이 프랑스에서, 서로 다른 관점에서(마르크스주의, 정신분석, 언어학의 이론가들) 출발해서 주체의 문제를 다시 생각해 보고자 하는 이들에게 왜 그토록 중요한가를 이제 이해한다. 현상학은 몸, 성적인 것, 죽음, 지각된 세계를 분석의 영역으로 끌어들일 수 있었다. 그러나 거기서는 여전히 코기토가 중심적이다. 과학의 합리성이나 생명과학의 특수성은 중요한 역할을 하지 못한다. 캉길렘은 이 의미, 주체, 경험된 사물의 철학에 실수, 개념, 생명체의 철학을 대립시킨다.

| 원서 일러두기 |

이 책은 두 편의 논문을 하나로 묶은 것이다. 그 중 한 편은 아직 출판되지 않은 것이나 동일한 주제를 다룬 글이다. 처음의 논문은 나의 의학 박사학위 논문을 재출판한 것인데, 이는 스트라스부르 문과대학 출판위원회가 PUF의 계획에 기꺼이 찬동하여 여기에 실을 수 있었다. 이 계획을 구상하고 실현시킨 사람들에게 고마움을 표한다. 이처럼 재출판하는 것이 통용될 수 있는지 없는지는 나로서는 말할 수 없다.

나의 논문이 운 좋게도 철학자들뿐만 아니라 의학계에서도 어느 정도의 관심을 불러일으킨 것은 사실이다. 나로서는 이 논문이 시대에 너무 뒤떨어진 것으로 여겨지지 않기를 바랄 뿐이다.

첫 번째 논문에 실리지 않은 몇 가지 고려 사항들을 덧붙이면서, 나는 단지 내가 근본적이라고 여기는 문제들이 항상 변화하는 새로운 사실들에 뒤떨어지지 않게 하려는 나의 노력을—비록 성공적이지는 않더라도—보이고자 할 뿐이다. (G. C. 1966)

재판에는 몇 가지 세부 사항에 대한 수정과 페이지의 아래에 별표로 표시된 몇 개의 보충 주석이 실려 있다. (G. C. 1972)

| 한국어판 일러두기 |

1 이 책은 「정상적인 것과 병리적인 것에 관련된 몇 가지 문제에 대한 논고」(1943)와 「정상적인 것과 병리적인 것에 대한 새로운 고찰」(1963~1966)을 단행본으로 묶은 Georges Canguilhem, *Le normal et le pathologique*, PUF, 1966을 완역한 것이다. 같은 한국어 제목으로 1996년에 인간사랑 출판사에서 출간된 것을 수정·보완하였다.

2 원저자의 주석은 모두 각주로 표시되어 있으며, 옮긴이가 삽입한 주석은 본문 중 대괄호 속에 넣고 끝에 '—옮긴이'라고 표시해 두었다.

3 캉길렘은 첫 번째 글인 「정상적인 것과 병리적인 것에 관련된 몇 가지 문제에 대한 논고」의 경우, 다른 문헌을 인용하거나 참조할 때 대괄호 안에 숫자와 로마자를 넣어 표시하였다. 예를 들어 [107, *120*]이라고 쓴 경우 권말에 실어 둔 '참고문헌' 중 107번 문헌의 120쪽을 가리킨다.

4 단행본·정기간행물의 제목에는 겹낫표(『 』)를, 논문·기사의 제목에는 낫표(「 」)를 사용했다.

5 외국어 고유명사는 2002년에 국립국어원에서 펴낸 외래어표기법을 따르는 것을 원칙으로 하되, 관례가 굳어서 쓰이는 것은 관례를 따랐다.

1

/

정상적인 것과 병리적인 것에 관련된
몇 가지 문제에 대한 논고(1943)

재판 서문(1950)

이번에 다시 펴낸 나의 의학 박사학위 논문은 1943년에 출판된 초판의 텍스트를 그대로 펴낸 것이다. 그러나 한편으로 스트라스부르 문과대학 출판위원회 ——내 책을 재출판하기로 결정한 데 대해 진심으로 감사한다——는 텍스트를 수정함으로써 생길 수도 있는 비용 부담을 감당하기 어려웠을 것이다. 또한 초판에 대한 수정이나 교정은 앞으로 이루어질 보다 일반적인 작업 안에 포함될 것이다. 나는 다만 여기서 내 책 초판을 쓰는 데 도움을 받을 수 있었고, 도움을 받았어야 했던 책들에 대한 새로운 독서와 이 책의 초판에 가해진 비판들, 그리고 개인적인 생각들을 언급하고자 한다.

그리고 무엇보다도 나는 1943년에 내 논문의 중심 테마와 관련하여 프라딘느M. Pradines 씨의 『일반심리학론』*Traité de psychologie générale*이나 메를로 퐁티의 『행동의 구조』*Structure du comportement*가 내게 도움을 줄 수도 있었음을 말하고 싶다. 메를로 퐁티의 글은 내 원고가 인쇄 중에 있을 때에야 비로소 읽을 수 있었다. 프라딘느 씨의 글은 아직 읽지 못했다. 당시에 참고서적을 구하기 위해 겪었던 어려움을 이해하려면 1943년에 책들이 유통되던 상황을 생각해 보는 것으로 충분할 것이다. 그러나 나는 그러한 상황들을 너무 유감스럽게 여기지는 말아야 한다고 생각한다. 나는 타인의 의견이 아무리 신뢰감이 있더라도, 거기에 동의하는 것보다는 지적인 필연성의 가치를 더욱 두드러지게 만드는 우연적인 수렴점을 더욱 좋아한다.

만약 내가 이 논문을 최근에 썼으면 셀리에 Hans Selye(1907~)의 업적과, 유기체의 경보 상태에 대한 그의 이론에 많은 지면을 할애했을 것이다. 그의 연구는 일견 아주 다르게 보이는 르리슈 René Leriche(1879~)와 골드슈타인 K. Goldstein의 주장들을 매개하는 데 도움을 줄 수 있었다. 나는 그들의 연구를 높이 평가한다. 셀리에는 잘못된 행동이나 일탈에 의해 야기되는 감정이나 피로가 되풀이되면 부신피질의 구조에 변형을 가져올 수 있다는 사실을 밝혔는데, 이것은 순수하든 불순하든 호르몬 제제나 독성물질을 대량으로 내적 환경에 투여하는 것과 유사하다. 긴장으로 인한 유기체의 모든 상태, 경고와 스트레스를 받는 모든 행동은 부신피질의 반응을 유발한다. 이러한 반응은 유기체의 행동과 코르티코스테로이드의 효과라는 관점에서는 '정상적'이다. 한편 셀리에가 적응반응과 경고반응이라고 명명한 구조적인 반응은 부신뿐만 아니라 갑상선과 뇌하수체에도 영향을 미친다. 그러나 이러한 정상적인 반응은 (즉 생물학적으로 이로운) 경고반응을 일으키는 상황의 비정상적인 (즉 통계적인 빈도에서) 반복에 의해 마침내 유기체를 쇠진시킨다. 따라서 개인에 따라서는 여기에 적응하지 못함으로 인해 질병이 발생하기도 한다. 코르티코스테로이드가 반복해서 분비되면 혈관의 수축이나 고혈압과 같은 기능적 장애나 위궤양과 같은 형태학적 병변이 유발된다. 따라서 2차대전 중 공습의 위협을 받은 영국 도시들의 시민들 가운데서 위궤양이 눈에 띄게 증가하는 것을 관찰할 수 있었다.

골드슈타인의 관점에서 사태를 해석하면 위기 상황에서의 행동이라는 측면에서 질병을 바라보게 되고, 르리슈의 관점에서 해석하게 되면 생리적 장애에 의한 조직학적 이상이라는 측면에서 질병을 바라보게 된다.

마찬가지로, 오늘날이었다면 나는 성전환에 관한 볼프Etienne Wolff의 연구와, 기형발생에 관련된 문제들을 참고할 때는 기형학의 성과를 상당 부분 이용했을 것이다. 나는 무엇보다도 기형발생을 이해함으로써 정상적 발생을 밝힐 수 있는 가능성과 당위성을 주장했을 것이다. 게다가 나는 성공적으로 구성된 생명체의 형태와 잘못된 형태 사이에 존재론적인 차이가 그 자체로, 선험적으로 존재하지 않는다는 사실을 더욱 강력히 주장하였을 것이다. 그런데 생명체의 잘못된 형태에 대해 이야기하는 것이 가능한가? 생명체를 규정하는 본질들이 고정되어 있지 않은데 생명체에서 어떤 잘못을 알아낼 수 있는가?

나는 또한—소르본에 있는 나의 친구 라가슈Lagache와 같은 의사들이나 심리학자들, 혹은 알제 의과대학의 사비아니Sabiani와 켈Kehl 같은 생물학자들의 찬성이나 인정보다는——스트라스부르 자연과학대학의 부누어Louis Bounoure 씨의 포괄적이고도 엄밀한 비판을 참고했어야 했다. 부누어 씨는 생명체의 자율성에 관한 연구에서 내가 진화론자들의 고정관념에 양보했다고 비판하였고, 지극히 명석하게도 생명체의 정상성에 대한 관념은 인간적 경향을 지닌 생명체의 모든 본성을 초월적인 것에 투사시킨 것이라고 간주했다. 사실 역사를 생명에 도입하는 것(나는 여기서 헤겔과 헤겔주의에 의해 야기된 문제들에 대해 생각한다)이 합당한가 아닌가를 아는 것은 생물학적으로나 철학적으로도 중요한 문제이다. 사람들은 내가 이러한 문제를 서문에서 논의하지 못하리라는 사실을 이해할 것이다. 나는 그 문제를 회피하지 않고 후에 여기에 대해 상세히 논의하기를 바라고, 내가 이 문제를 제기할 수 있도록 도와준 부누어 씨에게 고마움을 표하고 싶다.

오늘날이었다면 1947년 델움Delhoume 박사에 의해 출판된 베르나르Claude Bernard의 『실험의학의 원리』*Principes de médecine expérimentale*에서 표현된 베르나르의 개념을 참고하지 않을 수 없었을 것이다. 거기서 베르나르는 개체의 상대성 문제를 검토하면서 병리학적 사실을 다른 곳에서보다 더욱 엄밀하게 논의한다. 그러나 베르나르의 개념에 대한 나의 판단이 근본적으로 수정되었으리라고는 생각하지 않는다.

끝으로 어떤 독자들은 결론이 너무 간단해서 놀라기도 할 것이고,

그 결론이 철학적인 문제로의 문을 열어 놓은 것에 놀라기도 할 것이란 점을 덧붙인다. 그것은 의도적이었다는 것을 말해야겠다. 나는 이 논문을 장래의 철학 박사학위 논문을 위한 방법론적 연구로 만들고자 하였다. 나는 의학 박사학위 논문에서 철학의 여신에게 지나치게 많은 것을 바쳤다는 것을 안다. 따라서 나는 의도적으로 결론이 단순하고도 간략한 방법론을 제시하는 모습을 가지도록 서술하였다.

서론

인간에게 있어서 병리적 구조와 병리적 기능의 문제는 방대한 문제이다. 선천성 안짱다리 환자, 성도착증 환자, 당뇨병 환자, 조현병 환자는 결국 해부학적·발생학적·생리학적·심리학적 연구로 귀결되는 수많은 문제들을 제기한다. 그러나 그러한 문제는 분할되어서는 안 되고 총체적으로 다루는 것이 세부적으로 분할해서 다루는 것보다 문제의 전모를 밝힐 수 있는 가능성이 훨씬 크다는 것이 우리의 의견이다. 그러나 지금으로서는 충분한 근거를 종합하여 제시하면서 이러한 관점을 주장할 수 없으므로 먼 훗날에 그럴 수 있기를 바란다. 그러나 우리 연구의 일부를 출판하는 데에는 지금으로서는 문제의 전모를 파악할 수 없다는 현실적인 불가능성만이 나타나는 것은 아니며, 이 탐구의 연속성을 알려 주고자 하는 의도도 있다.

철학은 하나의 반성인데, 그 반성의 재료는 철학에게는 낯선 것이 좋으며 좋은 반성의 재료는 반드시 철학에게 낯설어야 한다. 나는 철학 공부를 마친 수년 후에 철학을 가르치면서 동시에 의학 공부를 시작했는데, 그렇게 한 몇 가지 이유를 설명하고자 한다. 나는 의학에 관심을 가지는 철학 교수보다 정신질환을 더욱 잘 이해하기 위해서 그렇게 한 것은 아니다. 더욱이 그것은 어떤 과학적인 영역에서 실제로 활동하기 위함도 아니다. 우리는 정확히 의학으로부터 구체적인 인간의 문제로 들어가기를 기대한다. 의학은 엄밀한 하나의 과학이라기보다는 여러 과학이 교차하는 기술이나 기예로 보여져 왔고 지금도 그렇게 보인다. 우리를 사로잡는 두 개의 문제, 즉 과학과 기술과의 관계, 규범norme과 정상적인 것과의 관계가 보다 정확한 입장을 견지하고 보다 분명해지기 위해서는 직접적인 의학 지식을 이용해야 한다고 생각된다. 우리가 '선입견을 배제했다'고 말할 수 있기를 바라는 공평한 정신을 의학 연구에 적용하며, 합리적인 과학적 방법을 의학에 도입하기 위해 찬양할 만한 노력을 기울였음에도 불구하고 의학의 본질적인 부분은 여전히 정상의 확립과 회복의 기술인 임상과 치료이며, 이들은 단순히 하나의 인식으로 완전히 환원되지는 않는다.

따라서 이 연구는 의학의 방법과 성과들을 철학적 사색에 통합하려는 노력이다. 이것은 어떠한 교훈을 주려는 것도, 의학 활동에 대해 어떠한 규범적인 판단을 내리려는 것도 아니라는 점을 말해 둘 필요가 있다. 우리는 형이상학을 의학에 통합시킴으로써 의학을 혁신하려는 주제넘는 의도를 품지 않는다. 만약 의학이 개혁되어야 한다면 위험을 무릅쓰고 명예를 위해 그 일을 할 사람들은 의사들이다. 그러나 우리는 의학적 탐구에 종사하는 의사들의 이해를 교정함으로써 몇 가지 방법론적인 개념을 혁신시키는 데 공헌할 야심을 가지고 있다. 우리가 주려 하는 것 이상을 우리에게 기대하지 않기를 바란다. 의학은 흔히 사이비 철학적인 공상의 제물이 되어 왔는데, 거기에 대해 의사들의 책임이 전혀 없는 것은 아니다. 사실 의학도 철학도 거기에서 어떤 이익도 얻지 못했다고 말하는 것이 옳다. 우리는 그러한 일을 하려는 것이 아니다. 또한 의학의 역사를 이야기하려는 것도 아니다. 이 책의 제1부에서 문제를 역사적 관점에서 제기한 것은 문제를 보다 이해하기 쉽게 만들기 위해서일 뿐, 번잡스럽게 누군가의 전기를 쓰려는 것은 아니다.

　　우리 주제의 경계를 분명히 하는 말 한마디. 정상적인 것과 병리적인 것에 대한 일반적 문제는 의학적인 관점에서는 기형학의 문제와 질병분류학의 문제로 규정되는데, 후자는 신체적somatique 혹은 병태생리학적 질병분류학과 정신적 혹은 정신병리학적 질병분류학의 문제로 규정된다. 우리는 이 연구를 신체적 혹은 병태생리학의 문제로 제한하고자 한다. 그러나 우리의 연구를 분명히 하거나 어떠한 결과를 확증하는 데에 특별히 적합해 보이는 사실, 개념이나 해결책을 기형학이나 정신병리학으로부터 주저 없이 빌려올 것이다.

　　우리는 19세기에 일반적으로 채택된 주장을 비판적으로 검토하면서 정상적인 것과 병리적인 것의 관계에 대한 우리의 개념을 제시하고자 노력했다. 그것은 병리적인 현상이 그에 상응하는 정상적인 현상과 동일하며, 양적인 변이에 있어 거의 동일하다는 주장이다. 이와 같은 방식으로 진행하는 것은 문제를 닫기보다는 다시 열어젖히는 철학적 사유의 요구에 복종하는 것이라 생각한다. 브륑슈비크Léon Brunschvicg은 철학은 해결된 문제들에 대한 학문이라고 말했다. 우리는 철학에 대한 이 단순하고도 심오한 정의를 채용한다.

1부

병리적 상태는 정상 상태의 양적인 변화에 불과한가?

1. 문제의 도입

무엇엔가 작용을 가하기 위해서는 그 범위를 국한시켜 위치를 알아내야 한다. 어떻게 지진이나 태풍에 영향을 미칠 수 있겠는가? 질병에 대한 모든 존재론적 이론을 이끌어 가는 것은 의심할 여지 없이 치료에 대한 필요성이다. 모든 병자에게서 어떠한 존재의 증감을 보면 부분적으로는 안심이 된다. 사람은 상실한 것을 보충할 수 있고 사람의 내부로 들어온 것은 밖으로 내보낼 수 있다. 비록 질병이 마술이고 매혹이고 사로잡힘이라 하더라도, 다시 그것을 극복하리라고 기대할 수 있다. 모든 희망을 상실하지 않기 위하여 사람이 질병을 앓는다고 생각해도 좋다. 마술은 치료에 대한 강렬한 욕망에서 약과 주술적 의식에게 갖가지 수단을 제공한다. 이집트의 의학은 질병이 사로잡힘이라는 관념을 기생충 감염에 대한 동방의 경험들에 결합시키고 이를 일반화시킨 것이라는 점을 지거리스트Sigerist는 지적했다[107, *120*].[1] 질병은 문을 통해 드나들듯이 사람에게 들어왔다가 나간다. 어느 정도 용이하게 증상을 국소화시킬 수 있는가에 근거한, 질병에 대한 통속적인 서열이 오늘날에도 존재한다. 진전마비paralysie agitante(파킨슨씨병)는 대상포진보다는 더 우위의 질병이고 대상포진은 종기보다 더 우위의 질병이다. 파스퇴르Pasteur의 위대한 도그마를 공격할 의사는 없지만, 전염성 질환에 대한 미생물 이론의 성공은 질병의 존재론적 발현에 적지 않은 부분을 힘입고 있다는 점은 분명하게 말할 수 있다. 미생물은 현미경, 염색, 배양과 같은 복잡한 과정을 거쳐야 하지만 독기miasme와는 달리 사람이 그것을 볼 수 있다. 어떤 존재를 본다는 것은 벌써 그 행동을 예견할 수 있음을 의미한다. 감염 이론이 치료의 영역으로 연장되었을 때 낙관적인 결과를 가져오리라는 것에 이의를 제기하는 사람은 없을 것이다. 그러나 독소의 발견과 특이하고 개인적인 체질terrain이 발병에서 어떠한 역할을 수행한다는 사실이 인정됨으로써 하나의 학설의 단순성은 파괴되었다. 미생물이론의 과학적 외피는 질병에 대해 인간이 보이는 반응은 인간만큼이나 오랫동안 지속되어 왔다는 사실을 은폐한다.

만약 사람이 두려움 없이 살고 싶은 욕구를 느낀다면 그것은 공포가 그의 머리를 떠나지 않기 때문이고, 질병에 걸린 유기체를 정상으로 회복시키기 위해 마술적이든 실증적이든 어떤 방법에 의존한다는 것

---

1 각 괄호 사이의 숫자는 권말에 수록된 참고문헌에 해당하는 번호와 권, 페이지나 언급된 연구 논문을 가리킨다.

은 자연적인 치유를 기대하지 않는다는 의미이다.

이와는 반대로 히포크라테스Hippocrates의 저술과 그의 치료에 나타난 그리스의 의학은 존재론적이 아니라 동적이며, 국소적이 아니라 총체적인 질병 개념을 떠올리게 한다. 자연(피지스)은 인간의 내부와 외부에서 조화와 균형을 이룬다. 이러한 균형과 조화의 파괴가 질병이다. 이러한 경우 질병은 사람의 안에 있는 어떤 부분일 수 없다. 이러한 질병은 인간의 모든 부분에 깃들어 있고 인간 자체이다. 외부적 상황은 계기일 뿐이지 원인은 아니다. 4체액은 인간 내에서 균형을 이루고 있으며, 그 균형이 깨어지면 질병이 생긴다. 체액의 유동성은 변이와 진동을 유지시키고, 각 체액의 성질은 서로 상반되는 것끼리(온-냉-건-습) 짝을 이룬다. 질병은 단순히 불균형이나 부조화가 아니라 무엇보다도 인체의 새로운 균형을 얻기 위한 자연의 노력이다. 질병은 치유를 목적으로 하는 인간화된 반응이며, 유기체는 치유되기 위하여 질병을 만든다. 치료는 자발적으로 일어나는 쾌락주의적 반응과 치료적 반응을 수용하고 필요하다면 이를 강화해야 한다. 의학의 기술은 자연의 의학적 행위(즉 medicatrix natura)를 모방한다. 모방한다는 것은 어떤 외양을 단순히 복제하는 것이 아니라 어떠한 경향을 모방하고 본질적인 운동을 연장시키는 것이다. 물론 그러한 개념은 낙관주의적이다. 그러나 여기서의 낙관주의는 자연의 경과에 따라 치유되리라는 믿음이며, 인간 기술의 효과와는 무관하다.

의사들의 생각은 질병에 대한 이러한 두 가지 견해와 두 개의 낙관주의 사이를 끊임없이 왕복하였으며, 매번 새롭게 밝혀진 발병기전에서 이러한 상태에 대한 적절한 이유를 발견해 왔다. 결핍으로 인한 질병이나 모든 감염성 혹은 기생충성 질환은 존재론적 이론의 영향을 나타내고, 내분비 계통의 이상이나 질병명에 접두어 'dys'가 붙는 모든 질병은 동적 혹은 기능적 이론의 영향을 나타낸다. 그러나 이 두 개념은 한 가지 공통점을 가진다. 이 두 개념은 질병에서 혹은 질병을 앓는 개체의 경험에서 유기체와 외부 존재의 투쟁이나 서로 대적하는 세력들의 내부적 싸움과 같은 하나의 대립적인 상황을 상정한다. 질병과 건강 상태, 병적인 것과 정상적인 것은 어떤 성질이 다른 성질과 구별되듯이, 특정한 원리의 존재와 부재에 의해 혹은 유기체의 총체성이 변질됨으로 인해 구별된다. 정상 상태와 병리적 상태의 이질성에 대한 자연주의적 관념은 오늘날에도 여전히 통용되며, 이러한 관념에서는 정상 상태로 회복시키는 데 인위적인 개입이 도움이 된다고는 거의 기대하지 않는다. 자연은 치유를 향한 길을 스스로 발견할 것이다. 그러나 인간이 자연을 강요해서 인간의 규범에 복종시키고 또 그렇게 하기를 기대하는 개념에서는 정상적인 것과 병리적인 것을 분리시키는 질적인 변화의 개념을 계속 주장하기 어렵다. 베이컨Francis Bacon 이래로 인간들은 계속해서 자연이 자신들에게 복종하도록 통제해 오지 않았던가? 어떤 질병을 통제하는 것은 살아 있는 인간——생명을 사랑하는 인간——이 회복하기를 바라는 정상 상태와 질병과의 관계를 인식하는 것을 의미한다. 그로부터 생리학과 관계를 맺는 과학적 병리학을 정초할 이론적 필요성이 등장한다. 시드넘Thomas Sydenham(1624~1689)은 환자를 돕기 위해서는 환자가 앓는 병의 경계를 정하고 이를 분명히 해야 한다고 생각했다. 식물과 동물의 종espèce이 존재하는 것과 마찬가지로 질병에도 종이 존재한다. 생-틸레르I. Geoffroy Saint-Hilaire가 이상anomalie에 규칙성이 있다고 한 것과 마찬가지로 시드넘은 질병에도 질서가 존재한다고 말했다. 피넬Pinel은 질병을 분류하려는 이 모든 시도를 그의 『철학적 질병분류학』*Noso-graphie philosophique*(1797)에서 집대성하여 완성시켰다. 그에 대해 다렘베르그Daremberg는 이 업적이 임상가의 것이기보다는 박물학자의 것이라고 말했다[29, *1201*].

　　그동안 모르가니Morgagni(1682~1771)는 해부병리학을 창시하여 일련의 일정한 증상들을 국소 기관organes의 병변에 귀속시켰다. 그리하여 병리학적 분류는 해부학적 분석에서 그 토대를 발견하게 되었다. 그러나 하비Harvey와 할러Haller 이후 사람들은 해부학에 "생기를 불어넣어" 이를 생리학으로 만들었고, 따라서 병리학은 자연스럽게 생리학의 연장이 되었다. 지거리스트는 이러한 모든 의학적 관념의 발전을 간결하고 훌륭하게 서술하였다[107, *117~142*]. 이러한 발전의 결과로 정상적인 것과 병리적인 것의 관계에 대한 이론이 형성되었다. 이 이론에 따르면 병리적 현상은 살아 있는 유기체 내에서 일어나는 다소간의 양적 변화에 불과하며, 그에 따른 생리적인 현상일 뿐이다. 의미론적으로 보면, 병리적인 것은 정상적인 것에 따라 규정되는데 이 경우는 'a'(없음을 나타내는 접두어)나 'dys'(이상을 나타내는 접두어)가 아니라 'hyper'(과잉)나 'hypo'(결핍)로 표현된다[이상의 접두어들은 질병의 명칭에 흔히 붙는 것들이다―옮긴이]. 존재론적 이론에서는 질병에 대한 기술적 정복의 가능성을 확신할 수 있지만 생리학적 질병 이론에서는 질병과 건강이 대립되는 성질이고 투쟁하는 세력들이란 생각과는 거리가 멀다. 보다 효과적인 조치를 취하기 위해 보다 많은 지식을 얻으려 하고 (질병과 건강 사이의) 연속성을 확립하려는 요구가 극단에 이르게 되면 질병의 개념은 사라진다. 정상적인 것을 과학적으로 회복시킬 수 있는 능력에 대한 신념은 결국 병리적인 것의 개념을 폐기시킨다. 질병은 건강한 사람에게는 더 이상 걱정의 대상이 아니다. 그것은 건강에 대한 이론가들의 연구 대상이 되었다. 플라톤이 국가제도에서 개인 정신의 덕과 악덕이 확대되어 판독하기 쉽게 나타난 것을 찾는 것과 마찬가지로, 우리는 병리적인 것 안에서 건강에 대한 정보를 판독한다.

*　　*　　*

생명체의 정상적인 현상과 병리적 현상은 외견상 그처럼 다르게 보이고, 인간의 경험에 의해 반대의 가치를 부여받았지만 이들은 사실상 동일하다는 주장은 19세기에 과학적으로 보장받는 일종의 도그마가 되었다. 철학과 심리학의 영역으로 확대된 이 도그마는 생물학자와 의사들이 거기에 부여하는 권위에 의해 지배된다. 이 도그마는 프랑스에서 콩트와 베르나르Claude Bernard에 의해 아주 다른 조건과 의도에 따라 설명되었다. 콩트는 자기 학설의 이러한 생각이 브루세Broussais에게 은혜를 입고 있음을 분명히, 그리고 존경심을 갖고 인정한다. 베르나르의 경우 그것은 생물학적 실험의 결과에서 이끌어진 결론이었다. 그의 유명한 『실험의학연구서설』*Introduction à l'étude de la médecine* *expérimentale*은 그러한 생각의 실천을 방법론적으로 체계화한 것이다. 정상적인 것들의 법칙을 추론하기 위해 콩트의 관심은 병리적인 것으로부터 정상적인 것으로 향한다. 질병에 대해 체계적인 연구를 할 가치가 있는 이유는 병리적인 것은 인간에게 실행할 수 없는 생물학적 실험의 대체물이기 때문이다. 정상적인 것과 병적인 것의 동일성은 정상적인 것을 인식하기 위하여 주장된다. 반면 베르나르의 관심은 병리적인 작용을 추론하기 위하여 정상적인 것에서 병리적인 것으로 향한다. 그것은 경험주의와 결별하는 치료의학의 토대이기 때문에 질병에 대한 지식은 생리학을 통해, 생리학으로부터 탐구된다. 정상적인 것과 병리적인 것의 동일성은 병리적인 것을 교정하기 위해 주장된다. 결국 콩트의 경우 동일성의 인정은 순수하게 개념적으로 남지만, 베르나르는 양적·수적 방식으로 해석하는 가운데 이 동일성을 명확히 하려고 한다.

이러한 이론을 도그마로 보는 것은 그 이론을 평가절하하기 위한 것이 아니라, 그것의 반향과 적용 범위를 명확히 파악하기 위해서이다. 그 의미를 확정하는 텍스트를 콩트와 베르나르에서 찾기로 선택한 것은 결코 우연이 아니다. 19세기의 철학, 과학, 그리고 무엇보다도 문학에 미친 이 두 사람의 영향은 지대하다. 그런데 의사들은 항상 의학이나 철학 자체에서보다는 문학에서 의술의 철학을 발견하려는 경향이 강했다. 리트레Emile Littré(1801~1881), 르낭Ernest Renan(1823~1892), 텐Hippolyte Taine(1828~1893)을 읽는 것이 리셰랑Richerand이나 트루소Trousseau를 읽는 것보다도 의사들에게 더욱 영감을 불어넣었다. 왜냐하면 사람들이 일반적으로 의학이론을 전혀 모르지만, 많은 의학적 개념에 대한 선입견을 갖고 의학에 온다는 것은 고려해야만 하는 사실이기 때문이다. 콩트의 사상이 의학계, 과학계, 문학계로 퍼져 나간 것은 리트레와 파리의과대학의 조직학 주임 교수였던 로벵Charles Robin의 업적 덕분이었다.[2] 그들의 반향이 연장되어 느껴지는 곳은 무엇보다도 심리학의 영역에서였다. 우리는 르낭에서 그것을 알 수 있다.

개인심리학은 정상적인 상태보다 수면, 광기, 섬망, 몽유병, 환각 등과 같은 상태의 연구에 더욱 관심을 가진다. 왜냐하면, 정상적인 상태에서는 미미하게 나타나는 이러한 현상들이 특별한 위기 상황에서는 보다 증폭되어 쉽게 느껴질 수 있게끔 나타나기 때문이다. 물리학자는 갈바니즘galvanisme(전류)을 자연계 내에 존재하는 미량의 상태로써 직접 연구하지 않는다. 그는 이를 보다 용이하게 연구하기 위하여 실험에 의하여 그 현상을 증폭시킨다. 물론 증폭된 상태에서 연구된 법칙은 자연 상태에서와 동일하다. 마찬가지로 인간에 대한 심리학은 인간 정신사의 어느 페이지에나 나타나는 인간의 광기, 꿈, 환각에 대한 연구에 의해 세워져야 할 것이다[99, *184*].

뒤가L. Dugas는 리보Ribot에 관한 연구에서 리보의 방법론적 견해와 콩트의 생각, 그리고 자신의 친구이자 보호자인 르낭의 생각 사이에 존재하는 친연성parenté을 잘 밝혔다[37, *21*과 *68*].

2 콩트와 로벵의 관계를 위해서는 젠티[42]와 클라인[64]을 보라.

생리학과 병리학은 ──육체에 대한 것뿐만 아니라 정신에 대한 것도──두 개의 반대물처럼 서로 대립하지 않으며 동일한 전체의 부분으로서 병립한다. 병리학적 방법은 순수한 관찰과 동시에 실험의 성질을 갖고 있다. 그것은 강력한 탐구 수단으로 풍성한 성과를 얻었다. 질병은 지극히 한정된 상황 가운데서, 그리고 인간의 기술이 사용하지 않는 방식으로 자연 자체에 의해 수행되는 가장 정묘한 실험이다. 병리학적 방법은 (인간이) 접근할 수 없는 곳에 도달한다[100].

베르나르 또한 1870년에서 1914년에 이르는 시기에 직접적으로는 생리학을 통하여, 간접적으로는 문학을 통하여 의사들에게 커다란 영향을 미쳤다. 라미Lamy와 도널드 킹Donald-King의 연구는 자연주의 문학과 19세기의 생물학, 의학 이론의 관계를 밝혔다[68과 34]. 니체는 정확히 병리적인 것은 정상적인 것과 동일하다는 베르나르의 생각을 빌렸다. 『동물열에 대한 강의』*Leçons sur la chaleur animale*[3]에서 건강 상태와 질병에 대한 긴 글을 인용하며 니체는 다음과 같은 추론으로 발전해 나간다. "모든 병적 상태의 가치는 그것이 정상 상태에서는 보기 어려운 어떠한 상태를 확대경 아래에서 보여 준다는 데 있다"[『권력에의 의지』*La volonté de puissance*, §533].

이상의 내용들을 요약해 보면 사람들이 그 의미와 중요성을 규정하려는 주장은 (과학적) 인과관계를 밝히려고 만들어지지는 않았음이

---

3 이 책 87쪽에 인용됨.

드러난다. 관념의 역사는 과학의 역사에 반드시 포개어지지는 않는다. 그러나 과학자들이 순전히 과학적인 환경에서만 삶을 영위하지 않기 때문에 과학의 역사는 관념의 역사를 무시할 수 없다. 순수한 과학적 결론을 그 시대의 지배적인 관념에 결부시켜 본다면 과학적 결론이 문화적 환경에서 겪는 변형은 그 결론의 본질적인 의미를 드러낸다고 말할 수 있다.

우리는 이 논의를 콩트와 베르나르의 이름 주위에 집중시키기로 결정했다. 왜냐하면 이들이 반쯤은 자발적으로 진정한 선구자의 역할을 수행했기 때문이다. 또 그렇기 때문에 다른 관점에서 보았다면 더욱 돋보일 수도 있었을, 함께 인용된 다른 사람들보다 이들에게 우선권을 부여했다.[4] 르리슈의 주장을 콩트와 베르나르의 생각에 덧붙이기로 한 것은 정반대의 이유에서이다. 르리슈는 생리학뿐만 아니라 의학에서도 논의되는 인물이지만 그의 장점이나 공적은 전혀 언급되지 않는다. 그러나 역사적인 관점에서 르리슈의 개념들을 설명해 본다면 미처 예상하지 못했던 깊이와 중요성이 그 개념들에서 발견될 수도 있다. 권위에 대한 숭배를 버리지 않고서는 콩트나 베르나르보다 병리학에서 우월했던, 뛰어난 임상가 르리슈의 능력에 대해 감히 이의를 제기할 수는 없을 것이다. 르리슈가 베르나르에 의해 유명해진 콜레주 드 프랑스의 의학 교수직을 차지하게 된 것은 여기서 검토되는 문제를 위해서도 무

---

4 최근에 발견한 참고문헌이 우리의 선택이 옳았음을 입증해 준다. 우리가 논의하고자 하는 병리학적 도그마는 브루세, 콩트, 리트레, 로벵과 베르나르의 후원 아래 1864년 다렘베르그가 『토론저널』(*Journal des débats*)에 쓴 글[29]에 주저함 없이 나타나 있다.

척 흥미 있는 일이다. 따라서 그들 사이의 부조화는 더욱더 의미 있고 가치 있다.

2. 오귀스트 콩트와 "브루세의 원리"

콩트는 자신의 지적 발전의 3단계를 통해 병리적 현상과 그에 상응하는 생리적 현상이 사실상 동일하다고 주장한다. 첫 번째 단계는 『실증철학강의』*Cours de philosophie positive*를 준비하는 기간으로, 이 기간의 처음은 생-시몽Saint-Simon과의 우정으로 유명하였지만 그와는 1824년에 결별한다.[5] 두 번째 단계는 실증철학의 단계라고 적절히 부를 수 있고, 세 번째 단계는 몇 가지 점에서 앞선 단계들과 판이하게 다른 『실증정치학의 체계』*Système de politique positive*를 저술한 시기이다. 콩트는 생물학적·심리학적·사회학적 현상에서 그가 브루세François Joseph Victor Broussais(1772~1838)의 원리라고 부르는 것에 보편적인 중요성을 부여한다.

1828년, 브루세의 「과잉자극 상태와 광기에 대하여」De l'irritation et de la folie라는 논문을 설명하며 콩트는 이 원리에 집착하고 자기 나름의 방식으로 이를 취한다[26]. 사실 콩트는 비샤에게 돌아가야 마땅한, 그리고 그 이전에는 피넬에게 합당한 공로, 즉 일반적으로 인정되는 모

---

5 1817년에서 1824년 사이에 콩트가 생물학과 의학에 대해 쓴 글을 읽어 보면 "그는 생물학자가 아니라 생물학에 대한 철학자가 되기를 준비하고 있다". 구이에[47, 237]를 보라.

든 질병은 증상에 불과하며 기관이나 조직의 병변 없이는 생체 기능에 이상이 존재할 수 없다고 주장한 공로를 브루세에게 돌린다. 그러나 어쨌든 그는 "병리학과 생리학의 근본적인 관계를 그토록 직접적이고 깊이 있게 밝힌 사람은 없다"고 덧붙인다. 사실 브루세는 모든 질병이 본질적으로 "정상 상태를 이루는 정도보다 심하거나 약하게, 여러 조직에 대한 흥분이 과도하거나 결핍된 것"이라고 설명한다. 따라서 질병은 건강을 유지하는 데 필수적인 자극의 작용 강도가 단순히 변화한 결과에 불과하다.

그때부터 콩트는 브루세의 병리학적 개념을 보편적 공리의 반열에 올려 놓았는데, 사실 그가 뉴턴Newton의 법칙이나 달랑베르d'Alembert의 원리가 가지는 도그마적 가치를 브루세에게 부여했다고 해도 과언은 아니다. 게다가 "진보는 질서의 발전일 뿐이다"라는 자신의 사회학의 근본적인 원리를 정당화시켜 줄 보다 일반적인 다른 원리를 찾아 자신의 이론에 결부시킬 때에도 콩트는 브루세와 달랑베르의 권위 사이에서 망설인다. 그는 때로는 달랑베르의 운동의 교환 법칙과 평형 법칙을 참고하고, 때로는 브루세의 경구들을 참고한다[28, I, 490~494]. 현상들의 변경 가능성에 대한 실증적 이론은

브루세의 위대한 경구를 체계적으로 확장시킨 결과로 나온 이 보편적인 원리에 전적으로 압축되어 있다. 즉 모든 실질적인 변경은 그것이 인공적이든 자연적이든, 그에 상응하는 현상의 강도에만 관계되어 있다 …… 정도의 변이에도 불구하고 현상들은 항상 동일한 배열을 가진

다. 자연, 즉 종들의 모든 변화는 어떤 면에서는 모순적인 것으로 인식된다[28, *III*, *71*].

콩트는 자신이 이 원리를 체계적으로 확장시켰다는 이유로 점차 자신이 이 원리의 지적인 원조라고 주장하게 되었다. 그것은 마치 처음에 브라운Brown으로부터 이 원리를 차용한 브루세가 이를 자기 나름의 방식으로 사용했기 때문에 그 원리에 대한 권리를 주장할 수 있다고 생각한 것과 마찬가지였다[28, *IV, App. 233*]. 여기에서는 요약해서는 의미가 약화되기 때문에 아주 긴 글을 인용하겠다.

질병을 정확히 관찰하면 생명체에 대한 간접 실험의 결과를 얻을 수 있다. 이러한 관찰은 동태적 개념만이 아니라 정태적 개념까지도 밝히려는 대부분의 직접적 실험보다 훨씬 타당하다. 나의 철학 논문은 그러한 과정의 본성과 중요성을 충분히 평가했으며, 그로부터 중요한 생물학적 지식이 생겨난다. 그 지식은 브루세가 발견한 위대한 원리에 근거하고 있다. 왜냐하면, 내가 일반적이고 직접적인 공식을 하나라도 만들었다면 그것은 모두 그의 업적에서 온 것이기 때문이다. 그때까지 병적 상태는 정상 상태에 적용되는 법칙과는 아주 다른 법칙에 연결되어 있었다. 그 결과 정상 상태에 대한 연구는 병적 상태에 대해 아무것도 알려 줄 수 없었다. 브루세는 질병의 현상들은 그 강도에서만 차이가 나는 건강 상태의 현상들과 본질적으로 일치한다고 주장하였다. 이 찬란한 원리는 병리학의 체계적 기초가 되었고, 때문에 생물학 전체에 종속하게 되었다. 이 원리를 역방향으로 적용시켜 보면 생물학의 추론을 해명하는 데 병리학적 분석이 지극히 적합함을 알 수 있다. …… 이미 이루어진 병리학적 분석이 추후에도 유효할지는 확실치 않다. 백과사전의 체제는 그 원리를 지적·도덕적 기능의 영역으로 확장시킬 것이다. 그러나 이들 영역에서는 브루세의 원리가 아직 적절히 적용되지 못했으므로 지적·도덕적 영역의 질병들은 우리를 놀라고 당황하게 만들지만 우리에게 아무것도 알려주지 않는다. 브루세의 원리는 생물학적 문제에서 직접적으로 유효할 뿐 아니라 실증 교육의 전반적인 체계에서 최종적인 과학에 이르기 전 단계까지 반드시 필요한 준비가 될 것이다. 왜냐하면, 집단적인 유기체는 훨씬 복잡하므로 개체인 유기체보다 훨씬 위중하고 다양한 질병에 더욱 자주 걸리기 때문이다. 나는 거리낌 없이 브루세의 원리가 거기까지 연장되어야 한다고 단언한다. 나는 사회학의 법칙을 확인하고 완성시키기 위해 그 원리를 사회현상에 자주 적용시켜 보았다. 그러나 생물학이 제시하는 사례보다 더욱 단순한 이들 병리학적 사례에서 유래한 논리적인 입문이 없었다면 혁명에 대한 분석은 사회에 대한 실증적 연구를 인도할 수 없을 것이다 [28, I, 651~653].

이것이 바로 정치적인 차원까지도 포함하여 보편적인 권위를 부여받은 병리학의 원리이다. 이 원리의 최종적인 계획적 사용은 생물학적 차원에서 이미 가능했던 모든 가치를 정치적인 차원에도 소급하여 부여하는 것이다.

『실증철학강의』의 40번째 강의는 생물학 전반에 대한 철학적 성찰인데, 이것은 우리의 문제와 관련된 콩트의 가장 완전한 텍스트를 포함하고 있다. 여기서는 물리-화학적 현상계에서 그 풍부한 성과가 입증된 실험 방법을 단순히 연장시키는 것이 생명체의 고유한 특성들에서 어떠한 어려움들에 부딪히는가를 보여 주고 있다.

어떠한 실험의 목표는 항상 어떤 현상을 결정하거나 변경시키는 각각의 영향이 어떠한 법칙에 따라서 그 실현에 참여하는가를 밝히는 것이다. 일반적으로 실험은 주어진 각각의 조건 속에 명확히 규정된 변화량을 도입하여 그에 따른 현상의 변화를 직접 측정하는 것이다[27, *169*].

그런데 생물학에서 현상의 하나, 혹은 여러 존재 조건에 일어나는 변이는 아무것이나 가능하지는 않다. 그 변이는 현상의 존재와 양립 가능한 어떤 범위 내에 들어가야 한다. 특히 유기체는 자신의 기능들을 하나로 조화시키는 특성이 있기 때문에, 어떤 혼란 요인과 그것만으로 인한 효과를 따로 분리해서 분석적으로 정확하게 연결시킬 수 없다. 그러나 콩트는 실험의 본질적인 부분은 연구자가 의도적으로 혼란시키고자 하는 현상의 과정에 인위적으로 개입하는 것이 아니라 오히려 어떠한 존재의 조건의 측면에서 변화된 현상과 기준이 되는 현상을 비교하는 것이라고 생각했다. 따라서 질병은 유기체의 비정상적인 여러 상태를 정상적인 상태와 비교할 수 있게 해주는 자발적인 실험의 역할을 수행할 수 있어야 한다는 것이다.

실증병리학의 전반적이고 직접적인 토대로 작용할 수 있는 철학적 원리를 따른다면 병적 상태는 생리학적 상태와 근본적으로 조금도 다르지 않다. 우리는 이 원리를 결정적으로 확립하는 데 있어 브루세의 독창적이고도 집요한 재능에 신세를 지고 있다. 이 원리에 따르면 병리적 상태는 생리적 상태를 어떤 면에서 단순히 연장시킨 것에 지나지 않는다. 즉 정상적 유기체가 나타내는 각 현상에 고유한 변이의 한계를 단지 다소간 아래위로 연장시킨 것일 뿐이다. 그것은 진정으로 새로운 현상 즉, 어느 정도 순수하게 생리적인 유사성을 전혀 갖지 않은 현상은 아니다[27, 175].

그 결과 병리학에 관한 모든 개념은 그에 상응하는 정상 상태에 대한 지식에 근거해야 한다. 그러나 반대로 병리학에 대한 과학적 연구는 정상 상태에 대한 법칙을 탐구하는 모든 연구에 불가결한 계기가 된다. 병리적 현상에 대한 관찰은 실험적인 탐구에 대해 실제적이고 보다 많은 이점을 제공한다. 정상에서 비정상으로의 이행은 질병일 경우에는 보다 느리고 자연스럽게 이루어지고, 정상 상태로의 복귀는 그러한 이행 과정을 역으로 확인할 수 있게 해준다. 더구나 사람의 경우 병리학적 탐구는 불가피하게 제한을 받는 실험적 연구에 비하여 보다 풍부한 결과를 가져온다. 병적 상태에 대한 과학적 연구는 식물까지를 포함하는 모든 유기체에 대해 이루어질 수 있으며, 특히 생명 현상 일반을 연구하는 데에 아주 적합하다. 생명 현상은 지극히 복잡하고 섬세하며 예민하기 때문에 생명체에 대한 직접적인 실험은 생명체를 급작스럽게 혼란시켜 변성시킬 우려가 있다. 여기서 콩트는 고등동물과 인간에 관련된 생명 현상에 대해, 신경의 기능과 정신의 기능에 대해 생각한다. 다양한 장기나 신경운동 계통의 기능적 장애보다 더욱 오래되었으며 낫기가 더욱 어려운 것으로 인식되는 비정상과 기형성에 관한 연구는 질병에 대한 연구를 완성시킨다. "기형학의 방법은 생물학적 연구를 위해 병리학적 방법에 부가된다"[27, 179].

　이러한 주장은 특히 추상적이란 사실에 주목할 필요가 있다. 콩트는 이를 설명하는 과정에서 자신의 주장을 입증하기에 적합한 의학적 사례들을 제시하지 못하고 있다. 우리는 이러한 일반적인 명제를 구체적인 사례들에 비추어 볼 수가 없기 때문에, 콩트가 어떤 관점에 입각하여 병리적인 현상은 생리적 현상에서 항상 그 등가물을 가지며 병리적 현상은 결코 새로운 것이 아니라고 주장하는지 알지 못한다. 어떻게 경화가 일어난 동맥이 정상적인 동맥의 등가물이 되며, 부전에 빠진 심장이 최고의 능력을 가진 육상 선수 심장의 등가물이 되는가? 물론 건강한 상태뿐만 아니라 질병에서도 생명 현상의 법칙이 동일함은 이해해야 한다. 그러나 그렇다면 왜 그것을 분명히 말하지 못하고 그 예를 제시하지 못하는가? 그리고 유사한 기전에 의해 질병과 건강 상태에서 유사한 효과가 생겨나지는 않는가? 지거리스트가 제시한 다음의 예에 대해 숙고해 볼 필요가 있다. "소화가 일어나는 동안 백혈구의 수는 증가한다. 감염의 초기에도 그러하다. 따라서 이 현상은 그것을 유발시키는 원인에 따라 병적이기도 하고 생리적이기도 하다"[107, 109].

정상적인 것은 병적인 것에 접근하고, 병적인 것은 정상적인 것에 동화되는 상호 과정을 분명히 밝히지 못했음에도 불구하고, 콩트는 병리적인 것을 탐구하기에 앞서 우선 정상적인 것과 그 진정한 변이의 범위를 결정해야 한다고 되풀이해서 강조했다. 엄밀히 말해서 정상적인 현상에 대한 지식은 실험에 근거한 질병에 대한 가르침 없이 관찰에만 근거하여서도 성립 가능하다. 그러나 여기에는 커다란 공백이 존재하며 콩트는 어떤 현상이 정상적이라는 것을 확인해 줄 아무런 기준도 제시하지 못한다. 콩트가 정상 상태, 생리적 상태, 자연적 상태의 개념들을 서로 구별 없이 사용한 것으로 보아 그는 정상을 통상적인 의미로 받아들였다고 볼 수 있다[27, 175~176]. 더구나 유기체의 존재와 양립할 수 있는 병리적 혹은 실험적 혼란의 한계를 규정해야 했던 콩트는 이러한 한계를 "확실히 구별되는 외부와 내부의 영향들의 조화"[27, 169]의 한계들과 동일시한다. 따라서 마침내 조화의 개념에 의해 분명해진 정상의 개념이나 생리학의 개념은 질적이고 다가치적인 개념, 과학적이기보다는 미학적이고 도덕적인 개념이 된다.

정상적 현상과 병적 현상의 동일성을 주장하는 콩트의 의도는, 생기론자들이 주장하는 이 두 상태의 질적인 차이를 부인하는 것임은 분명하다. 논리적으로 본다면 질적 차이를 부인하면 양적으로 표현 가능한 동질성을 인정해야 한다. 콩트가 병인인 것을 "정상적 유기체의 모든 현상에 고유하게 나타나는 변이의 한계를 아래위로 다소간 연장시킨 것일 뿐"이라고 정의하며 의도한 것은 의심의 여지 없이 바로 그러한 것이다. 그러나 여기서 사용된 용어들은 모호하고 느슨하게 양적일 뿐이며 여전히 질적 개념의 반향을 지닌다. 그가 표현하고자 하는 의도에는 부적합한 이 용어를 콩트는 브루세에게서 취했다. 따라서 우리는 브루세에게로 거슬러 올라가 콩트 주장의 불확실성과 결함을 이해하고자 한다.

* * *

우리는 브루세의 이론을 주로 「과잉자극 상태와 광기에 대하여」라는 연구의 내용에서 요약한다. 왜냐하면 이 연구를 콩트가 가장 잘 알고 있기 때문이다. 우리는 「병리학에 적용된 생리학에 대한 논고」Traité de physiologie appliquée à la pathologie나 「생리학적 의학 입문」Cathéchisme de médecine physiologique도 이 이론을 더 이상 분명하게 정식화시킬 수 없었음을 확인할 수 있었다.[6] 브루세는 흥분을 기본적인 생명 현상으로 본다. 인간은 그가 살도록 되어 있는 환경으로부터 각 기관에 가해지는 자극에 의해서만 존재한다. 신경은 접촉면의 안팎을 통해 자극을 뇌로 전달하고 뇌는 다시 그것을 접촉면을 비롯한 모든 조직에 되돌려 준다. 이 접촉면은 두 종류의 자극, 즉 외부의 물체와 뇌의 영향 사이에 위

---

6 브루세 사상의 모든 것은 부아네[14], 다렘베르그[29], 드 브랭빌[13 *bis, III*], 미그네[83]에 잘 나타나 있다.

치한다. 많은 자극원들이 계속적으로 작용하기 때문에 생명이 유지된다. 생리학의 학설을 병리학에 적용할 때, 우리는 어떻게 "이러한 자극이 정상적 상태로부터 이탈하여 비정상적이거나 병적인 상태를 만드는가"[18, 263]를 탐구하는 것이다. 이러한 이탈은 결핍이나 과잉이다. 염증은 과잉자극 상태irritation와 양적인 측면에서만 다르다. 우리는 과잉자극 상태를 "생명 현상을 정상적인 상태에서보다 더욱 두드러지게 만드는 작인에 의해 만들어지는"[18, 267] 장애의 총체로 정의할 수 있다. 따라서 과잉자극 상태는 "과잉에 의해 변형된 정상적인 흥분"[18, 300]이다. 예를 들어, 산소의 결핍으로 질식하면 폐가 정상적으로 흥분하지 못한다. 이와 반대로 산소가 지나치게 많은 공기는 "폐를 과도하게 자극하여 폐를 흥분에 민감하게 만들고, 그 결과 염증이 유발된다"[18, 282]. 결핍이나 과잉에 의한 이 두 이탈의 병리학적 중요성은 동일하지 않다. 과잉이 결핍보다 더욱 중요하다. "질병의 두 번째 근원인, 염증으로 전환된 과잉자극 상태는 흥분의 결핍보다 더욱 다양한 결과를 가져온다. 그리고 우리가 앓는 질병의 대부분은 여기에서 유래한다"[18, 286]. 브루세는 비정상적anormal, 병리적pathologique, 병적morbide과 같은 용어들을 구별 없이 사용하여 이들을 동일시한다[18, 263, 287, 315]. 정상적인 것이나 생리적인 것, 비정상이나 병리적인 것의 구별은 과잉과 결핍에 관계되는 단순히 양적인 구별이다. 지적 능력에 대한 생리학적 이론을 인정한 브루세에게 있어 이러한 구별은 신체적인 현상만이 아니라 정신적인 현상에도 유효하다[18, 440]. 요약해서 말하자면, 이 주장의 성공은 그 이론적 구성의 일관성보다도 주장자의 개인적 특성에 의한 것이다.

브루세는 분명 병리적 상태의 정의에서 원인과 결과를 혼동하고 있다. 지속적으로 어떤 원인을 양적으로 변화시키면 질적으로 다른 결과들이 산출될 수 있다. 간단한 예를 하나 들어 보자. 자극이 양적으로 증가하면 오래지 않아 편안한 상태가 고통스런 상태로 바뀌는데, 이 두 상태를 혼동하는 사람은 없을 것이다. 그러한 이론은 항상 다음의 두 관점을 뒤섞어 놓는다. 하나는 질병을 앓으며 질병에 의해 시험을 받는 병자의 관점이고, 다른 하나는 생리학이 모든 질병을 설명해 줄 수 있다고 생각하는 과학자의 관점이다. 그러나 유기체의 상태는 음악의 상태와 유사하다. 음향학의 법칙은 불협화음에서도 깨어지지 않는데, 그렇다고 해서 모든 소리의 조합이 다 듣기 좋다는 의미는 아니다.

결국 그러한 개념은 정상적인 것과 병리적인 것 사이에 동질성 homogénéité의 관계를 설정하느냐, 아니면 연속성continuité의 관계를 설정하느냐에 따라 약간 다른 두 방향으로 발전할 수 있다. 브루세의 충실한 제자인 베겡Bégin은 분명히 연속성의 관계를 취한다.

병리학은 생리학의 가지, 부산물, 보충물일 따름이다. 생명 작용에 대한 생리학의 연구는 생명체가 존재하는 모든 단계를 포괄한다. 기관이 아주 규칙적이고 통일적으로 작용하는 순간부터 기관의 병변이 아주 심해서 모든 기능이 불가능해지고 모든 운동이 멈출 때까지, 우리는 그 기능들을 검토하는 가운데 알지 못하는 사이에 생리학에서 병리학으로 넘어간다. 생리학과 병리학은 서로를 설명해 준다[3, *XVIII*].

그러나 하나의 상태에서 다른 상태로 이행하는 과정의 연속성은 이 두 상태가 이질적이어도 분명히 성립한다. 중간 단계의 연속성은 양극단의 이질성을 중화시키지 못한다. 브루세의 용어는 정상적 현상과 병리적 현상의 실재적 동질성을 주장하는 데 어려움을 드러낸다. 예를 들어 "질병은 본능적·지적·감각적인 관계와 근육과의 관계를 통해 뇌의 신경분포를 증가 또는 감소시키고, 방해하고, 손상시킨다dépraver" [18, 114]. 또한 "살아 있는 조직에서 생겨난 과잉자극 상태는 반드시 염증을 만드는 방식으로 조직을 변성시키지는altérer 않는다"[18, 301]. 우리는 계측해야 한다는 주장 아래 간신히 감추어진, 암암리에 질적이고 규범적인 특성을 지니는 과잉과 결핍이란 개념의 애매함을 콩트의 경우보다 더욱 분명하게 알아차릴 수 있었을 것이다. 과잉이나 결핍은 유효하고 바람직하다고 판단된 척도에 따라, 즉 어떤 기준과의 관계에서 결정된다. 비정상을 지나치게 많거나 지나치게 적은 것으로 규정하는 것은 소위 정상적이란 상태의 규범적 성격을 인정하는 것이다. 이러한 정상적 혹은 생리적 상태는 하나의 객관적 사실처럼 밝혀내거나 설명할 수 있는 사항이 아니다. 그것은 특정한 가치에 연결되어 발현manifestation된다. 모든 존재론이 브루세에게 불러일으켰을 두려움에도 불구하고, 베갱이 정상 상태를 "기관이 아주 규칙적이고 통일적으로 작용하는" 상태로 정의했을 때, 우리는 거기서 주저 없이 어떤 완성에 대한 이상이 실증적 정의를 내리려는 의도에 깃들어 있음을 인식할 수 있다.

이제 우리는 병리학이 확장되거나 확대된 생리학이라는 주장에 대해 어느 정도 이의를 제기할 수 있게 되었다. 이미 확립된 생리학으로부터 병리학과 치료학이 생겨나게 하며, 병리학을(따라서 치료학을) 총체적으로 과학적으로 만들려는 야심은 우선적으로 정상적인 것이 순수히 객관적인 방식으로 정의되어질 때, 그리고 정상 상태와 병리적 상태의 모든 차이점을 양적인 언어로 표현할 수 있을 때에만 그 의미를 가진다. 왜냐하면 양만이 동질성과 변이를 동시에 설명해 줄 수 있기 때문이다. 이러한 이중의 가능성에 의문을 제기하는 것은 생리학이나 병리학의 가치를 깎아내리려 하기 위함이 아니다. 그러나 어쨌건 브루세와 콩트 모두 그들의 이름이 관련되어 있는 시도와 분리할 수 없는 것으로 보이는 두 가지 필요성을 충족시켜주지 못한다는 것을 인정해야 한다.

브루세로서는 이 사실이 놀랍지 않다. 방법론적인 고찰은 그의 장점이 아니었다. 생리학적 의학의 주장들은 끈기 있는 실험에 의해 입증할 수 있는 추론적인 예상으로서보다는, 사혈의 형식으로 모든 질병과 모든 사람들에게 시술한 치료의 처방으로서 보다 가치 있는 것이다. 란세트로 무장한 그는 과도한 자극에 의해 과잉자극 상태로 변질된 흥분이라는 일반적인 현상에서 특별히 염증을 목표로 삼았다. 그의 주장에 일관성이 결여된 것은 비샤Xavier Bichat(1771~1802)와 브라운John Brown(1735~1788)의 가르침이 가지는 각각의 함의에 대해 충분히 생각하지 않고 이론을 구성했기 때문이다. 비샤와 브라운에 대해서는 몇 마디 언급하는 것이 좋을 것이다.

* * *

처음에는 컬렌William Cullen(1712~1780)의 제자였다가 나중에는 그의 적수가 된 스코틀랜드의 의사인 브라운은 글리슨Francis Glisson(1596~1677)이 제안하고 할러Albrecht von Haller(1708~1777)가 발전시킨 자극성irritabilité의 개념을 컬렌을 통해 알게 되었다. 박식하고 천재적이며 최초로 생리학에 대해 훌륭한 연구서(『생리학 기초』*Elementa physiologie*, 1755~1766)를 쓴 할러는 자극성이란 말을 근육과 같은 특정한 기관들이 어떠한 자극원stimulant에 대해 수축반응을 일으키는 성질로 이해한다. 수축은 탄성과 같은 기계적 현상이 아니다. 그것은 다양한 외부 자극에 대해 근육 조직이 보이는 특이적인 반응이다. 마찬가지로 감수성sensibilité은 신경조직의 특이적 성질이다[29, *III*, 13 *bis*, *11*; 107, *51*; 110].

브라운에 따르면 생명체는 흥분가능성incitabilité이라는 특별한 성질에 의해서만 유지된다. 흥분가능성은 생명체로 하여금 자극을 받아들이고 이에 반응할 수 있게 해준다. 질병은 자극이 강한가 약한가에 따라 기능항진sthénie이나 쇠약asthénie의 형태로 나타나는 흥분가능성의 양적인 변화일 뿐이다.

나는 질병과 건강은 동일한 상태일 뿐이며 동일한 원인에 좌우된다는 것을 보였고, 경우에 따라 나타나는 변이는 정도에 따라서만 달라짐을 밝혔다. 그리고 건강과 질병을 만들며, 때로는 지나치게 강하거나 때로는 너무 약할 수도 있는, 적당한 정도의 에너지로 작용하는 힘들은 완전히 동일함을 밝혔다. 의사는 적합한 방법을 통하여 이탈 상태를 건강한 상태로 이끌기 위하여 흥분이 유발시킨 이탈에만 관심을 집중시켜야 한다[21, 96].

브라운은 고체병리론자와 체액병리론자들에게 모두 등을 돌리며, 질병은 고체나 체액의 근본적인 이상에 좌우되는 것이 아니라 흥분 강도의 변이에 따라서만 생겨난다고 주장했다. 질병에 대한 치료는 흥분을 증가시키거나 감소시키는 방향으로 교정하는 것이다. 다렘베르그는 이러한 생각을 다음과 같이 요약했다.

브라운은 내가 이미 여러 차례에 걸쳐 강의에서 환기시킨 주장, 즉 병리학은 생리학의 한 부분이라거나, 브루세가 말했듯이 병리학이 병리학적 생리학의 한 부분이라는 주장을 자기 나름대로 되풀이하고 자신의 체계에 맞게 변용시킨다. 그는 건강 상태와 병적 상태는 다르지 않으며, 바로 그 사실을 통해 질병과 건강을 만들어 내거나 파괴하는 힘은 동일한 작용을 한다는 것을 충분히 증명했다고 주장한다(§65). 그는 근육의 수축과 연축spasme, 강축tétanos(§57)을 비교하여 그것을 증명하려고 한다[29, 1132].

그런데 다렘베르그가 되풀이해 지적하듯이, 브라운의 이론에서 특별히 흥미롭게 보이는 것은 그 이론이 의심할 여지 없이 브루세 이론의 출발점이지만 그의 이론은 병리적 현상에 대한 측정으로써 완성된다는 점이다. 브라운은 흥분되는 기관의 가변적인 성질을 수치적으로 측정해야 한다고 주장한다.

중요한 질병은〔예를 들어 폐렴에서 폐에 생긴 염증이나 통풍goutte에서 발에 생긴 염증, 수종의 경우 강腔, cavité 내 장액의 유출〕6이고 각 부위의 가장 가벼운 질병은 3이며, 가볍게 이환罹患된 부위의 수는 1,000이라 하자. 그러면 신체의 나머지 부분의 질병과 더불어 부분적인 질환은 6에서 3,000 사이가 된다. 몸 전체에 작용하는 흥분의 원인과 유기체 전체에서 그 흥분의 영향을 제거하는 치료제는 모든 일반적인 질병에서 그와 같은 계산의 정확성을 보장해 준다[21, 29].

치료학은 하나의 계산 위에 근거한다. "항진 체질은 흥분 단계에서 60도까지 올라간다고 가정한다면 과도한 흥분을 20도 감소시키기 위해서는 아주 약한 자극 방법을 적용해야 한다"[21, 50]. 병리적 현상을 이처럼 우스꽝스럽게 수학화한 것 앞에서 웃는 것은 당연하다. 그러나 이 학설은 브루세의 학설과는 달리 공리로 발전하게 되었고, 개념의 정합성이 충분히 완성되었음은 인정해야 한다.

게다가 브라운의 제자였던 린치Lynch는 다렘베르그가 "건강과 질병을 측정하는 진정한 온도계"라고 말한, 체계적인 흥분도의 단계를 만들었다. 그는 이것을 『의학의 기초』Eléments de médecine라는 책에 비례표의 형식으로 덧붙였다. 이 표는 0에서 80까지가 표시된 두 개의 눈금

이 거꾸로 대응되도록 연결되어 있는데, 최대 흥분가능성incitabilité이 80이면 현재의 흥분 상태incitation는 0이다. 질병의 원인과 영향 및 치료는 완전한 건강 상태(흥분 상태=40, 흥분가능성=40)에서 두 방향으로 벌어지는 다양한 단계에 해당한다. 예를 들어 흥분 상태가 60과 70 사이의 영역에는 항진 체질에 의한 질병, 즉 폐렴, 광증, 심한 천연두, 심한 홍역, 심한 단독丹毒, 류마티스 등이 포함된다. 이와 같은 증상에 대한 치료 방법은 다음과 같다. "회복되기 위해서는 흥분을 감소시켜야 한다. 사람의 몸은 미약한 발병이나 음성적인 자극만을 허용하며 심한 자극을 피함으로써 회복될 수 있다. 치료 방법은 사혈瀉血, saignée, 하제下劑, purgation, 식이요법, 내적인 평안, 차가움 등이다."

여기서 옛날의 병리 이론을 다시 끄집어내는 것은 공허한 현학적 취미를 만족시키거나 즐기려는 의도가 전혀 아니라는 점을 말해 둘 필요가 있다. 우리의 의도는 지금 다루고 있는 주장의 깊은 의미를 명확히 하려는 것이다. 질적 다양성이 허망한 것으로 여겨지는 현상을 수량화의 형식을 통해 확인하는 것은 논리적으로 잘못이 없다. 여기서 계측을 통한 확인의 형식이 희화적일 뿐이다. 그러나 풍자화가 어떤 형식의 본질에 충실한 복사본보다 나은 경우도 드물지 않다. 사실 브라운과 린치는 병리적 현상의 개념적 서열과, 건강과 질병이라는 두 극단 사이의 상태를 나타내는 지표에만 이르렀다. 지표를 부여하는 것repérer은 측정하는 것이 아니며, 정도는 기본단위가 아니다. 그러나 그 실수는 시사하는 바가 있다. 이 실수는 어떠한 시도의 이론적인 함의와 그 시도가 적용되는 대상에서 만나는 한계를 보여 준다.[7]

＊　＊　＊

정상적 현상과 병리적 현상은 양적인 차이만 있을 뿐, 사실은 동일하다는 브라운의 주장을 브루세가 배웠다고 가정하더라도, 다시 말해서 양적인 계측을 연구 방법으로 강요하더라도 비샤로부터 얻은 지식이 이 영향을 중화시켜 준다. 『생명과 죽음에 대한 연구』*Recherches sur la vie et la mort*(1800)에서 비샤는 생리학의 대상과 방법을 물리학의 대상과 방법에 대비시킨다. 그에 의하면 불안정성과 불규칙성은 생명 현상의 본질적인 특성이다. 따라서 강제로 생명 현상을 계측적 관계의 고정된 틀 속에 집어넣으면 생명 현상은 변질된다[12, *art.* 7, §*I*]. 생물학적 사실을 수학적으로 다루는 것이나, 특히 평균치에 관한 모든 연구와 모든 통계적 계산에 대해 콩트와 베르나르가 가지는 불신은 비샤로부터 배운 것이다.

그런데 생물학에서 모든 것을 측정하려는 의도에 대해 비샤가 가지는 반감이, 질병은 유기체를 구성하는 조직tissu의 단계에서 성격상 양적이라 할 수 있는 변이에 의해 설명되어야 한다는 주장과 결합되어 있음은 역설적이다.

생명체의 특성을 정확히 분석하는 것; 모든 생리적 현상은 최종분석

---

7 우리들의 연구 "John Brown, La théorie de l'incitabilité de l'organisme et son importance historique"를 참조하라. 이 글은 제13차 국제과학사학회(1971년 모스크바) 자료집에 실렸다.

에서 자연 상태에서 고려되는 특성들과 연결되어 있으며, 모든 병리적 현상은 그것의 증가나 감소 혹은 변성에서 유래함을 보이는 것; 모든 치료적 현상은 그들이 떨어져 나온 자연형으로 되돌아가는 것을 원칙으로 삼는다. 각자가 작동하게 되는 경우를 정확히 규정하는 것; 이것이 이 연구의 전반적인 주장이다[13, *I, XIX*].

이미 우리는 사람들이 브루세와 콩트를 비난한 그 모호한 개념의 원천에 도달해 있다. 증가와 감소는 양적 가치의 개념이지만 변성은 질적 가치의 개념이다. 물론 우리는 플라톤 이래로 그토록 많은 철학자들이 사로잡힌 동일자와 타자의 덫에 생리학자와 의사들이 사로잡힌 것을 비난할 수는 없다. 그러나 거기에 사로잡히는 순간 가볍게 그 덫을 무시하는 대신 그것을 인정하는 것이 좋다. 브루세의 모든 설명은 다음과 같은 비샤의 주장에 배태되어 있다.

모든 치료 수단의 목적은 변질된 생명체의 성질을 자연 상태로 돌려놓는 것이다. 국소적 염증에서 유기체의 증가된 감수성을 감소시키지 못하는 모든 수단, 부종과 침윤 등에서 전반적으로 감소한 감수성을 증가시키지 못하는 모든 수단, 경련이 일어난 경우 수축성을 감소시키지 못하는 모든 수단, 마비에서 수축성을 증가시키지 못하는 모든 수단 등은 본질적으로 그 목표를 결여하고 있다. 이러한 것들은 모두 금물이다[13, *I, 12*].

유일한 차이점은, 브루세는 발병을 증가와 과잉에 귀속시키고, 그 결과 모든 치료를 사혈寫血에 귀속시키는 점이다. 말하자면 모든 것에서 과잉이 결점인 것이다!

* * *

독자들은 콩트 이론의 주장이 역사를 거슬러 올라가는 설명의 구실이 된 사실에 놀랄 것이다. 왜 처음부터 역사적 순서를 취하지 않았는가? 그러나 무엇보다도 역사적인 서술은 항상 진정한 관심과 진정한 의문의 순서를 도치시킨다. 문제에 대한 반성을 불러일으키는 것은 현재이다. 만약 반성이 시간을 거슬러 올라가게 된다면 그 거슬러 올라감은 반성과의 관계에서 이루어진다. 그리하여 역사적 기원은 반성적 기원보다 사실 덜 중요하게 된다. 조직학의 창시자인 비샤가 콩트에게 진 빚이 전혀 없음은 분명하다. 세포설이 프랑스에서 겪은 저항이 사실상 로벵의 실증주의적 신념과 관계 있다면, 그러한 채무 관계(비샤가 콩트에게 진)가 없음은 확실하지 않은가. 그러나 우리는 콩트가 비샤의 주장을 따라 분석은 조직을 넘어서지 않는다고 인정한 사실을 안다[64]. 어쨌건 분명한 것은 의학적 문화의 환경 내에서도 비샤, 브라운, 브루세의 고유한 일반병리학 이론은 콩트가 그 유효성을 인정한 범위 내에서만 영향력을 발휘할 수 있었다는 사실이다. 19세기 후반의 의사들은 대부분 브루세와 브라운을 알지 못했지만 콩트나 리트레를 모르는 사람은 거의 없었다. 그것은 마치 오늘날 대부분의 생리학자들이 베르나르를 모를 수 없지만 베르나르가 마장디Magendie를 통해 연결되어 있는 비샤를 모르는 것과 같다.

브루세, 브라운, 비샤의 병리학을 가로질러 콩트 사상의 머나먼 근원으로 거슬러 올라가 보면 우리는 콩트 사상의 중요성과 가치를 더욱 잘 이해하게 된다. 콩트는 그의 생리학 스승이었던 블랭빌Blainville을 통해 비샤로부터 생물학을 수학화하려는 모든 시도에 대한 반감을 배웠다. 그것은 『실증철학강의』의 40번째 강의에서 길게 설명된다. 비샤의 생기론이 생명 현상에 대한 실증주의자들의 개념에 미친 영향은 생리적 기전과 병리적 기전의 동일성을 주장하는 근본적인 논리적 요청과 균형을 이룬다. 이 요청은 병리학설이란 점에서 콩트와 비샤 사이에 위치한 또 다른 한 명의 대변자 브루세에 의해 무시당한 요청이다.

우리는 콩트의 의도와 목적이 브루세의 그것과는 지극히 다르다는 점을 기억해야 한다. 그것은 병리학에 대한 동일한 개념을 발전시킨 브루세의 정신적 선조들과도 다르다. 콩트는 과학적 방법을 체계화하기를 주장하는 한편, 다른 한편으로는 정치적 교의를 과학적으로 확립하고자 시도한다. 콩트는 질병이 생명 현상을 변질시키지 않는다는 주장을 일반화시켜 정치적 위기에 대한 처방은 사회를 그 본질적이고 영구한 구조로 되돌리는 것이며, 사회의 정지 상태에 의해 결정되는 자연적 질서의 변이의 한계 내에서만 진보를 수용할 수 있게 만드는 것이라는 주장을 정당화시킨다. 브루세의 원리는 실증주의자들의 교의 안에서 하나의 체계에 종속된 하나의 사상에 그친다. 그것을 독립적인 개념으로 유포시킨 것은 의사, 심리학자, 실증주의적 전통의 영감을 입은 문학가들이었다.

3. 클로드 베르나르와 실험병리학

베르나르가 정상적인 것과 병리적인 것의 관계에 대한 문제를 다루며 콩트를 전혀 따르지 않은 것은 사실이지만, 외형상 그럴 듯한 해결책을 제시하기 위해 콩트의 의견을 무시할 수 없었던 것도 사실이다. 우리는 베르나르가 손에 펜을 들고 콩트를 자세히 읽었다는 것을 슈발리에Jacques Chevalier가 1938년에 출판한, 아마도 1865~1866년경으로 거슬러 올라가는 베르나르의 노트를 통해 알고 있다[11]. 제2제국의 의사와 생물학자들에게 마장디, 콩트, 베르나르는 동일한 종교의 세 명의 신——혹은 악마——이었다. 리트레는 베르나르의 스승이었던 마장디의 실험적 업적을 다루면서 그로부터 생물학에서의 실험과, 병리적 현상에 대한 연구에서 관찰과 실험의 관계에 대한 콩트의 생각과 일치하는 가설들을 분리해 낸다[78, *162*]. 글레이E. Gley는 베르나르가 세 가지 상태에 대한 자신의 법칙을 「생리학의 진보」Progrès des sciences physiologiques(*Revue des Deux Mondes*, 1865년 8월 1일)라는 글에서 되풀이하였고, 로벵이 만든, 실증주의자의 입김이 느껴지는 잡지의 출판과 모임에 참여하였음을 최초로 입증했다[44, *164~170*]. 1864년 로벵은 브라운-세카르Brown-Séquard와 더불어 『인간과 동물에 대한 정상적·병리적 해부학과 생리학 잡지』*Journal de l'anatomie et de la physiologie normales et pathologiques de l'homme et des animaux*를 발간했는데, 이 잡지 초판에는 베르나르와 슈브뢸Chevreul 등의 논문이 실렸다. 로뱅이 1848년에 설립한 생물학회의 2대 회장이었던 베르나르는 창립 회원들에게 돌린 글에서 학회지의 편집 원칙을 다음과 같이 밝혔다. "우리의 목표는 해부학과 개체들의 분류학을 연구하여 기능의 작용 기전을 밝히고, 생리학을 연구하여 기관들이 어떻게 변성되며 기능이 어느 정도의 한계를 벗어날 때 정상 상태에서 이탈할 수 있는가를 밝히는 것이다"[44, 166]. 라미Lamy가 밝힌 바에 따르면, 생리학과 의학에서 영감의 원천과 사색의 주제를 찾았던 19세기의 예술가들과 작가들은 콩트의 사상과 베르나르 사상의 차이를 사실상 구별하지 못했다[68].

사실 병리적 현상의 본질과 의미에 대한 베르나르의 정확한 생각을 설명하는 것은 지극히 어렵고 미묘한 문제라는 사실을 말해 둘 필요가 있다. 여기에 그 풍부한 발견과 방법이 오늘날에도 여전히 고갈되지 않고 의사들과 생물학자들이 끊임없이 참고하는 원천이 되며, 그에 대해서는 어떤 비판의 결정판도 존재할 수 없는 위대한 과학자가 있다! 베르나르가 콜레주 드 프랑스에서 행한 강의는 대부분 제자들에 의해 편집되어 출판되었다. 그러나 베르나르 자신이 쓴 것이나 그가 주고받은 편지는 존경심 어리고 체계적인 어떤 호기심의 대상도 되지 않았다. 사람들은 여기저기서 그에 대한 책, 그의 기록과 노트를 노골적인 의도에서 출판하는데, 이들은 곧 논쟁에 휩싸인다. 따라서 사람들은 혹 이와 같은 경향들이 다른 모든 단편들의 출판마저도 부추기지 않았는가 하는 의문을 제기한다. 베르나르의 생각은 의문으로 남는다. 이 문제를 해결하는 유일한 방법은 그의 원고를 체계적으로 출판하고, 그것이 이루

어지면 그의 수고를 문서보관실에 보관하는 것이다.[8]

*　　*　　*

병리적 현상과 생리적 현상의 실재적 동일성 ―그것은 기전의 동일성
인가 증상의 동일성인가, 아니면 이들 양자의 동일성인가? ―과 연속
성은 베르나르의 연구에서 하나의 주제로 나타나기보다는 단조로운
반복으로 나타난다. 우리는 이 주장을 『의학에 적용된 실험생리학 강
의』*Leçons de physiologie expérimentale appliquée à la médecine*(1855), 특
히 제2권의 제2강의와 22강의, 그리고 『동물열에 대한 강의』(1876)에
서 볼 수 있다. 그러나 우리는 『당뇨병과 동물의 글리코겐 합성에 대한
강의』*Leçons sur le diabète et la glycogenèse animale*(1877)를 선택한다. 이
것은 베르나르의 모든 연구 가운데서도 특별히 이론을 밝히는 데 바쳐
진 연구로 간주되는데, 여기서는 임상적이고 실험적인 사실이 내재적
인 생리학적 함의를 이끌어 내는 것만큼이나 방법론적이고 철학적인
교훈을 이끌어 내기 위해 제시된다.

　　베르나르는 의학을 질병에 대한 과학으로, 생리학을 생명에 대한

---

8 베르나르는 자신의 미간행 원고를 다르송발(d'Arsonval)에게 유증했다. 다르송발의
　서문이 포함된 Claude Bernard, *Claude Bernard, Pensées, notes détachées*, J.-B.
　Baillière, 1937. 이 수고들은 델움 박사(Dr. Delhoume)가 찾아내었지만 아직 일부만 출
　판되었다.
　* 오늘날 우리는 그르멕 박사(Dr. M.-D. Grmek)가 주의를 기울여 만든 *Catalogue des
　Manuscrits de Cl. Bernard*, Paris, Masson, 1967을 이용한다.

과학으로 간주한다. 과학에서 실천을 밝혀 주고 지배하는 것은 이론이다. 합리적 치료는 과학적 병리학에 의해서만 이루어질 수 있고, 과학적 병리학은 과학적 생리학에 근거를 두어야 한다. 그런데 당뇨병의 문제를 해결하면 앞선 주장이 증명된다. "상식적으로 보아 생리적 현상을 완전히 이해하면 병적인 상태에서 겪어야 하는 모든 장애들을 설명할 수 있어야 한다. 생리학과 병리학은 혼동되지만 사실 이들은 하나의 동일한 학문이다"[9, 56]. 당뇨병은 전적으로 정상적 기능의 장애에 의해서만 생기는 질병이다. "모든 질병은 그에 상응하는 정상적 기능을 가진다. 질병은 혼란되고, 과장되고, 축소되고, 무화된 표현에 지나지 않는다. 오늘날 우리가 질병의 모든 현상을 설명할 수 없다면 그것은 생리학이 아직 충분히 발달하지 못했기 때문이다. 우리에게 알려지지 않은 무수한 정상적 기능들이 아직도 존재한다"[9, 56]. 베르나르는 이 점에서 당대의 많은 생리학자들과 대립한다. 그들에 의하면 질병은 생리와는 무관한 어떤 실체로서 유기체에 부가되는 것이다.

사실 당뇨병은 다음과 같은 특징적인 증상을 가진다. 다뇨polyurie, 다음polydipsie, 다식polyphagie, 자식증autophagie, 당뇨glycosurie. 정확히 말하자면 이 중 어떤 증상도 정상적 상태와는 무관한 새로운 현상은 아니며, 어떤 것도 자연으로부터 자발적으로 생겨난 것은 아니다. 반대로 이 모든 증상들은 정상 상태와 병적 상태에 따라 강도의 변이가 달라지는 것을 제외하고는 이미 존재하는 것들이다[9, 65~66].

다뇨, 다음, 다식, 자식증을 보여 주는 것은 당뇨를 입증하는 것보다 용이하다. 그러나 베르나르는 당뇨가 정상적인 상태에서는 잠재적이고 인식되지 않는 현상이므로 그것이 과장되어야만 드러난다고 주장한다[9, 67]. 사실 베르나르는 자신이 주장하는 것을 효과적으로 증명하지 못한다. 베르나르는 제16강의에서 정상적인 소변에도 일정한 양의 당이 존재한다고 주장하는 생리학자의 의견과 이를 부정하는 의견을 대립시키고 그러한 실험과 조절의 어려움을 토로한 다음, 질소를 함유하고 당과 전분이 없는 사료를 먹인 동물의 정상적인 소변에서는 극미량의 당도 검출되지 않았으나 과도한 당이나 전분을 먹인 동물에서는 사정이 달랐다고 덧붙인다. 혈당치가 오르내리는 과정에서 당이 소변으로 이동한다고 생각하는 것은 당연하다.

나는 결국 이러한 주장을 하나의 절대적 진리로 고정시킬 수 있다고는 믿지 않는다. 정상적 소변에도 어느 정도의 당은 존재한다. 많은 경우에서 극미량의 당이 존재한다는 것을 나는 인정한다. 생리적 상태와 병리적 상태 사이를 인식할 수 없고 검출할 수 없게 이행하는 일종의 일시적인 당뇨도 존재한다. 나는 한편으로 당뇨라는 현상이 항구적으로 지속될 때에만 분명한 병리적 특성이 된다고 주장하는 임상가들에게 동의한다[9, 390].

베르나르가 실험적 증거도 없이, 당의 검출을 위해서 당시에 사용되던 모든 측정 방법의 검출 한계 너머에 있는 당의 실체를 상정하고, 이러한 동일한 사실 ──이론에 따라서 ──을 인정하게 된 것은 놀라운 일이다. 그는 자신이 특별히 논란의 여지가 있다고 느끼는 경우 자신의 해석을 증명해 줄 사실을 제시하려 하였다. 오늘날 프레데릭H. Frédéricq은 정확히 이 점에 있어서 정상적인 당뇨는 없으며, 다량의 액체를 섭취하거나 과도한 이뇨 작용이 일어날 경우 글루코스는 신장의 곡세뇨관tube contourné에서 재흡수되지 않고 씻겨 나간다는 것을 인정했다[40, 353]. 따라서 놀프Nolf와 같은 학자가 극소량의 당이 정상적으로도 소변에 존재한다고 주장할 수 있게 되었다[90, 251]. 만약 정상적으로 당뇨가 존재하지 않는다면 당뇨병에서의 당뇨는 어떤 생리적 현상이 양적으로 증폭된 것인가?

베르나르의 재능은 동물유기체 내에 존재하는 당이 그 유기체 자신의 생산물이며 음식물의 섭취에 의해 단순히 식물계로부터 온 것이 아니라는 것을 증명한 데 있다. 혈액은 정상적으로 글루코스를 포함하며, 요 중의 당은 일반적으로 혈당치가 어떤 한계에 다다랐을 때 신장이 배출한 것이다. 달리 말하자면, 혈당증은 혈액 내에 글루코스가 전혀 없는 비정상 상태에 이를 때까지는 어느 정도까지는 음식물 섭취와 무관한 항상적 현상이며, 당뇨는 혈당이 증가하여 어느 정도 양의 한계치를 초과한 결과이다. 당뇨병 환자에게 혈당은 그 자체로 병적 현상은 아니나 그 양에 있어서 그러하다. 혈당은 "건강한 상태의 유기체에서 나타나는 정상적이고 항상적인 현상이다"[9, 181].

하나의 혈당증만이 존재한다. 그것은 당뇨병일 경우나 그렇지 않을 경우나 모두 항상적이고 영구적인 현상이다. 다만 정도의 차이가 있을 뿐이다. 혈당이 3 내지 4‰ 이하일 때에는 당뇨가 생기지 않으나 그 이상일 때에는 생긴다. 정상 상태에서 병리학 상태로의 이행을 잡아내기는 불가능하다. 당뇨병만큼 생리학과 병리학의 융합을 설명하는 데에 적합한 것은 없다[9, 132].

역사적 관점에서 보아 베르나르가 자신의 주장을 설명하는 데에 쏟은 에너지는 불필요한 것으로 보이지는 않는다. 1866년 파리의과대학 교수였던 자쿠Jaccoud는 어떤 임상강의에서 당뇨병을 다루면서 혈당증은 불안정하고 병리적 현상이며, 파비Pavy의 연구에 따라 간에서 당이 만들어지는 것은 병리적 현상이라고 가르쳤다. "당뇨병을 존재하지도 않는 생리적 작용의 증폭으로 돌릴 수는 없다 …… 당뇨병을 정상적 작용의 증폭으로 보는 것은 불가능하다. 그것은 정상적인 생명과는 완전히 다른 어떤 작용의 표현이다. 이러한 작용이 질병의 본질이다"[57, 826]. 1883년 자쿠는 내과 병리학의 교수가 되었고, 『내과병리학론』Traité de pathologie interne에서 1866년보다 더욱 확고한 입장을 가지고 베르나르의 이론에 대해 전적으로 반대했다. "글리코겐이 당sucre으로 전환하는 것은 병리적 상태나 죽음에서 일어나는 현상이다"[58, 945].

정상적 현상과 병리적 현상이 연속적이라는 주장의 의미와 중요성을 보다 잘 이해하기 위해서는, 베르나르에 대한 비판이 병리적 상태와 정상 상태에서 생체 기능의 기전과 산물에 질적 차이가 존재한다고 주장하는 것을 목표로 삼고 있다는 사실을 고려해야 한다. 이러한 주장들의 대립은 『동물열에 대한 강의』에서 더욱 잘 드러난다.

건강과 질병은 옛날의 의사들이나 오늘날의 일부 임상가들이 그렇게 믿는 것처럼 본질적으로 다른 두 가지 양태가 아니다. 살아 있는 유기체는 건강과 질병이 별개의 원칙과 실체로서 서로 대립해 싸우는 장소가 아니다. 그것은 진부한 의학 이론이다. 사실 이 두 가지 존재 방식 사이에는 병리적 상태를 구성하는 정상 상태의 증폭, 불균형, 부조화와 같은 정도의 차이만이 존재한다. 질병이 새로운 상태, 완전한 변화, 새롭고 특별한 산물을 나타나게 하는 경우는 존재하지 않는다[8, 391].

베르나르는 이를 뒷받침하기 위하여 그가 반박하고 있는 견해를 웃음거리로 만들기에 적합하다고 생각되는 예 하나를 제시한다. 두 명의 이탈리아 생리학자 루사나Lussana와 암브로솔리Ambrossoli는 교감신경의 절단과 그 영향에 대한 실험을 되풀이한 후, 관련되는 기관에서 혈관 팽창에 의해 발생하는 열의 생리적 특성을 부인했다. 그들에 따르면, 이 열은 모든 관점에서 보더라도 생리적인 열과는 다르며 따라서 병적이다. 생리적 열은 음식물을 연소시켜 생겨나는 반면 이 경우의 열은 조직을 연소시켜 생기는 것이다. 이에 대해 베르나르는 음식물은 자체로도 연소되지만 조직의 일부로 통합되어 조직의 단계에서 연소되기도 한다고 응수한다. 베르나르는 이탈리아 학자들을 손쉽게 반박했다고 생각하며 다음과 같이 덧붙인다.

사실 물리화학적 현상은 그것이 유기체의 내부나 외부에서 일어나는 데 따라, 혹은 유기체가 건강한 상태이냐 병적인 상태이냐에 따라 그 본성이 바뀌지는 않는다. 난로에서 생겨나든 유기체에서 생겨나든 열을 만드는 인자는 한 종류만 존재하며 이들은 동일하다. 물리적 열과 동물의 열, 혹은 병적인 열과 생리적 열은 더욱이 존재하지 않는다. 동물에서 나타나는 병적인 열과 생리적 열은 그 본성이 아니라 정도에서만 차이가 날 뿐이다[8, 394].

여기서 다음과 같은 결론이 나온다. "대립하는 두 작인作因 사이의 싸움이라는 관념, 생명과 죽음, 건강과 질병, 죽은 자연과 살아 있는 자연의 대립이라는 관념은 이제 그 수명을 다했다. 이제는 무엇보다도 현상의 연속성과 감지되지 않는 증감, 그 조화를 인정해야 한다"[같은 책].

앞선 두 개의 텍스트는 특히 분명해 보인다. 왜냐하면, 이것은 『당뇨병에 대한 강의』Leçons sur le diabète에서는 나타나지 않은 관념의 관계들을 밝혀 주고 있기 때문이다. 정상적인 것과 병리적인 것의 연속성은 생명과 죽음, 유기 물질과 무기 물질의 연속성에 대한 관념과 연결되어 있다. 베르나르는 당시까지 인정되어 오던 광물질과 유기물, 식물과 동물의 대립을 부인하고 결정론적 가정의 전능성과, 위치나 외관과 관계없는 물리화학적 현상들의 실체적 동일성을 주장했다. 실험실에서 나온 화학적 생산물과 생체의 화학적 생산물이 동일함—1828년 뵐러Wœhler가 요소의 합성을 실현한 이후 형성된 관념—을 주장한 것은 그가 처음이 아니다. 그는 단지 "뒤마Dumas와 리비히Liebig의 연구에 의해 유기화학에 주어진 생리학적 추동력을 강화시켰다".[9] 그는 처음으로 식물의 현상과 그에 상응하는 동물적 기능이 생리학적으로 동일하다고 주장했다. 베르나르 이전의 사람들은 식물의 호흡은 동물 호흡의 역과정이고, 식물은 탄소를 고정하는 반면 동물은 이를 연소시키고, 식물은 환원시키고 동물은 산화시키며, 식물은 합성물을 만들고 동물은 그것을 사용하여 파괴시키므로 동물은 그와 유사한 것들을 만들어 내지 못한다는 관념에 사로잡혀 있었다.

이러한 모든 대립은 베르나르에 의해 부정되었고, 간이 글리코겐을 합성하는 기능을 가졌다는 사실의 발견은 "어디서나 현상의 연속성을 인정하려는" 의도가 훌륭한 성공을 거둔 한 예이다.

생명과 죽음을 동일시하면 건강과 질병의 동일성을 추구하는 것이 합리화된다는 결론을 이끌어 내기 위해 베르나르가 대립이나 대비에 대해 만든 관념이 적절했는지, 건강-질병의 개념쌍을 생명-죽음의 대칭적 쌍으로 간주하는 것이 정당한지에 대해 이제 사람들은 의문을 품지 않을 것이다. 그는 건강과 생명의 동일성을 탐구할 권위를 인정받았다. 사람들은 베르나르가 생명과 죽음의 일치를 주장함으로써 무슨 말을 하려는 것인가를 물을 것이다. 이것은 종교적이나 세속적 논쟁의 목적으로 베르나르가 유물론자인지 아니면 생기론자인지를 알아내려고

---

9 베르나르에 대한 파스퇴르의 글. Louis Pasteur, "Claude Bernard: idée et importance de ses travaux, de son renseignement et de sa méthode", *Le Moniteur universel*, n° 311, 7 novembre 1866.

할 때 흔히 제기되는 물음이다.[10] 『생명 현상에 대한 강의』*Leçons sur les phénomènes de la vie*(1878)를 주의깊게 읽어 보면 의미심장한 답을 얻을 수 있을 것이다. 베르나르는 물리화학적 관점에 따라 유기물계의 현상과 무기물계의 현상에 대한 구별을 인정하지 않는다. "실험실의 화학과 생명의 화학은 동일한 법칙의 지배를 받는다. 두 개의 화학은 존재하지 않는다"[10, *I, 224*]. 이것은 과학적 분석과 실험적 기술이 생명체의 합성물을 무기물과 마찬가지로 동화하고 재생산할 수 있다는 말이다. 그러나 이것은 생명체를 구성하는 물질과 그 외계를 이루는 물질의 동질성을 주장하는 것일 뿐이다. 왜냐하면, 베르나르는 기계론적 유물론을 거부하며 생명체와 그 기능적 활동이 고유성을 지닌다고 주장하기 때문이다. "생명 현상이 물리-화학적 조건의 영향하에 직접적으로 놓여진다고 해도, 이 조건들이 생명체에 고유한 질서와 연속 속에 나타나는 현상들을 지배하지는 못한다"[10, *II, 218*]. 그리고 더욱 분명하게

> 우리는 라부아지에Lavoisier와 더불어 생명체는 자연의 일반 법칙을 공유하고 있으나 그 발현은 물리적·화학적 표현이라고 생각한다. 그러나 물리학자나 화학자들처럼 무생물계의 현상 안에서 생명 활동의 전형을 발견하는 것이 아니라, 우리는 반대로 비록 그 결과가 같다고 하더라도 생명체의 표현은 개별적이고particulière, 그 기전은 특별하

---

10 Pierre Mauriac, *Claude Bernard*[81]와 Pierre Lamy, *Claude Bernard et le matérialisme*[69]을 보라.

며spécial, 그 작인은 특이적이라고spécifique 가르친다. 몸 안에서 일어나는 어떤 화학적 현상도 몸 밖에서 일어나는 것과 동일하지 않다[같은 책].

이 마지막 말들은 뒤클로Jacques Duclaux의 『생명 기능에 대한 물리화학적 분석』*Analyse physico-chimique des fonctions vitales*의 서두로 쓰일 수 있었을 것이다. 모든 유심론에 대한 반감이 노골적으로 드러나는 뒤클로의 이 책에 따르면, 세포 내의 어떠한 화학 반응도 실험실의 실험에서 얻어진 공식에 의해 표현될 수 없다. "인간의 육체가 이러한 기호들로 표현 가능해지면 생명체를 이루는 물질은 곧 이를 적으로 간주하고 제거하거나 중화시킨다 …… 인간이 창조한 새로운 화학은 자연계의 화학에 따라 발전되었으나 이들은 서로 다르다"[36].

비록 그러하더라도 베르나르가 현상들의 연속성을 인정한다고 해서 그 고유성을 무시하는 것이 아님은 분명하다. 그렇다면 그가 무기물과 생명물질의 관계에 대해 말하는 것에 대비시켜 다음과 같이 말할 수 있을까. 하나의 생리학만이 존재한다. 그러나 생리적 현상 안에서 병리적 현상의 표준형을 보는 것은 잘못이다. 비록 결과가 동일하다 해도 병리적 현상은 개별적으로 표현되며, 그 기전은 특이적으로 이루어진다는 사실을 고려해야 한다. 건강한 유기체에서와 마찬가지로 병든 유기체에서 이루어지는 현상은 없는가? 죽음과 삶의 동일성을 주장할 수 없는데 왜 그것을 모방하는 질병과 건강의 동일성을 서슴없이 주장하는가?

브루세, 콩트와는 달리 베르나르는 병리학에 대한 그의 일반 이론에 근거하여 확인할 수 있는 논거들, 실험의 지침서들, 무엇보다도 생리학의 개념들을 수량화시키는 방법들을 제시한다. 글리코겐 합성, 혈당증, 당뇨, 음식물의 연소, 혈관 팽창에 의한 열 등은 더 이상 질적 개념이 아니라 측정에 의해 얻어지는 결과의 요약이다. 따라서 질병이 정상적 기능의 증폭이나 축소라고 주장할 때 무슨 의미인지를 정확히 알게 된다. 아니면 적어도 그것을 알 수 있는 방법이 주어진다. 논리적 정확성은 논란의 여지 없이 진보했음에도 불구하고 베르나르의 생각에 모호함이 없지는 않다.

　무엇보다도 비샤, 브루세, 콩트의 경우와 마찬가지로 베르나르에서도 병리적 현상에 대해 주어진 정의에는 양적 개념과 질적 개념이 결합하고 있음에 주목해야 한다. 때로 병리적 상태는 "양적 변이에 의한 정상적 기전의 일탈이며 정상적 현상의 강화나 약화"[9, 360]이거나, "정상적 현상의 과장, 불균형, 부조화"[8, 391]에 의해 이루어진다. 과장이라는 용어는 일차적으로는 정확히 양적인 의미를 지니지만 이차적으로는 질적인 의미를 지닌다는 것을 모르는 사람이 누가 있겠는가? 베르나르는 '병리적'이란 용어를 일-탈dé-rangement, 불-균형dis-proportion, 부-조화dés-harmonie로 대체하면서 '병리적'이란 용어의 질적 가치를 무효화시켰다고annuler 믿는가?

　이러한 모호함은 교훈적이다. 그것은 사람들이 제시했다고 생각하는 해결의 한가운데에 여전히 문제가 존속함을 드러낸다. 그리고 그 문제는 다음과 같다. 질병의 개념은 양적인 과학적 인식이 접근할 수 있는 객관적 실체의 개념인가? 생명체가 그 정상적인 생명과 병리적인 생명 사이에 설정하는 가치의 차이는 과학자가 당연히 부정해야 하는 허구적인 외양에 불과한가? 만약 이러한 질적 대비를 이론적으로 무효화시킬 수 있다면 가치의 차이를 부정하는 것은 정당하지만, 만약 무효화시킬 수 없다면 가치의 차이를 부정할 수 없다.

우리는 베르나르가 양적 변이variations quantitatives와 정도의 차이 différences de degré라는 표현을 구별하지 않고 사용했다는 것을 확인할 수 있었다. 이것은 동질성homogénéité이란 암묵적인 개념과 연속성 continuité이라는 명시적인 개념의 다른 표현이다. 그런데 이들 개념을 사용하는 데에 필요한 논리적 요구 조건은 동일하지 않다. 만약 내가 두 대상의 동질성을 주장한다면 적어도 그 중 하나의 본성을 정의해야 하거나, 이들에 공통적인 본성을 정의해야 한다. 그러나 내가 연속성을 주장한다면, 하나를 다른 하나로 환원시키지 않고 이 두 극단 사이를 점진적으로 보다 작은 간격으로 나누어 내가 사용할 수 있는 모든 매개물들을 삽입할 수 있다. 사실 어떤 이들은 건강이나 질병에 대해 정의내리는 것을 피하기 위해 건강과 질병의 연속성을 구실로 삼기도 한다.[11] 그들은 완전한 정상 상태도, 완벽한 건강 상태도 존재하지 않는다

---

11 이것은 예를 들자면 *L'Introduction à la médecine*을 쓴 로제(H. Roger)의 경우이다. 마찬가지로 *Précis de pathologie générale*을 쓴 클로드(Henri Claude)와 카뮈(Jean Camus)의 경우도 그러하다.

고 주장한다. 이것은 환자만이 존재한다는 것을 의미할 수도 있다. 몰리에르Molière와 로맹Jules Romains은 어떤 종류의 의료인도 이러한 주장을 정당화시킬 수 있다는 것을 보여 주었다. 그러나 이것은 또한 동시에 불합리하게도 환자는 존재하지 않는다는 것을 의미하게 될 수도 있다. 완전한 건강 상태는 존재하지 않고, 따라서 질병은 정의될 수 없다고 진지하게 주장하면서 의사들은 그들이 순전히 완전한 존재의 문제와 존재론적 논의를 다시 불러일으킨 것이 아닌가 하고 의혹을 품을 수도 있다.

사람들은 완전한 성질에 따라 완전한 존재의 실존을 증명할 수 있는가를 오랫동안 탐구해 왔다. 왜냐하면, 이 모든 완전함을 가졌다면 그것은 또한 완전한 실존도 가질 것이기 때문이다. 완전한 건강이 현실적으로 존재하는가 하는 문제도 이와 유사하다. 완전한 건강 상태는 규범적인 개념, 이상형이 아닌가? 엄밀한 의미에서 규범은 실재하지 않는다. 규범은 교정을 가능케 하기 위해 어떤 존재를 평가절하하는 역할을 수행한다. 완전한 건강 상태가 존재하지 않는다는 것은 건강이라는 개념이 실존하는 어떠한 존재에 대한 개념이 아니라 규범의 개념임을 말한다. 규범의 기능과 가치는 존재의 변모를 유발하기 위하여 그 존재와 관계를 맺는 것이다. 그렇다고 건강이 공허한 개념이어야 한다는 것은 아니다.

그러나 베르나르는 그처럼 안이한 상대주의와는 거리가 멀다. 왜냐하면, 그는 동질성에 대한 주장 안에는 항상 은연중에 연속성의 주장이 포함되어 있고, 그 결과 정상의 개념에 항상 실험적인 내용을 부여할 수 있다고 생각하기 때문이다. 예를 들어, 그가 어떤 동물의 정상적인 소변이라고 부르는 것은 공복 중인 동물——자신에게 저장된 양분을 소비하는 것과 마찬가지인——의 소변이다. 따라서 그 소변은 그가 원하는 대로 음식물을 섭취하는 상태에서 얻어지는 모든 소변에 대해 참고할 수 있는 기준치가 된다[5, II, 13]. 더 나아가서는 정상과 실험적인 것의 관계를 다룰 것이지만, 지금으로서는 베르나르가 병리적 현상을 정상적 현상의 양적 변이로 인식할 때 어떤 관점에 위치하는가만을 검토하고자 한다. 만약 검토하는 도중에 최근의 생리학적·임상적 지식을 이용하더라도 그것은 베르나르가 알 수 없었던 것을 몰랐다고 비난하기 위함은 아니다.

*　　*　　*

만약 당뇨를 당뇨병의 주 증상으로 받아들인다면 당뇨병 환자의 소변 내에 존재하는 당은 정상 소변과는 질적으로 차이가 있다. 자신의 주요 증상과 동일시된 병리적 상태는 생리적 상태에 대해 새로운 성질이다. 그러나 만약 소변을 신장의 분비물로 간주한다면 의사의 생각은 신장과, 신장의 여과와 혈액의 구성 성분 사이의 관계로 향한다. 의사는 당뇨를 어떤 한계치 이상의 혈당이 방출된 것으로 생각한다. 그 문턱을 넘어선 당은 한계치 내에서 정상적으로 유지되는 당과 성질상 동일하다. 사실 유일한 차이는 양이다. 따라서 만약 소변을 배설하는 신장의 기전을 생리적 현상이나 병적 현상에서 유래하는 결과에서만 고려한다면 질병은 새로운 성질의 출현이지만 기전 자체만을 고려한다면 질병은 단지 양적인 변이일 뿐이다. 마찬가지로 비정상적 증상을 나타낼 수 있는 정상적 화학 작용의 예로 알캅톤뇨증을 들 수 있다. 1857년 뵈데커Bœdeker에 의해 발견된 이 드문 질환은 원래 타이로신tyrosine이라는 한 종류의 아미노산의 대사 장애이다. 알캅톤이나 호모겐티신산은 타이로신의 중간 대사에서 나오는 정상적인 산물인데, 알캅톤뇨증은 이 단계에서 호모겐티신산을 산화시키지 못하는 것이다[41, *10. 534*]. 호모겐티신산은 소변으로 빠져나와 알칼리의 존재하에서 산화에 의해 검은 색소로 변화하여 소변의 색깔을 변화시킨다. 이것은 정상적인 소변에 주어지는 어떤 성질의 증폭으로는 어떤 방법으로도 생길 수 없는 새로운 성질을 소변에 부여한다. 그런데 타이로신을 대량(24시간에 50g)으로 섭취함으로써 알캅톤뇨증을 실험적으로 유발시킬 수도 있다. 따라서 알캅톤뇨증은 관찰자가 위치하는 관점에 따라, 또한 생명현상을 겉으로 나타난 증상에서 고찰하느냐 내적인 기전에서 고찰하느냐에 따라 질적 현상이나 양적 현상으로 규정될 수 있다.

그러나 우리는 관점을 선택할 수 있는가? 만약 과학적 병리학을 세우고 싶다면 외관상의 효과가 아니라 그 실제적 원인들을 고려해야 하고 그 증상의 표현이 아니라 기능적 작용을 고려해야 함은 명백하지 않은가? 베르나르는 당뇨를 혈당증과, 혈당증은 간의 글리코겐 합성과 관계를 지으며 일련의 양적 관계들——예를 들자면 막의 평형에 대한 물리학의 법칙, 용액의 농도에 관한 법칙, 유기화학의 반응 등——이 과학적 설명이 되는 기전을 염두에 두고 있음이 분명하지 않은가?

만약 생리적 기능을 기계적 작용으로 보고 한계치를 장벽으로, 조절을 안전판이나 서보-브레이크 혹은 온도조절기로 볼 수 있다면 이모든 것들은 논란의 여지가 없을 것이다. 그러면 사람들이 기계적 의학 개념의 모든 덫과 암초에 빠지게 되지 않을까? 당뇨병의 예를 들어 본다면 오늘날 당뇨는 단지 혈당증의 작용이고, 신장은 일정한 한계치(처음에 베르나르가 생각한 것처럼 3‰이 아니라 1.70‰)에서만 당의 여과를 방해한다고 생각할 수 없다. 샤바니에Chabanier와 로보-오넬Lobo-Onell에 따르면 "신장의 한계치는 원래 환자에 따라 유동적이고 신장은 가변적으로 작용한다"[25, 16]. 때로 과혈당증이 없는 사람에게도 진짜 당뇨병 환자와 같은 정도의 당뇨를 확인할 수도 있다. 이것은 신장성 당뇨라고 한다. 또 다른 경우에 혈당 3g 혹은 그 이상에 달하는데도 당뇨가 실제로 없을 수도 있다. 이것은 순수 과혈당증hyperglycémie이라 한다. 더구나 동일한 관찰 조건이 주어지고 아침 공복 시에 2.50g으로 동일한 혈당치를 보인 두 명의 당뇨병 환자가 있다고 할 때, 한 사람은 소변에서 20g의 당을 배출하고 다른 사람은 200g의 당을 배출할 수도 있다[25, 18].

우리는 과혈당증과 당뇨 사이에 '신장의 작용'comportement rénal이라는 새로운 분절을 도입하여, 당뇨를 과혈당증이라는 유일한 매개를 통해 기초 대사의 장애에 연결시키는 고전적인 설명 도식에 변형을 가한다. 한계치의 유동성이나 신장의 작용을 이야기할 때 우리는 이미 전적으로 분석적이고 양적인 용어로는 옮길 수 없는 개념을 소변의 배설을 설명하는 기전에 도입한 것이다. 당뇨병에 걸린다는 것은 신장을 바꾸는 것이라 해도 과언은 아니다. 기능과 해부학적 위치를 동일시하는 사람에게는 이런 주장이 불합리하게 보일 것이다. 따라서 생리적 상태와 병리적 상태를 비교함에 있어서 증상을 기전으로 치환시킨다고 해서 이러한 상태들 사이의 질적인 차이가 제거되지는 않는다는 결론을 내릴 수 있을 것이다.

무엇보다도 사람들이 질병을 여럿으로 나누어진 일탈된 기능의 작용으로 보지 않고 총체적으로 살아 있는 유기체의 사건으로 간주할 때 이러한 결론은 불가피하다. 특별히 당뇨병의 경우가 그러하다. 오늘날 당뇨병은 "혈당량에 따라 당을 사용하는 능력이 저하"[25, 12]된 것으로 인정된다. 1889년 폰 메링von Mering과 밍코브스키Minkowski가 행한 췌장의 실험적 적출에 의한 당뇨병의 유발, 라게스Laguesse에 의한 췌장의 내분비 기능 발견, 1920년 반팅Banting과 베스트Best가 랑게르한스 섬에서 분비되는 인슐린을 분리한 사실은 당뇨병에서의 근본적인 문제는 저인슐린증이란 주장을 가능하게 만들었다. 베르나르와는 무관한 이러한 연구는 결국 일반병리학의 원칙들을 확인할 수 있게 해준다고 말해야 하는가? 물론 아니다. 왜냐하면 우사이Houssay와 비아소티Biasotti는 1930년과 1931년에 두꺼비와 개에서 뇌하수체와 췌장을 적출하여 탄수화물 대사에서 뇌하수체와 췌장이 길항작용을 한다는 사실을 밝혔기 때문이다. 건강한 개도 췌장을 완전히 적출하자 4주에서 5주를 넘기지 못했다. 뇌하수체 절제술과 췌장 절제술을 병행하여 시행하자 당뇨병은 상당히 호전되었다. 요당이 아주 감소하여 공복 상태에까지 이르렀고, 다뇨도 감소하였고, 혈당은 거의 정상 가까이 되었으며 수척함은 느리게 진행되었다. 따라서 탄수화물 대사에서 인슐린의 작용은 직접적이지 않다는 결론을 내릴 수 있었다. 왜냐하면 인슐린을 투여하지 않고도 당뇨병은 호전될 수 있기 때문이다. 1937년 영Young은 거의 3주 동안 매일 뇌하수체 전엽의 추출물을 개에게 주입하여 정상적인 개를 당뇨병의 상태로 만들었다. 영의 당뇨병에 대한 실험적 연구를 프랑스에서 되풀이한 에동L. Hédon과 루바티에Loubatières는 다음과 같은 결론을 내렸다. "뇌하수체 전엽의 일시적인 과잉 작용은 당대사 조절의 일시적인 장애의 원인일 뿐만 아니라, 그것을 일으킨 원인이 사라지고 난 후에도 존속하는 영구적 당뇨병의 기원이다" [54, 105]. 사람들은 다시 감소에서 증가로 되돌아오며 베르나르의 통찰력은 사람들이 그 결점을 믿는 순간에 스스로를 온전히 드러내는가? 그렇게 보이지는 않는다. 왜냐하면, 뇌하수체에서의 과다한 분비는 그것이 뇌하수체의 종양으로 인한 것이든, 전반적인 내분비 조정(사춘기, 폐경기, 임신)에 의한 것이든 결국 선腺, glande 수준에서의 증상에 불과하기 때문이다. 신경 계통과 마찬가지로 내분비 계통에서 국소화localisations는 절대적이기보다는 특권을 부여받은 정도인데, 어떤 부분에서의 증가나 감소로 보이는 것이 사실은 전체적인 변화이다.

라테리Rathery는 탄수화물의 대사가 췌장과 그 분비액에 의해서만 이루어질 수 있다고 보는 것은 큰 잘못이라고 말했다. 탄수화물의 대사에는 여러 가지 요인들이 관계한다. a) 혈관 내로 분비액을 내보내는 선glande, b) 간, c) 신경 계통, d) 비타민, e) 필수 무기질 등. 그런데 이런 요인들 중의 하나가 당뇨병을 유발하는 작용을 할 수 있다[98, 22].

당뇨병을 영양에 관한 질병으로 간주하고, 혈당이라는 상수를 전체Soula[12]로 취급하는 유기체의 존재에 불가결한 힘tonus으로 간주하면, 당뇨병에 대한 연구로부터 베르나르가 1877년에 이끌어 낸 일반병리학의 결론을 이끌어 낼 수 없다.

사람들은 적어도 이 결론들이 잘못되었기 때문에 비난하기보다는 불충분하고 부분적일 때 비난한다. 그 결론들은 아마도 특수한 사례를 부당하게 일반화시키고 채택된 관점을 잘못 정의하는 데에서 유도되었을 것이다. 어떤 증상들은 생리적 상태에서 항상적인 기전들이 양적으로 변화한 결과임이 분명하다. 위궤양에서의 위산과다가 그러한 예가 될 것이다. 이 기전은 건강 상태나 질병 상태에서 동일할 수 있다. 궤양 형성에 가장 중요한 역할을 하는 위산의 과다분비에 의해 유문부 근처에 협착성 궤양이 생기는데, 위절제술로 이 부위를 절제할 경우 실제로 위산 분비가 감소한다면 위궤양의 경우 위액의 분비를 결정하는 반사는 거의 항상 유문동antre pylorique에서 나온다고 볼 수 있다.

그러나 정확히 말해 위궤양의 본질은 위산과다증에 있는 것이 아니라 위가 스스로를 소화시키는 데 있다. 이러한 상태는 물론 정상적인 상태와 근본적으로 다르다. 지나가는 말이긴 하지만, 이러한 예는 아마

---

12 1938~1939년 툴루즈 의과대학에서 행해진, 내적 환경의 항상성(La constance du milieu intérieur)에 대한 생리학 강의.

도 정상적 기능이 무엇인가를 이해하는 데 도움을 줄 것이다. 어떤 기능은 자신이 산출하는 효과로부터 자유로울 때 정상적이라고 말할 수 있다. 위장은 자신을 소화시키지 않고 소화할 때 정상적이다. 이것은 저울 눈금의 경우와 마찬가지로 기능의 경우에도 그러하다. 신뢰도가 우선이고 예민도는 나중이다.

특히 모든 병리학적 사례가 베르나르가 제안한 설명틀로 환원될 수는 없다. 그리고 무엇보다도 『동물열에 대한 강의』에서 내세운 도식으로는 설명될 수 없다. 이들 각각의 열이 직장이나 겨드랑이에서 체온을 잴 때 수은주의 팽창이라는 동일한 물리적 효과에 의해 나타난다는 의미에서 정상적인 열과 병리적인 열이 존재하지 않음은 분명하다. 그러나 열의 동일성이 열원source de chaleur의 동일성이나 열 방출 기전의 동일성은 아니다. 베르나르는 동물열의 기원은 항상 조직 수준에서 연소된 음식물이라고 자신의 논적인 이탈리아 학자들에게 반박했다. 그러나 동일한 음식물도 다양한 방식으로 연소되어 그 분해는 서로 다른 단계에서 멈춘다. 화학 법칙과 물리학 법칙의 동일성을 상정한다고 해서 그 법칙들을 표현하는 현상들의 특이성을 무시해도 좋다는 것은 아니다. 바세도우씨병[갑상선 종양에 의한 갑상선 기능항진증─옮긴이]을 앓는 여자 환자가 기초대사를 측정하며 밀폐된 장소에서 호흡할 때 대사량의 변이는 산소 소모율을 나타낸다. 산소는 항상 산화에 대한 화학 법칙에 따라 연소되고(1리터의 산소당 5칼로리), 이 법칙이 일정하다고 전제함으로써 대사의 변이를 계산하고 그것을 비정상적이라고 판단할 수 있게 된다. 정확히 이러한 의미에서 생리적인 것과 병리적인 것의 동일성이 존재한다. 그러나 또한 화학적인 것과 물리적인 것의 동일성이 존재한다고도 말할 수 있다. 그것은 병리적인 것을 분명히 밝히려는 것이 아니라 그것을 사라지게 하는 한 가지 방식이다. 그것은 생리적인 것에서 동질적이라고 말할 때에도 해당되지 않는가?

요약하자면, 베르나르의 이론은 다음과 같은 제한된 경우에 한해 유효하다.

1. 병리적 현상을 몇몇 증상, 즉 임상적 맥락에서 이루어진 추상화에 한정시킬 때(위산과다증, 고열이나 체온저하증, 반사의 과잉흥분성)
2. 증상의 효과를 일부 기능적 기전으로 소급시킬 때(과혈당증에 의한 당뇨, 타이로신의 불완전한 대사에 의한 알캅톤뇨증).

정확히 이러한 경우에 한정짓더라도 베르나르의 이론은 많은 난관에 봉착한다. 혈압을 정상으로 되돌리기 위해 적절한 시기에 개입하는 신중한 치료가 고려해야 하는 다음과 같은 변화, 즉 고혈압으로 인해 초래된 필수 장기(심장, 혈관, 신장, 폐)의 구조와 기능의 근본적인 변화, 고혈압이 있는 유기체를 위해 설정하는 새로운 생활 방식과 새로운 행동과 같은 변화를 무시하며 누가 고혈압을 생리적 동맥압의 단순한 증가로 간주하겠는가? 단지 겉으로 나타난 현상(일반적으로 규정된 상태에 대해 신장의 배설 장애나 지나치게 빠른 재흡수와 같은 현상)만을 전부라고 생각하며, 현상이 단지 양적으로만 변화하는 동독성적isotoxique 부적응intolérance과 독물에 대한 세포반응성의 변화에서 새로운 증상이 나타나는 이독성적hétérotoxique 부적응을 구별하지 않고, 어떤 독성 물질에 대한 과민성을 단순히 정상적인 반응성의 양적 변이로 간주하는 사람이 어디 있겠는가(슈바르츠A. Schwartz)?[13] 그것은 기능의 작용 기전에서도 마찬가지이다. 우리는 이들 각 기능에 대해 실험할 수 있다. 그러나 살아 있는 유기체의 모든 기능은 상호 의존하고 있으며 그 리듬은 일치한다. 신장의 작용은 전체로서 기능하는 유기체의 작용에서 이론적으로만 추상된다.

베르나르는 대사 현상(당뇨병, 동물열)의 차원에서 예를 취하면서 어느 정도의 자의성이 없이 일반화시키기에는 지나치게 일방적인 경우들을 많이 만났다. 이러한 사고의 틀 안에서 질병의 병인론과 병원론病原論이 전과학적인 혼돈 상태를 벗어나기 시작하는 감염병을 어떻게 설명할 수 있겠는가? 불현성 감염 이론(샤를 니콜Ch. Nicolle)[14]과 체질terrain 이론은 분명 감염병이 그 뿌리를 이미 정상 상태에 뻗히고 있다는 주장을 가능하게 만든다. 그러나 널리 퍼진 이러한 주장은 논박의 여지가 많다. 소변에서 인phosphate을 배설하고 어두운 곳에서 밝은 곳으로 갑자기 나갔을 때 동공이 수축하는 것이 정상인 것과는 달리, 건강한 사람의 인두에 디프테리아 균이 사는 것은 정상이 아니다. 회복이

---

13 1941~1942년 스트라스부르 의과대학에서 행해진 약리학 강의.
14 불현성 감염이라는 표현은 부정확해 보인다. 감염은 임상적 관점이나 거시적 차원에서만 드러나지 않는다. 그러나 생물학적 관점과 체액의 차원에서 본다면 감염은 가시적이다. 왜냐하면 감염은 혈청 내 항체의 존재로 나타나기 때문이다. 그럼에도 불구하고 감염은 생물학적 사실이며, 그것은 체액의 변화이다. 그러나 불현적 감염이 불현적 질병은 아니다.

지연된 질병이나 회복중인 질병은 어떤 기능의 차단이 치명적일 수 있다는 이유에서 정상적 상태가 아니다. 마찬가지로 파스퇴르 자신이 권고한 체질을 잊지 않는 것이 좋다 하더라도 미생물을 부대 현상으로 만드는 데까지 이르러서는 안 된다. 과포화된 용액을 응결시키기 위해서는 마지막 한 조각의 결정이 필요하다. 엄밀히 말해 어떤 감염을 일으키기 위해서는 어떤 미생물이 필요하다. 물론 내장신경을 물리적·화학적으로 자극함으로써 폐렴이나 티푸스와 유사한 병변을 만들어 낼 수 있다[80]. 또 감염에 대한 고전적 설명을 고수하기 위해서 선행하는 원인을 이용하여 감염이 발생한 전후에 어떤 연속성을 재설정하려고 시도할 수 있다. 그러나 사실 감염 상태가 생명체의 역사에서 불연속을 전혀 만들어 내지 않는다고 주장하기는 어렵다.

신경 계통의 질환은 베르나르의 원리에 따라 설명하기 어려운 또 다른 사실이다. 사람들은 오랫동안 신경 질환을 과잉이나 결핍이라는 용어를 사용해 설명했다. 생명의 상위 기능을 필수적 반사들의 모임으로, 중추신경을 이미지나 인상들이 들어 있는 상자로 간주할 때 병리적 현상에 대한 양적인 설명은 불가피하다. 그러나 골드슈타인Goldstein과 마찬가지로 보다 최신 이론을 준비하는 잭슨Hughlings Jackson, 헤드Head, 셰링턴Sherrington 등은 탐구하는 현상들이 종합적이고 질적인 가치를 획득하는 쪽으로 연구의 방향을 바꾼다. 거기에 대해서는 다음에 언급할 것이다. 여기서는 질병에 의해 환자의 인격이 변화된다는 관념을 전제로 할 때에만 언어장애에서 정상적 행동을 병리적 행동에 의해 설명할 수 있다는 골드슈타인의 주장을 간단히 언급하는 것으로 충분할 것이다. 일반적으로 병리적 행위가 변질된 유기체의 실존 가능성에 대해 가지는 의미와 가치를 이해하지 않고 정상적인 사람의 병리적 행동을 환자의 병리적 행동과 관계 지어서는 안 된다.

환자에서 관찰할 수 있는 다양한 태도는 파괴를 모면한 정상적 행동의 나머지가 나타난 것뿐이라고 믿어서는 안 된다. 환자가 보여 주는 파괴를 모면한 태도는 정상적인 사람에서는 결코 그러한 형태로 제시되지 않는다. 흔히 인정되듯이, 그것은 개체 발생이나 계통 발생의 하위 단계에서도 그런 모습으로 나타나지 않는다. 질병은 환자의 태도에 개별적인 형태를 부여했으므로 병적 상태를 고려하여야만 그 형태들을 잘 이해할 수 있다[45, 437].

요컨대 정상 상태와 병리적 상태의 연속성은 감염 질환의 경우에는 현실적으로 보이지 않으며, 이들의 동질성은 신경 질환의 경우에 더욱 비현실적으로 보인다.

* * *

결국 베르나르는 자신이 앞으로 전진해 나감으로써 운동을 증명하는 선구자의 권위를 갖고, 한 시대의 근본적 요청을 의학의 영역에서 표현했다. 그 시대는 과학에 근거한 기술의 전능을 믿는 시대이자, 그러한 시대에 대한 낭만적 비탄에도 불구하고 혹은 그것 때문에 삶에서 행복을 느끼는 시대이다. 삶의 기술──의학은 단어적 의미에서 거기서 가장 적합한 말이다──은 생명에 대한 과학이라는 의미를 내포한다. 효과적인 치료는 실험적 병리학을 전제로 하며, 실험적 병리학은 생리학과 분리되지 않는다. "생리학과 병리학은 일치되는 하나의 동일한 학문이다." 그러나 그로부터 지극히 단순하게 생명은 건강할 때나 병들었을 때나 동일하며, 따라서 생명은 질병에서 그리고 질병에 의해 아무것도 배우지 못한다고 추론해야 하는가? 대립물들에 대한 과학은 하나라고 아리스토텔레스는 말했다. 그렇다고 해서 대립물들이 대립물이 아니라고 말할 수 있는가? 생명에 대한 과학은 생명의 변화가 가지는 총체성과 그 외형상의 다양성에 적응하기 위해 소위 정상적 현상과 병리적 현상을 동일한 이론적 중요성을 가지며 서로를 설명할 수 있는 대상으로 삼아야 한다. 이는 당연하기 때문이 아니라 절박하게 필요하기 때문이다. 그렇다고 해서 병리학이 곧 생리학은 아니며, 질병이 단순히 정상 상태에 대한 증가나 감소인 것만은 더욱 아니다. 의학이 객관적인 병리학을 필요로 함은 이해하나 자신의 대상이 사라지게 하는 연구는 객관적이지 않다. 우리는 질병이 유기체에 대한 일종의 침범이란 것을 부인할 수도 있으며, 유기체 스스로가 어떤 술책에 의해 그 항상적인 기능에 만드는 하나의 사건으로 간주할 수도 있다. 유기체의 행위는 그보다 앞선 행위와 연속되면서도 그와는 아주 다를 수 있다. 어떤 사건이 점진적으로 일어난다고 해서 그 사건의 고유성이 부정되지는 않는다. 왜냐하면, 부분적으로 취한 병리적 증상은 어떤 기능의 과도한 활동성을 나타내며, 그 기능의 산물은 소위 정상적인 상태에서 그 동일한 기능의 산물과 정확히 일치하기 때문이다. 이것은 유기체의 질병이 증상의 총합이 아니라 기능적 총체성의 또 다른 모습으로 인식되며, 유기체가 자신의 환경에 대해 행동하는 새로운 방식임을 의미한다.

결국 병리적 사실은 유기체적 총체성의 단계에서만, 그리고 인간의 경우 의식을 가진 개인 전체의 차원에서만(여기서는 질병이 일종의 악이 된다) 정상 상태의 변질로 파악된다고 말하는 것이 좋지 않을까? 환자가 된다는 것은 단어의 생물학적 의미에서조차 다른 삶을 살게 됨을 의미한다. 다시 한 번 당뇨병으로 돌아가면, 질병은 당뇨에 의해 신장에서 유래한 것이 아니며, 고인슐린증에 의해 췌장에서 유래한 것도 아니며, 뇌하수체에서 유래한 것도 아니다. 당뇨병은 그 모든 기능이 변화한 유기체에서 유래한 것이다. 당뇨병에서는 결핵의 위험이 상존하며, 화농성 감염이 끊이지 않으며, 혈관염과 괴사가 사지를 못 쓰게 만든다. 더욱이 그것은 남자나 여자 모두를 침범하고, 혼수상태에 빠지게 할 위험이 있으며, 때로는 발기부전이나 불임이 될 수도 있고, 임산부에게 발병하면 그 눈물에조차 당이 들어 있는——오, 분비의 역설이여!——위기이다.[15] 사람들은 인위적으로 질병을 증상들로 산포시키고 질병을 합병증으로부터 추상하는 것으로 보인다. 맥락이나 배경이 없는 증상이 존재하는가? 합병되는 것과 분리된 합병증이 존재하는가? 어떤 증상이나 어떤 작용의 기전을 따로 분리해서 병리적이라고 간주

---

15 베르나르는 당뇨병 환자의 눈물에서 당이 있음을 밝히는 데 결코 성공하지 못했다고 말하지만 오늘날 이것은 확인된 사실이다. Fromageot et Chaix, "Glucides", *Physiolgie*, Paris, Hermann, 1939, fasc. 3, 2ᵉ année, p.40.

할 때, 우리는 개별적인 작용을 분리할 수 없는 총체성 속에 집어넣는 관계가 그것을 병리적으로 만든다는 사실을 잊는다. 따라서 분리된 기능에 대한 생리학적 분석이 병리적 사실에 직면하여 알려진다면, 그 분석은 우선적으로 임상적인 정보에 빚지고 있다. 왜냐하면, 임상은 의사로 하여금 장기나 그 기능이 아니라 완전하고 구체적인 개인과 관계를 맺게 하기 때문이다. 해부학적 병리학이건 생리학적 병리학이건 병리학은 보다 잘 알기 위해 분석한다. 그러나 병리학은 그 자체만으로 질병의 기전을 연구하는 학문으로 성립되지는 않는다. 왜냐하면 병리학은 질병에 대한 개념을 임상으로부터 받으며, 질병의 기원은 사람들이 환경과 맺는 총체적인 관계에서 경험하는 사실들로부터 추구되어야 하기 때문이다.

만약 앞선 주장들이 어떤 의미를 가진다면 현대의 임상가가 자발적으로 환자의 관점보다는 생리학자의 관점을 취하는 것은 어떻게 설명할 수 있는가? 그것은 의심의 여지 없이 방대한 의학적 경험에서 주관적인 병적 증상과 객관적인 증상이 거의 겹치지 않기 때문이다. 허리reins가 아프다는 사람은 신장reins에 아무 이상이 없는 사람이라는 비뇨기과 의사의 말이 재담만은 아니다. 환자에게 'reins'(허리)은 허리 부위의 근육과 피부의 영역인 데 반해, 의사에게 'reins'(신장)은 다른 장기와 관계를 가지는 장기이다. 아직도 분명하게 설명되지 않는 연관통douleurs rapportées[실제 병변이 있는 부위가 아닌 다른 부위에서 느껴지는 통증—옮긴이]은 환자에게 주관적 증상으로 나타나는 통증과 그 통증이 가리키는 것으로 보이는 장기가 일정한 관계를 맺는다는 생각을 거부하게 한다. 그러나 무엇보다도 어떤 초기 변성의 잠복기가 길어지고 어떤 감염이 드러나지 않으면 의사는 환자의 직접적인 병리적 경험을 무시해도 괜찮다고 여기게 된다. 즉, 의사는 환자의 직접적인 병리적 경험이 객관적인 병리적 사실을 조직적으로 위조한 것이라고 여긴다. 유기체가 생명에 대해 가지는 즉자적인 감각적 인식이 곧 그 유기체에 대한 과학이 아니며, 인체와 관련된 병변의 장소나 시간에 대한 틀림없는 지식이 아니라는 사실을 모든 의사들은 안다. 의사들은 이 사실을 혼란을 겪으면서 배웠다.

병리학이 현재에 이르기까지 질병은 환자에게 생명의 또 다른 모습이 된다는 특성을 거의 인식하지 못한 이유가 아마도 여기에 있을 것이다. 자신이 다르게 느껴진다는 사실 때문에 무엇이 다르고 어떻게 다른가를 안다고 믿는 환자의 의견을 병리학이 의심하고 바로잡는 것은 정당하다. 환자는 이 두 번째 점(무엇이 다르고 어떻게 다른가를 안다고 믿는 사실)에서 분명 잘못 생각하고 있기 때문에 첫 번째 점(자신이 다르게 느껴진다는 사실)에서도 잘못되었으리라고는 말할 수 없다. 어쩌면 그의 느낌은 오늘날의 병리학이 예기하기 시작하는 예감이다. 그것은 병리적 상태는 양적인 변이가 일어난 생리적 상태의 단순한 연장이 아니라 그와는 아주 다른 것이라는 예감이다.[16]

---

16 이 논문의 초판이 출판되고 난 후(1943) 그르멕 박사는 베르나르의 생각을 재검토하였다. Dr. M.-D. Grmek, "La conception de la maladie et de la santé chez Claude Bernard".

4. 르네 르리슈의 개념

환자가 가진 질병의 실체성에 대해 환자가 내리는 판단을 믿지 못하는 것은 질병에 대한 최근의 이론에서는 중요하다. 여기서는 때로 변화가 많기는 하지만 섬세하고 구체적이며 심오한 르리슈의 이론을 앞선 이론에 따라 검토하고 설명하고자 한다. 그의 이론은 앞선 이론을 어떤 방향에서는 확장시키고 다른 한편에서는 그 이론과 갈라진다. "건강은 기관들organes의 침묵 가운데서 영위하는 삶"이라고 르리슈는 말한다[73, 6.16-1]. 이와 반대로 "질병은 사람의 정상적인 삶의 활동과 일을 방해하는 것이며 무엇보다도 사람을 고통스럽게 하는 것이다"[73, 6.22-3]. 건강 상태란 사람이 자신의 육체를 의식하지 못하는 것이다. 반대로 육체에 대한 의식은 건강에 대한 한계, 위협, 장애를 느낄 때 생겨난다. 이러한 정의를 문자 그대로 받아들인다면 이것은 정상이라는 개념이 규범에 대한 위반의 가능성에 좌우됨을 의미한다. 여기서 정반대의 용어가 정확히 연관되어 있다. 그 용어들은 결코 언어적으로만 정의된 것은 아니다. 본래의primitif 용어가 긍정적인 의미는 아니며, 부정적인 용어가 무néant를 의미하는 것은 아니다. 건강은 긍정적이지만 본래적이지는 않으며, 질병이 부정적인 것은 그것이 건강에 대립하는 용어이기 때문이지 무언가가 결핍되어 있기 때문은 아니다.

　그러나 건강의 정의에는 유보나 수정이 가해지지 않는 반면 질병에 대한 정의는 즉시 교정된다. 왜냐하면, 질병에 대한 이러한 정의는 환자의 정의이지 의사의 정의는 아니기 때문이다. 상식의 관점에서 유효한 것은 과학의 관점에서 유효하지 않다. 르리슈는 기관들의 침묵이 반드시 질병의 부재에 해당하는 것은 아니며, 유기체 안에서 그 유기체의 생명을 위협하며 오랫동안 인식되지 않고 있는 병변이나 기능적 장애가 존재한다는 것을 보여 주었다. 우리 몸을 이루는 조직들은 필요 이상으로 많기 때문에 우리는 상당한 시간이 지난 후에야 몸 내부의 장애를 느끼게 되고 따라서 그 지연의 대가를 치른다. 호흡을 하는 데 꼭 필요한 것보다 많은 폐 조직이 존재하며, 간신히 중독을 면할 정도로 소변을 배설하는 데 필요한 것보다는 훨씬 많은 신장 조직이 존재한다. 결론은 "질병을 정의하고자 한다면 질병을 탈인간화시켜야déshumaniser 한다"[73, 6.22-3]는 것이며, 또한 "사실 질병에서 사람은 그리 중요하지 않다"[73, 6.22-4]. 그러므로 질병을 만드는 것은 통증이나 기능 부전, 사회적인 결함이 아니라 해부학적 변화나 생리적 장애이다. 질병은 조직의 수준에서 이루어지며, 이러한 의미에서 환자가 없이도 질병은 존재할 수 있다. 병리적 증상을 호소한 적 없이 살인이나 교통사고에 의해 죽은 사람을 예로 들어 보자. 르리슈의 이론에 따르면, 만약 법의학적 의도로 행해진 부검 결과 죽은 사람에게서 그동안 모르고 있었던 신장암이 발견되었다면, 죽은 자는 질병을 가질 수 없기 때문에 비록 그 질병을 귀속시킬 사람이 존재하지 않는다 하더라도, 또한 거슬러 올라가 비록 그가 모든 임상적 가능성에 따라 암의 진행 단계상 통증에 의해 질병을 인지할 수 있는 시기에 이르기 전에 생을 마감했기 때문에 과거에 그것에 대해 전혀 걱정하지 않으며 살았다 하더라도 그것을 질병이라고 결론내려야 한다. 인간의 의식 속에서 결코 존재하지 않았던 질병은 의학이라는 과학 안에 존재하기 시작한다. 그런데 우리는 먼저 인간의 의식 속에 나타나지 않은 것은 과학 안에 존재할 수 없다고 생각한다. 또한 특히 우리가 관계되는 경우에 결국 옳은 것은 환자의 견해라고 생각한다. 그 이유는 이러하다. 의사들은 어떤 임상적 정보에 따라서, 때로는 실험실의 기술을 이용하여 스스로 아프다고 느끼지 않는 사람들에게 그들이 환자라는 사실을 알려 준다. 그런데 오늘날의 임상가들이 임상적 통찰력을 갖고 그들이 습관적으로, 혹은 우연히 대하게 되는 환자들을 능가할 수 있는 것은 그들이 지난날의 임상가들이 물려준 의학적 유산을 상속받았기 때문이다. 결국 자신이 정상이 아니며, 다시 말해 이전같지 않으며, 고통받고 있다고 호소하는 사람들에 의해 임상가의 주의가 객관적이기까지 한 어떤 증상에 이끌렸던 순간이 항상 존재했다. 만약 오늘날 질병에 대한 의사의 지식이 환자가 겪은 질병의 체험보다 앞설 수 있다면, 그것은 과거의 환자들이 질병에 대한 지식을 생기게 하고 요구했기 때문이다. 설사 그것이 사실이 아니라 하더라도, 정당한 것은 자신이 환자라고 느끼는 사람이 있기 때문에 의학이 존재하는 것이지 의사가 존재하기 때문에 사람들이 자신의 병에 대해 아는 것은 아니라는 사실이다. 임상적 진찰에서 의사와 환자 관계가 역사적으로 발전하더라도 환자와 질병의 정상적이고 영구적인 관계는 전혀 변화되지 않는다.

이러한 비판은 르리슈가 이 첫 번째 정의(건강에 대한 정의)가 지나치게 엄격하다는 사실을 고려하여 그에 대한 비판을 부분적으로 인정함에 따라 더욱 강력하게 제기된다. 르리슈는 병리학에서의 정적인 관점과 동적인 관점을 조심스럽게 구별하며 두 번째 정의(질병에 대한 정의)에 절대적인 우선권을 주장한다. 르리슈는 질병과 병변[조직에 일어난 병리적 변화—옮긴이]을 동일시하는 사람들에게 다음과 같이 반박한다. "해부학적 사실은 두 번째로, 그리고 부차적인 것으로 간주되어야 한다. 두 번째라는 것은 질병이 살아 있는 조직의 일차적인 기능 이상의 이차적 산물이기 때문에 그러하고, 부차적이란 그것이 질병의 한 요소일 뿐이며 지배적인 요소는 아니기 때문이다"[73, 6.76-6]. 그 결과 뜻밖에도 환자가 가진 질병이 해부병리학자가 가지는 질병 개념보다 더욱 적합한 질병 개념을 만든다.

아픈 사람이 가지는 질병의 관념이 의사가 가지는 해부학적 질병관과 달라지는 것은 불가피하다. 해부병리학적 상태가 존재하지만 위축된 담낭에 있는 담석은 수년 간 증상을 일으키지 않을 수 있고, 질병을 유발하지 않을 수도 있다 …… 해부학적으로 동일한 외양을 가지면서도 아픈 사람이 있는가 하면 그렇지 않은 사람도 있다 …… 단순히 고요한 구조와 질병이 잠재한 구조가 있다고 말함으로써 어려움을 회피하려 해서는 안 된다. 그것은 군소리일 뿐이다. 병변은 임상적인 질병, 즉 환자의 질병을 만들기에는 충분하지 않다. 환자의 질병은 해부병리학자의 질병과는 다르다[73, 6.76-6].

그러나 르리슈가 받아들이기로 결정한 것 이상을 그에게 돌리지 않는 것이 좋다. 사실 그에게 있어 환자라는 말의 의미는 자신의 유기체적 기능을 인식하는 개인이라기보다는 작용하고 기능하는 유기체이다. 이 새로운 정의에 따른 환자는 자신의 존재가 처한 상황이 유리한가 불리한가를 인식하고 있는 구체적인 인간은 전혀 아니다. 이제 환자는 해부학자의 실체entité가 되기를 그치고 생리학자의 실체로 남는다. 왜냐하면, 르리슈는 "질병에 대한 새로운 설명은 의학으로 하여금 기능에 대한 과학인 생리학과 보다 밀접한 관계를 취하게 하며, 적어도 병리학적 해부학보다는 병리학적 생리학에 보다 관심을 쏟게 한다"[73, 6.76-6]고 분명히 밝히기 때문이다. 그리하여 질병과 환자의 일치는 생리학자의 과학에서 이루어지나 아직 구체적인 사람의 의식 속에서 이루어지지는 않는다. 그러나 우리는 이 첫 번째 일치로 충분하다. 왜냐하면, 르리슈 자신이 우리에게 첫 번째 일치에 따라 두 번째 일치에 이르는 방법을 제공해 주기 때문이다.

르리슈는 베르나르의 생각을 충분히 인식하고, 그것을 되풀이하며, 생리적 상태와 병리적 상태의 연속성과 분리 불가능성을 주장한다. 예를 들어 르리슈는 혈관 수축과, 혈관 수축이 연축spasme으로 변모하는, 오랫동안 알려지지 않은 복잡한 현상에 대한 이론을 세우며 바로 다음과 같이 썼다. "긴장tonus에서 혈관 수축, 즉 생리적 긴장과 도hypertonie로, 혈관 수축에서 연축으로 이행하는 데에는 경계선이 없다. 한 상태에서 또 다른 상태로 중간 단계 없이 이행이 일어난다. 서로를 구별짓는 것은 상태 그 자체라기보다는 그 상태가 미치는 영향이다. 생리학과 병리학 사이에는 문턱이 없다"[74, 234]. 이 마지막 표현을 잘 이해하자. 객관적인 측정 방법에 의해 양적으로 알아낼 수 있는 문턱(역치)은 존재하지 않는다. 그러나 동일한 원인이 양적으로 변화하여 생겨나는 서로 다른 효과는 질적 구별이나 질적 대립을 만들어 낸다. 대립은 존재한다. "동맥 구조가 완벽하게 보존된다고 하더라도, 연축은 연축이 일어난 곳으로부터 멀리 떨어진 부위에도 심각한 병리적 효과를 일으킨다. 연축은 통증을 일으키고 국소적이거나 전반적인 괴사nécrose를 일으킨다. 그리하여 마침내 연축은 말초 부위에서 모세혈관과 소동맥의 폐색oblitération을 가져온다"[74, 234]. 폐색, 괴사, 통증은 병리학적 사실이다. 그것에 대한 생리학적 등가물을 찾으려는 시도는 헛된 것이다. 막힌 동맥은 생리학적으로 더 이상 동맥이 아니다. 왜냐하면, 그것은 하나의 장애물일 뿐이며 더 이상 순환을 위한 통로가 아니기 때문이다. 괴사된 세포는 생리학적으로 더 이상 세포가 아니다. 왜냐하면, 시체에 대한 해부학은 존재하지만 그 어원적 정의상 시체에 대한 생리학은 존재할 수 없기 때문이다. 통증은 더 이상 생리학적 감각이 아니다. 그것은 르리슈에 따르면 "통증은 자연의 계획에 들어 있지 않기" 때문이다.

통증의 문제에 관련하여 르리슈는 독창적이고 깊이 있는 주장을 내세웠다. 통증을 정상적인 활동의 표현으로, 특수화된 말초의 수용기관에 의해, 신경 전달의 고유한 통로에 의해 경계가 분명한 중앙분석 기관에 의해 행사되는 영구적인 감각의 표현으로 간주하기는 불가능하다. 또한 마찬가지로 통증을 통합적 유기체의 안팎을 위협하는 사태들에 대한 민감한 탐지기나 경보기로, 혹은 의사가 존중하고 강화시켜야 하는 유익한 방어 작용으로 간주하는 것도 불가능하다. "통증은 괴물처럼 개체적 현상이지 종espèce의 법칙은 아니다. 그것은 질병에 대한 사실이다"[74, 490]. 사람들은 이 마지막 말을 아주 중요하게 생각했다. 통증을 통해 질병이 정의되는 것이 아니라 질병을 통해 통증이 생겨난다. 여기서 르리슈가 질병이란 말로 의미하는 바는 생리적이거나 정상적 현상의 양적 변이가 아니라 비정상적인 상태이다. "통증–질병은 정상적 감각의 질서를 거슬러 일어나는 사고accident와 같은 것이다 …… 거기 있는 모든 것은 비정상적이며 법칙에 위배된다"[74, 490]. 이제 르리슈는 고전적인 도그마와 결별한다는 느낌을 아주 강하게 받았기 때문에 그 토대를 전복시켜야 한다는 압력을 받는 바로 그 순간에 그는 어떤 권위를 내세울 필요성을 느꼈다. "물론 병리학은 결코 일탈된 생리학만은 아니다. 이러한 생각이 생겨난 것은 콜레주 드 프랑스의 강좌에서였으며, 이것은 날이 갈수록 더욱 진실되게 보였다"[74, 482]. 따라서 고통이라는 현상은 병적 상태가 "생리학적으로 새로운 상태"라는 르리슈의 입장을 선택적으로 입증한다. 이러한 개념은 『프랑스 백과사전』Encyclopédie française(1936)의 제4권 마지막 페이지에 조심스럽게 나타난다. 질병은 더 이상 인간에 기생하며 인간을 소진시키는 살아 있는 기생충처럼 우리에게 나타나지 않는다. 우리는 질병에서 생리적 질서가 혼란된 결과를 본다. 질병은 새로운 생리학적 질서이며 치료는 환자를 그 질서에 적응시키는 것을 목표로 한다"[73, 6.76-6]. 이 개념은 다음과 같이 분명하게 주장된다.

개에게서 어떤 위중한 증상을 발현시켰다고 해서 우리가 사람의 질병을 개에게 발병시킨 것은 아니다. 사람의 질병은 항상 전체로서 나타난다. 질병을 일으키는 것은 우리 안에서 지극히 미묘한 방식으로 생명의 일상적인 기운과 접촉하므로, 그 응답은 일탈된 생리학의 것이라기보다는 새로운 생리학의 것이다. 거기서는 많은 것들이 새로운 상태에 부합하여 특별한 반향을 가진다[76, 11].

이러한 통증 이론을 그에 합당한 충분한 주의를 기울이며 그 자체로 검토하기는 불가능하다. 그러나 우리가 당면한 문제에 대해 이 이론이 흥미를 불러일으키고 있음을 지적해야 한다. 의사는 통증이 개별적이고 구체적 인간의 차원에서만 의미를 가지고, 거기에서만 존재하는 감각의 총체적 반응 현상이라고 인식한다는 사실이 매우 중요하다. "몸이 느끼는 통증은 일정한 성질을 가진 신경전류가 신경에서 단순히 흥분을 일으킨다는 사실만은 아니다. 통증은 자극원과 전체로서의 개인이 충돌을 일으킨 결과이다"[74, 488]. 사람이 통증을 받아들이거나 이를 감내하기보다는 스스로 자신의 통증을 만들어 낸다는──사람이 질병을 앓거나 슬퍼하는 것처럼──어떤 의사의 주장은 우리에게 아주 중요해 보인다. 이와 반대로 통증이 신체의 어떤 지점에 모아져 뇌로 전달된 자극이라고 간주하는 것은 통증이 그것을 느끼는 주체의 활동과는 무관하게 이루어진다고 상정하는 것이다. 이 문제에 대해서 밝혀진 해부학적·생리학적 사실들이 부족하기 때문에 르리슈는 다른 실증적인 주장들에 따라서 통증의 특이성을 부정할 수 있었다. 그러나 우리의 견해로는 통증의 전달에 적합한 신경 기관의 해부학적·생리학적 특이성을 부정한다고 해서 통증의 기능적 특성마저도 부정할 필요는 없다. 통증은 항상 신뢰할 만한 확실한 경보기는 아니다. 인간의 육체에 대한 어떤 과학도 가질 수 없는 예측하는 능력과 책임을 통증에 부여하는 결정론자들은 스스로를 우롱하고 있음에 분명하다. 그러나 생명체가 자기 생명의 조건과 환경과의 교환의 질에 무관심한 것이 지극히 비정상인 것 또한 분명하다. 통증이 특별한 기관을 가지며 해부학적·기능적 차원에서 백과사전적 정보의 가치를 지닌다는 것은 인정할 수 없더라도 통증이 생명적 감각인 것은 인정할 수 있다. 물리학자가 시각에 대한 환상을 포기하듯, 생리학자는 통증에 대한 환상을 포기할 수 있다. 그것은 감각은 지식이 아니며 규범적 가치는 이론적 가치가 아님을 의미하나, 그렇다고 해서 그것이 무가치하다는 것은 아니다. 무엇보다도 외피外皮, tégument에서 기원한 통증과 내장에서 기원한 통증을 주의 깊게 구분해야 한다. 내장에서 기원한 통증이 비정상적인 것으로 나타나는 반면, 유기체와 환경의 분리면이나 접촉면에서 생겨나는 통증은 정상적인 특성을 지녔다. 피부경화증sclérodermie이나 척수공동증syringomyélie에서 나타나는 외피의 통증을 억압하면 유기체는 자신의 통합성에 가해진 공격에 대해 무관심하게 된다.

그러나 우리가 기억해야 하는 것은 르리슈는 질병의 결과에 의해서만 질병을 정의한다는 사실이다. 그런데 우리는 분명 적어도 이러한 효과들 중의 하나인 통증에서 추상적 과학의 차원을 떠나 구체적 의식의 영역으로 옮겨간다. 이번에는 질병과 환자가 완전히 일치하게 되는데, 이는 르리슈가 말하듯이 통증–질병이 개인적 의식의 차원에서 일어나는 사실이기 때문이다. 우리는 모든 개인을 자신의 통증에 참여시키고 관련시킨 르리슈의 훌륭한 분석 덕분에 통증을 하나의 '행동'으로 볼 수 있게 되었다.

*　*　*

이제부터 우리는 르리슈의 생각이 어떤 점에서 콩트와 베르나르의 생각을 연장시켰고, 보다 미묘하며 풍부한 정통적인 의학적 경험을 가지는 르리슈의 생각이 어떤 점에서 그들의 생각과 갈라지는가를 볼 것이다. 그것은 르리슈가 생리학과 병리학의 관계에 대해 콩트와 같이 철학자로서나 베르나르와 같이 과학자로서가 아니라 하나의 기술자로서 판단을 내리기 때문이다. 지향하는 목표에는 큰 차이가 있지만, 콩트와 베르나르의 공통된 생각은 정상적으로 기술은 과학의 적용이 되어야 한다는 것이다. 행동하기 위해 안다는 것, 그것이 기본적으로 실증주의자의 생각이다. 생리학은 치료 방법을 확립하기 위해 병리학을 인도해야 한다. 콩트는 질병이 실험을 대신할 수 있다고 생각했고, 베르나르는 동물에게 행해진 실험도 사람의 질병을 설명할 수 있다고 생각했다. 그러나 이들은 결국 다만 논리적으로 실험적 생리학 지식으로부터 의학적 기술로 진행해 나갈 수 있을 뿐이었다. 르리슈는 병리적 상태에 의해 유발된 내과적·외과적 기술로부터 생리학적 지식으로 이행되는 경우가 사실상 보다 흔하고, 또 당연히 그렇게 되어야 한다고 생각했다. 생리적 상태에 대한 지식은 거꾸로 임상적·치료적 경험을 추상화함으로써 얻어진다.

정상인에 대한 연구는 그것이 비록 동물에 대한 연구에 근거하고 있더라도, 우리에게 사람의 정상적인 생명에 대해 충분히 설명해 줄 수 있는가 하는 의문을 품게 만든다. 우리의 몸은 포용성이 크도록 구성되어 있기 때문에 이를 분석하는 데에는 커다란 어려움이 뒤따른다. 이러한 분석은 무엇보다도 어떤 기관을 억제한 결과 발생하는 결핍을 연구함으로써 이루어진다. 다시 말해서 생명의 질서 내에 변수를 도입하고 그 영향을 탐구하는 것이다. 불행히도 건강한 개체에게 실행하는 실험은 다소 난폭하게 결정론적이다. 건강한 사람은 자발적으로 일어나는 사소한 결함도 즉시 교정한다. 때문에 질병에 의해 자기도 모르게 변수들이 도입될 때나 혹은 질병에 걸려 이러한 변수를 치료적으로 도입할 때 훨씬 쉽게 관찰할 수 있다. 이리하여 환자는 정상적인 사람에 대한 지식을 제공할 수 있다. 우리는 환자를 분석함으로써 가장 세밀한 동물 실험에서도 만들어 내지 못한 결함을 발견하며, 그 덕분에 정상적인 생명으로 거슬러 올라갈 수 있다. 이로 인해 질병에 대한 완전한 연구는 점차적으로 정상 생리학의 필수 요소가 된다[73, 6, 76-6].

분명 이러한 생각들은 베르나르보다는 콩트의 생각에 가깝지만 거기에는 근본적인 차이가 존재한다. 앞서 본 바와 같이, 콩트는 정상적 상태에 대한 지식이 병리적 상태에 대한 평가보다 앞서야 한다고 생각한다. 그 지식이 널리 확장될 수는 없더라도 병리학을 전혀 참고하지 않고 엄밀하게 구성될 수 있어야 한다는 것이다. 콩트는 또한 의학과 치료에 대한 이론적 생물학의 독립성을 주장한다[27, 247]. 이와 달리 르리슈는 생리학이란 환자들의 질병을 통해 제기된 문제들에 대한 해결책을 모아놓은 것이라고 생각한다. 이것은 병리적인 것에 대한 가장 깊이 있는 사유 중의 하나이다. "우리들에게는 매순간 소위 생리학이란 것이 가지는 것보다 더욱 많은 생리적 가능성이 존재한다. 그러나 그 가능성들이 우리에게 드러나기 위해서는 질병이 필요하다"[76, 11]. 생리학은 생명의 기능과 모습에 대한 과학이지만 생리학자의 탐구에서 법칙을 체계화하는 방법을 제시하는 것은 생명이다. 생리학은 그 기전을 알 수 있는 유일한 모습을 생명에게 강요할 수 없다. 질병은 생명의 새로운 모습이다. 만약 탐구해야 할 토양을 끊임없이 새롭게 만드는 질병이 없다면 생리학은 다져진 땅 위만을 걸어가게 된다. 그러나 위의 생각은 또 다른 의미에서 이해될 수 있다. 질병이 정상적 기능의 수행을 정지시키는 바로 그 순간 정상적 기능이 드러난다. 질병은 원칙적으로 생명이 사람을 매개로 생명에게 기울이는 사변적인 주의attention이다. 만약 건강이 장기의 고요 속에 잠긴 생명이라면 엄밀히 말해 건강에 대한 과학은 존재하지 않는다. 건강이란 장기들의 결백성이다. 어떤 지식이 가능하기 위해서 그 결백성은 다른 모든 결백성과 마찬가지로 상실되어야 한다. 아리스토텔레스에 따르면 모든 과학이 경이로움에서 생겨나듯 생리학도 그러하다. 그러나 생명에게만 고유하게 나타나는 경이로움은 질병이 불안함을 유발한다는 사실이다.

이 장의 도입부에서 언급한 바와 같이, 역사적 관점에서 다시 자리 잡은 르리슈의 개념들이 뜻밖에 두드러져 보일 수 있다고 선언한 것은 과장이 아니었다. 앞으로 질병에 의해 제기된 이론적 문제들을 철학적 혹은 의학적으로 탐구하려는 어떠한 시도도 르리슈의 개념들을 무시할 수 없을 것이다. 지성은 주지주의에서만 성립된다고 생각하는 사람들을 불쾌하게 만들 위험을 무릅쓰고 다음과 같은 내용을 다시 한 번 반복해 보자. 세부적인 내용에 가해진 비판과는 무관하게 르리슈의 이론을 가치 있게 만드는 것은, 그의 이론이 기술에 관한 이론이란 사실이다. 이론에게 기술이란 신성불가침의 명령을 수행하는 순종적인 하인이 아니라 조력자이자 격려자로서 존재한다. 그들에게 주어질 이론적 해결책을 미리 전제하지 않고, 구체적인 문제들에 주의를 기울이고, 장애물이 있는 쪽으로 연구의 방향을 잡는 것이 기술이다.

5. 이론의 함의

"의학은 문화 전체와 아주 밀접한 관계를 맺고 있으며, 의학적 개념에서 일어난 모든 변화는 그 시대 사상의 변모를 반영한다"[107, 42]고 지거리스트는 말했다. 우리가 조금 전에 의학적·과학적·철학적 차원에서 동시에 설명한 이론은 이러한 주장을 완벽하게 입증한다. 그 이론은 그것이 형성된 문화의 역사적 순간이 필요로 하는 지적인 요구와 요청들을 동시에 만족시키는 것으로 보인다.

　　무엇보다도 이러한 이론으로부터 악의 실체가 존재하지 않는다는 합리적 낙관론자들의 신념이 만들어진다. 19세기, 특히 파스퇴르 이전

시기의 의학을 그 앞선 세기들의 의학과 구별하는 것은 일원론적 성격이다. 의기계론자iatromécanicien와 의화학자iatrochimiste들의 노력에도 불구하고, 18세기의 의학은 정신론자animiste와 생기론자vitaliste의 영향하에 이원론적 의학으로, 즉 의학적 마니교로 남아 있었다. 세상을 차지하려고 싸우는 선·악과 마찬가지로 건강과 질병은 인간을 차지하려고 서로 다투었다. 우리는 지적인 만족감을 느끼며 의학의 역사에서 다음과 같은 구절들을 읽는다.

> 파라켈수스Paracelse는 계시를 받은 사람이었고, 판 헬몬트Van Helmont는 신비주의자였으며, 슈탈Stahl은 경건주의자였다. 뛰어난 재능을 가진 이 세 사람은 의학을 혁신시켰지만 자기 시대의 환경과 전통의 영향을 받았다. 이들의 과학적 견해와 종교적 믿음을 분리하기란 지극히 어려운 일이기 때문에, 이 세 명의 위대한 개혁자들의 가르침을 정확히 평가하기는 힘들다. 파라켈수스가 불사약élixir de vie을 발견했다고 믿었는지는 분명치 않다. 판 헬몬트는 분명히 건강을 구원과, 질병을 죄악과 동일시하였으며, 슈탈은 뛰어난 지적인 능력을 가졌음에도 불구하고 『진정한 의학 이론』La vraie théorie médicale이란 글에서 원죄와 인간의 타락에 대한 믿음을 필요 이상으로 사용하였다[48, 311].

19세기 초엽, 브루세의 위대한 찬미자였으며 모든 의학적 존재론에 대한 철저한 반대자였던 위 책의 저자는 "필요 이상으로!"라고 단호하게 말했다. 질병에 대한 존재론적 개념의 거부와, 정상적인 것과 병적인 것이 양적으로 동일하다는 주장을 담은 부정적 파생 명제는 무엇보다도 악의 존재에 대한 보다 근본적인 거부이다. 과학적 치료가 마술적 혹은 신비적 치료보다 우월하다는 것을 분명 부인할 수는 없다. 문제점을 인식하는 것은 그것을 무시하는 것보다 낫다. 이러한 의미에서 계몽 철학, 실증주의, 과학만능주의의 가치는 의론의 여지가 없다. 의사가 생리학과 약물역동학pharmacodynamie을 공부하지 않는 것은 문제가 되지 않는다. 정말 중요한 것은 질병과 죄를, 질병과 악마를 혼동하지 않는 것이다. 그러나 악이 실체가 아니라고 해서 그것이 의미를 상실한 개념이 되는 것은 아니며, 생명체의 여러 가치들 가운데서 부정적인 가치가 존재하지 않는 것도 아니며, 특히 병리적 상태가 곧 정상 상태가 되는 것도 아니다.

거꾸로 지금 논의되는 이론은 다음과 같은 인간적 신념을 나타낸다. 즉 인간이 환경과 자신에게 가하는 작용은 환경과 인간에 대한 지식에 대해 완전히 투명해야 하고, 미리 확립된 과학을 적용한 것이어야 한다. 『당뇨병에 대한 강의』에 따르면, 생리학은 병리학을 매개로 치료 작용을 지배하기 위해 정상적인 것과 병리적인 것이 사실상 동질적이고 연속적이라고 주장한다. 사람들은 이론적 혁신과 진보의 계기가 비이론적·실용적·기술적인 활동의 영역에서 인간이 이룬 지식에 의해 만들어진다는 사실을 무시한다. 어떤 기술에 성공적으로 통합되지 못한 지식들의 가치를 부정하면 지식이 불규칙하게 진보하는 모습과 진보를 가능케 만드는 추진력이 과학을 추월하는 것을 이해할 수 없다. 실증주의자들은 이러한 사실을 유감스럽게 여기면서도 여러 차례에 걸쳐 이를 확인하였다. 만약 자신이 부딪히게 될 난관을 모르고 있는 성급한 기술이 체계적이고 신중한 지식을 항상 앞지르지 않는다면, 실패한 다음에야 놀라서 해결해야만 할 과학적 문제들이 훨씬 줄어들 것이다. 이것이 지적 모험의 철학인 경험주의 안에 진실된 것으로 남는 것인데, 그에 대한 반작용으로 모든 것을 합리적으로 설명하려는 유혹을 받는 실험적 방법은 이를 잘 인식하지 못하고 있다.

그러나 우리는 생리학이 임상적 활동에서 지적인 자극을 발견한다는 사실을 몰랐다고 해서 베르나르를 비난할 수는 없다. 그가 혈당증과 당의 생성에 대해 실행한 동물 실험은 당뇨병 환자에 대한 관찰과, 탄수화물의 섭취량과 소변으로 배설된 당의 양 사이의 불균형에 대한 관찰을 출발점으로 삼았다. 그는 다음과 같은 일반 원칙을 제시했다. "먼저 질병을 관찰함으로써 드러나는 의학적 문제를 제기해야 하고, 그런 다음 병리적 현상을 생리학적으로 설명하려 노력하며 병리학적 현상을 실험적으로 분석해야 한다"[6, 349]. 그러나 베르나르에게는 병리학적 사실과 그에 대한 생리학적 설명이 동일한 이론적 가치를 지니지 않는다. 병리학적 사실은 그에 대한 설명을 불러일으키기보다는 주어진 설명을 단순히 받아들인다. 이것은 다음의 텍스트에 더욱 분명하게 나타난다. "환자란 결국 확정지어야 할 새로운 조건들에 처한 생리적 현상들에 불과하다"[6, 346]. 질병은 생리학을 아는 사람에게 그가 아는 생리학을 확인시켜 줄 뿐, 새로운 사실은 아무것도 알려 주지 않는다. 거의 유사한 조건이 주어지면 병리적 상태와 건강한 상태의 현상은 동일하게 나타난다. 마치 어떤 현상의 본질을 그 조건들에서 추상시켜 결정할 수 있는 것처럼! 가면이 원래의 얼굴을 변형시킬 수 없고 액자가 그림을 변형시킬 수 없는 것처럼 이 조건들은 본질과 분리된다. 언어적 뉘앙스의 중요성을 느끼기 위해서 이러한 주장을 이미 인용한 바 있는 르리슈의 주장과 비교하여 보자. "우리들에게는 매순간 소위 생리학이란 것이 가지는 것 이상의 많은 생리학적 가능성이 존재한다. 그러나 그것들이 우리에게 드러나기 위해서는 질병이 필요하다."

우리는 또한 여기서 우연한 문헌학적 탐구 덕분에 외견상 가장 역설적으로 보이는 주장들이 영원한 논리적 필연성을 나타내고 있음을 확인하는 지적인 즐거움을 누린다. 브루세가 자신의 타협안에 생리학적 의학의 토대가 되는 이론의 권위를 부여한 바로 그 순간, 이 이론은 알려지지 않은 의사 프뤼Victor Prus의 반대를 불러일으켰다. 그는 1821년 가르 의학협회Société de Médecine du Gard에서 주최한 염증phlegmasie과 과잉자극 상태irritation의 정확한 정의와 임상 의학에서의 그 중요성에 관한 논문 공모에서 상을 받았다. 생리학만이 홀로 의학의 자연적 기초가 되어야 한다는 주장에 이의를 제기하고, 생리학만으로는 증상과 증상에 대한 맥락 그리고 그 가치에 대한 지식을 확립할 수 없으며, 해부병리학은 결코 정상적 현상에 대한 지식에서 연역되지 않으며, 질병의 예후는 생리학적 법칙에서 벗어난다고 주장한 후 그는 다음과 같이 덧붙인다.

만약 우리가 이 논문에서 다루어진 문제를 남김없이 규명하고자 한다면, 생리학은 결코 병리학의 기초가 아니며 오히려 병리학으로부터

만 태어날 수 있음을 알아야 한다. 우리는 신체의 어떤 기관이 가진 기능의 용도와 중요성을 그 기관에 생긴 질병이나 그 기관의 작용을 완전히 중단시키는 변화를 통해 이해한다 …… 시신경, 상완신경, 척수를 압박하고 마비시키는 외골종外骨腫, exostose은 우리에게 그 일반적인 임상적 경과가 어떠한가를 가르쳐 준다. 브루소네Broussonnet는 명사名詞들을 기억하지 못했다. 그가 죽었을 때 사람들은 그의 뇌 앞부분에서 농양abcès을 발견했고, 따라서 그 부위가 명사를 기억하는 장소라고 믿게 되었다 …… 생리학을 만든 것은 해부학의 도움을 받은 병리학이었다. 병리학은 매일매일 생리학에서 이전의 오류들을 제거하고 그 발전을 돕는다[95, ㄴ].

베르나르는 『실험의학연구서설』*Introduction à l'étude de la médecine expérimentale*에서 효율적인 작용이 곧 과학이기도 하지만 과학은 현상에 대한 법칙들의 발견이기도 하다는 것을 주장하려 하였다. 이 점에서는 콩트와 완전히 일치한다. 콩트가 생물 철학에서 실존의 조건에 대한 교의라고 부른 것을 베르나르는 결정론이라고 부른다. 베르나르는 자신이 결정론이란 용어를 과학적 프랑스어에 최초로 도입한 사람이라는 사실을 자랑스러워한다. "이 단어를 과학에 도입한 사람은 내가 처음이라고 생각하나 철학자들은 이 용어를 다른 의미로 사용했다. 이 단어의 의미를 앞으로 내가 쓸 책 『과학에서의 결정론에 대하여』*Du déterminisme dans les sciences*에서 분명히 확정하려고 하며 그렇게 하는 것이 도움이 될 것이라고 생각한다. 이 책은 결국 『실험의학연구서설』

의 2판이 될 것이다"[103, 96]. 이것은 "생리학과 병리학은 하나이며 동일하다"는 결정론자의 가설이 보편적 가치를 지닌다는 믿음이다. 과학적 지식의 필요 조건을 충족시키는 생리학적 물리-화학이 존재했었다. 이 생리학은 병리학이 전과학적préscientifique 개념들에 사로잡혀 있을 때에도 실험에 의해 증명되는 양적 법칙을 받아들이고 있었다. 당연히 효과적이고 합리적인 병리학을 갈구하던 19세기의 의사들은 생리학을 그들의 이상에 가장 가까운 모델로 보았다. "과학은 비결정론적인 것을 몰아낸다. 의학적 솜씨, 영감이나 사물에 대한 다소 모호한 직관에 근거하여 의학적 입장을 세우게 되면 과학과는 거리가 멀어진다. 이러한 공상적 의학은 환자의 건강과 질병을 소위 영감을 받았다고 주장하는 무식자의 일시적인 생각에 맡김으로써 환자를 아주 큰 위험에 빠뜨릴 수 있다"[6, 96]. 그러나 당시 생리학과 병리학 중에서 생리학만이 법칙을 받아들이고 그 대상이 결정론에 따른다고 생각했기 때문에, 합리적 병리학을 무척 바랐음에도 불구하고 병리학적 사실에 대한 법칙과 결정론이 생리학적 사실에 대한 법칙과 결정론과 동일하다는 결론을 내릴 수가 없었다. 이러한 점에서 우리는 베르나르를 통해 그의 선배들의 생각이 어떠했는가를 알 수 있다. 베르나르는 마장디의 생애와 업적에 바친 책『독물과 약물에 대한 강의』*Leçons sur les substances toxiques et médicamenteuse*(1857)의 첫머리에서 자신이 그 자리를 계승하고 가르침을 계속한 그의 스승이 유명한 라플라스로부터 "진정한 과학에 대한 감각을 얻었다"는 사실을 알려 준다. 우리는 라플라스Laplace가 동물의 호흡과 동물열에 대한 연구를 수행하던 라부아지에의 협력자였다는 사실을 안다. 이 연구는 실험적 방법과, 물리학과 화학의 측정 방법에 따라 수행된 생물학적 현상의 법칙에 대한 연구들 중 최초의 놀랄 만한 성공작이었다. 라플라스는 이 연구들에서 생리학에 대한 뚜렷한 취미를 갖게 되었고 마장디를 후원했다. 그러나 라플라스가 결정론이란 용어를 쓰지 않았더라도 그는 이 용어가 의미하는 학설의 정신적인 아버지 중의 한 사람인데, 적어도 프랑스에서는 권위 있고 인정된 아버지이다. 결정론은 라플라스에게 있어 방법상의 필요 조건이나 연구를 수행하는 데 필요한 규범적인 가설이 아니다. 이러한 것들(필요 조건, 가설)은 너무나 가변적이어서 결정론이 인도하게 될 결과의 형식에 대해 미리 속단을 내릴 수 있다. 결정론은 뉴턴과 라플라스 역학의 틀 안에 그대로 흘러들어 완성되고 만들어진 실체이다. 우리는 결정론을 공식화된 법칙과 그 법칙에 연결된 개념들을 끊임없이 수정할 수 있는 개방된 체계로 인식할 수도 있고, 확정된 내용들의 닫혀진 체계로 인식할 수도 있다. 라플라스는 닫혀진 결정론을 만들었다. 베르나르 또한 결정론을 닫혀진 것으로 받아들였는데, 바로 그 때문에 베르나르는 병리학과 생리학이 협력하더라도 생리학의 개념이 점차적으로 수정되리라고는 생각하지 않았다. 이제는 화이트헤드Alfred N. Whitehead의 말을 떠올릴 때이다. "과학들은 상호 차용에 의해 이루어지는데, 일반적으로 30년이나 40년 이전의 오래된 사실로부터만 빌려온다. 그래서 내가 어렸을 때 통용되던 물리학의 전제들이 오늘날 생리학자들의 사유에 심원한 영향을 발휘한다."[17]

결국 결정론적 가설의 결과는 질을 양으로 환원시키는 것인데, 여기에는 생리적인 것과 병리적인 것의 본질적 동일성이 전제되어 있다. 건강한 사람과 당뇨병 환자의 차이를 내적 환경에서의 당의 농도 차이로 환원시키고, 당뇨병 환자와 그렇지 않은 사람을 구별하는 책임을 단순히 정도의 양적 차이로 인식되는 신장의 역치seuil에 위임하는 것은, 현상들을 법칙으로 뒷받침하고 동일한 척도로 환원된 협상만을 설명하는 물리학의 정신에 복종하는 것이다. 사물들을 합성과 상호 의존 관계에 두기 위해서는 우선 이 사물들의 동질성을 확보하는 것이 좋다. 메이에르송E. Meyerson이 밝힌 것처럼 인간의 정신은 실체와 양을 동일시함으로써 지식을 만들었다. 그러나 과학적 지식이 질을 망상으로 보이게 만들어 무가치한 것으로 만들지라도 질을 완전히 무화시킬 수 없다는 사실을 기억하는 것이 좋다. 양은 부정된 질일 뿐, 말살된 질은 아니다. 사람의 눈이 색깔로 인식하는 가시광선의 다양한 성질들은 과학에 의해 파장의 양적인 차이로 환원된다. 그러나 질적인 차이는 파장 계산이란 양적 차이의 형식 아래에서도 살아남는다. 헤겔은 양이 증가나 감소에 의해 질로 변화한다고 주장한다. 질에 대한 관계가 양이라고 부르는 부정된 질 안에 여전히 존속하고 있음은 당연한 일이다.[18]

사실 이러한 관점에서 본다면 병리적 상태가 단순히 다소간 양적으로 변한 생리적 상태라고 주장하는 것은 지극히 불합리하다. 또 이

---

17 Whitehead, *Nature and Life*, Cambridge, 1934. *Recherches philosophiques*, IV, 1934~1935, p.398에서 쿠아레의 인용.

18 헤겔은 적어도 이 사실을 완전히 이해하고 있다. Hegel, *Wissenschaft der Logik*, kap. I, 3 참조.

생리적 상태는 생명체에 있어 어떤 질과 가치를 가지는 것으로 인식된다. 따라서 양적 변이라는 측면에서 자신과 동일한 이러한 가치를 생리적 상태와는 가치와 질에서 차이를 보이고 대조를 이루는 병리적 상태로 확장시키는 것은 불합리하다. 생리적 상태라는 말로 의미하는 바는 단순히 양의 요약이며, 생물학적 가치가 없는 단순히 물리적·화학적 사실들의 체계와 모임이다. 그러나 이러한 상태는 생명체의 어떠한 성질도 갖고 있지 않으며, 그것을 건강하다거나 정상이라거나 생리적이라고 말할 수는 없다. 정상과 병리적이란 말은 생물학적 대상이 콜로이드의 평형이나 이온화된 용액으로 분해된 상태에서는 아무런 의미도 가지지 않는다. 생리학자는 그가 생리적이라고 부르는 상태를 연구하면서 거의 무의식적으로 생리적이라고 한다. 그는 이 상태를 생명체에 의해, 그리고 생명체를 위해 긍정적 평가를 받은 상태로 간주한다. 그러나 생리적이라 인정받은 이 상태는 자신과 동일하게 머물면서 동시에 병적 성질을 취할 수 있는 또 다른 상태로 연장되지 않는다. 이러한 이행은 설명할 수 없다.

물론 그렇다고 해서 병리적 기능의 조건이나 산물에 대한 분석이, 다른 수량적인 결과와 비교 가능한, 소위 생리적 기능에 상응하는 수량적인 결과를 화학자와 생리학자에게 제공하지 않을 것이라고 말하려는 것은 아니다. 그러나 '좀 더 많은plus'과 '좀 더 적은moins'이라는 용어가 병리적인 것에 대한 정의를 정상의 양적 변이로 할 때 순수하게 양적인 의미를 지닌다고 인정하기는 어렵다. 또 다음과 같은 베르나르의 원칙이 가지는 논리적 정합성도 인정되기 어렵다. "양적 변이, 증폭,

약화와 같은 정상 기전의 일탈이 병리적 상태를 이룬다." 브루세의 생각에 대해 분명히 밝힌 바와 같이, 우리는 생리적 기능과 필요 조건의 차원에서 어떤 기준에 대해 '보다 많이' 혹은 '보다 적게'라고 말할 수 있다. 예를 들어 우리는 다소간 양을 변화시켜 가며 조직에 수분을 공급할 수 있는데, 이것은 혈액 내 칼슘의 농도에서도 마찬가지이다. 만약 실험실이 이러한 결과(칼슘의 혈중 농도 등)에 따라서 요독증이냐 아니냐, 강축증이냐 아니냐가 결정되는 병원이나 진료소와 아무런 관계를 맺지 않는다면, 양적으로 다른 이러한 결과는 실험실에서 어떠한 특성이나 가치도 지니지 못한다. 생리학은 실험실과 임상의 접촉점에 있으므로 생물학적 현상에 대한 두 가지 견해가 거기에 채택된다. 그러나 이 둘을 혼동해도 되는 것은 아니다. 질적 대비를 양적 진행으로 대체한다고 해서 양과 질(혹은 실험실과 임상)의 대립이 해소되지는 않는다. 이러한 대립은 이론적이고 계량적 관점을 채택한 지식의 이면에서 항상 유지된다. 따라서 건강과 질병이 많은 매개물들에 의해 연결되어 있다고 말하고 이러한 연속성을 동질성으로 전환시킬 때, 사람들은 양극단에서는 차이점이 명백하게 나타난다는 사실을 잊는다. 이러한 극단이 없으면 매개물들은 매개의 역할을 조금도 수행할 수 없을 것이다. 사람들은 분명 무의식적으로, 그러나 불합리하게도 항등식의 추상적인 계산과 차이들에 대한 구체적인 평가를 뒤섞는다.

2부

정상적인 것과 병리적인 것에 대한 과학이 존재하는가?

1. 문제의 도입

현대의 정신과 의사들이 자신들의 고유한 영역에서 정상적인 것과 병리적인 것에 대한 개념을 수정하고 이를 완성시킨 사실에 주목해 보면 흥미롭다. 그런데 의사들과 생리학자들이 자신들과 관련된 어떤 교훈을 여기에서 얻으려고 하는 것 같지는 않다. 아마도 그 이유는 일반적으로 정신의학이 심리학을 매개로 철학과 보다 밀접한 관계를 맺고 있다는 사실에서 찾아야 할 것이다. 특히 프랑스에서는 블롱델Ch. Blondel, 라가슈Daniel Lagache, 밍코브스키Eugène Minkowski가 병적이거나 비정상적인 정신 상태의 일반적인 본질을 정의하고, 그들과 정상적인 것과의 관계를 규정하는 데 공헌했다. 블롱델은『병적 의식』*La conscience morbide*에서 환자가 타인과 자신에게 동시에 이해되지 못하는 정신병의 사례를 서술했는데, 거기서 의사는 또 다른 정신 구조를 다루고 있는 듯한 인상을 갖는다. 그는 그것을 환자 자신이 느끼는 전신감각을 일상적인 언어의 개념으로 전환시키지 못하기 때문이라고 설명한다. 의사가 환자의 말을 통해 환자가 겪은 경험을 이해하는 것은 불가능하다. 왜냐하면, 환자가 일상적인 개념으로 표현하는 것은 그들의 직접적인 경험이 아니라 특정한 경험에 대한 그들의 해석이며, 그들에게는 그 경험에 적합한 개념이 결핍되어 있기 때문이다.

라가슈는 이러한 회의주의와는 거리가 멀다. 그는 비정상에 대한 의식에서 본성의 변이와 정도의 변이를 구분해야 한다고 생각한다. 어떤 정신병에서 환자의 인격은 선행하는 인격과 이질적인 경우도 있고, 어떤 경우는 선행하는 인격의 연장이기도 하다. 라가슈는 야스퍼스Karl Jaspers와 마찬가지로 이해할 수 없는 정신병과 이해할 수 있는 정신병을 구분한다. 이해할 수 있는 정신병은 앞선 정신생활과 이해할 수 있는 관계로 나타난다. 관계에 의해 알 수 있다. 따라서 정신병리학은 타자에 대한 이해라는 보편적인 문제가 제기하는 어려움과는 별도로, 일반심리학이 이용할 수 있는 자료들의 원천이며 정상적인 인식을 조명하는 빛의 원천이다[66, 8.08-8]. 그러나 우리가 이르고자 하는 이러한 입장은 앞서 우리가 지적한 리보의 입장과는 완전히 다르다. 리보에 의하면, 실험에 대한 자발적인 대체물이며 방법론적으로는 등가물인 질병은 실험이 접근할 수 없는 것에 도달하지만, 질병이 분해시키는 정신 기능들을 이루는 정상적 요소들의 본성을 남겨둔다. 질병은 정신 기능을 분해하지만 변형시키지는 않으며, 변질시키지 않고 드러낸다. 그러나 라가슈는 질병과 실험이 동일하다고 인정하지 않는다. 실험에서는 현상의 존재 조건을 충분히 분석해야 하고, 그 영향을 관찰하기 위하여 변화시키는 조건들을 엄밀히 측정하여야 한다. 그런데 어떤 점에서도 정신질환은 실험과 비교될 수 없다. 우선 "정신질환을 형성하는 자연의 조건들보다 더 알려지지 않은 것은 없다. 정신병의 시작은 대부분의 경우 의사, 환자, 주위 사람들도 모르게 이루어진다. 정신병의 생리병리학, 해부병리학은 모호하다"[66, 8.08-5]. 그리고 "심리학에서 병리학적 방법을 실험적 방법과 동일시하는 잘못된 생각의 바닥에는 정신생활에 대한 원자론적이고 연상론적인 의견과 기능의 심리학이 배경으로 깔려 있다"[같은 책]. 분리 가능한 기본적인 정신적 사실이 존재하지 않으므로 병리적 증상을 정상적 의식의 요소들과 비교할 수 없으며, 따라서 어떤 증상은 전반적인 장애를 표현하는 임상적인 맥락에서만 병리학적 의미를 띤다. 예를 들어 언어적 정신 운동 환각hallucination psychomotrice verbale은 망상délire에서 일어나고 망상은 인격의 변화에서 나타난다[66, 8.08-7]. 그 결과 일반심리학은 정신병리학의 자료들을 정상적인 것에서 관찰된 사실들과 동일한 인식론적 가치를 가진 것으로 이용할 수는 있지만, 병리적인 것의 명백한 독자성을 고려해야 한다. 라가슈는 리보와는 달리 병적인 조직화의 해체가 정상적인 조직화의 역대칭을 이루는 것은 아니라고 생각한다. 병리학적 지식에는 정상 상태에서 등가물이 없는 형식들이 존재할 수도 있으므로 이를 받아들인 일반심리학은 더욱 풍부해진다.

가장 이질적인 구조들조차도 그 분야 연구에 대한 관심과는 무관하게 일반심리학에 의해 제기된 문제들을 위한 자료를 제공할 수 있다. 그 구조들은 일반심리학에 새로운 문제를 제기하기까지 한다. 정신병리학적 용어의 기묘한 독특함은 부정적 표현을 갖고 있다는 것이다. 정상심리학에서는 그에 상응하는 것이 없다. 불일치discordance와 같은 개념이 인간 존재에 대한 우리의 지식에 던지는 이 새로운 빛을 어떻게 알아차리지 못할 수 있겠는가?[66. 8.08-8]

밍코브스키도 정신병이 단순히 평균적이거나 정상적인 사람의 정확한 이미지나 생각과 비교하여 규정되는 질병이라고는 생각하지 않는다. 우리는 직관적으로 어떤 사람이 미쳤다고 평가하는데, 그것은 어떤 전문가의 자격으로서가 아니라 보통 사람으로서 그러한 판단을 내리는 것이다. 미친 사람은 다른 사람에 비해 (상대적으로) "틀을 벗어난"sorti du cadre 것이 아니라 생명에 대해 틀을 벗어났다. 그는 일탈한 것이라기보다는 단순히 다르다.

인간 존재는 이상anomalie을 통해서 인간과 생명이 구성하는 모든 것으로부터 떨어져 나온다. 이상은 아주 원초적인 방식(근본적이고 놀라운 방식이므로)으로 지극히 '특이한' 존재 양식의 의미를 우리에게 밝혀 준다. 이러한 상황은 왜 '병든다'는 사실이 광증이라는 현상을 조금도 규명해 주지 못하는가를 설명해 준다. 광증이란 현상은 언어의 질적인 의미에서 '다른 방식으로 존재한다'는 각도로부터 보지 않을 수 없게 만들고 이러한 각도에서 이루어지는 정신병리학적인 고찰로의 길을 즉시 연다[84, 77].

밍코브스키에 따르면 광증이나 정신적 이상은 질병의 개념이 담지 못하는 고유한 특성들을 제시한다. 우선 이상에는 부정적인 것의 우선권이 존재한다. 악이 생명에서 이탈하는 반면 선은 생명의 활력과 합해진다. 그리고 선은 오직 "소위 규범이라는 것에 대한 모든 개념적인 공식에서 벗어나기를 요구하는 부단한 진보에서"[84, 78]만 그 의미를 발견한다. 그것은 신체의somatique 영역에서도 마찬가지일까? 질병이 존재하기 때문에 건강에 대해 말하는 것이 아닐까? 밍코브스키에 따르면 광증은 질병보다 더욱 직접적으로 생명적인 부분에 속한다. 신체의 질병은 경험에 근거하여 보다 정확하게 규정될 수 있고, 보다 명확하게 척도화할 수 있다. 신체의 질병은 같은 질병을 앓는 사람들 사이에는 일치한다. 환자는 우리에게나 환자 자신에게나 동일하게 환자인 것으로 인식된다. 반면 정신이상자는 자신의 상태를 알지 못한다. "개인은 신체의 영역보다는 정신적 일탈의 영역을 훨씬 더 많이 지배한다"[84, 79].

우리는 이 마지막 부분에서 밍코브스키의 견해에 동의할 수 없다. 우리는 르리슈와 더불어 건강은 기관의 침묵 속에 잠긴 생명이며, 따라서 우리가 이미 말한 바처럼, 생물학적인 정상은 규범을 위반함으로써만 드러나며 생명에 대한 구체적이고 과학적인 지식은 질병을 통해서만 존재할 수 있다고 생각한다. 우리는 지거리스트의 말처럼 "질병은 고립이며"[107, 95], "만약 이러한 고립이 사람들을 떼어놓지 않고 오히려 정상적인 사람과 환자를 접근시킨다 하더라도"[107, 95] 통찰력 있는 환자라면 건강한 사람이 환자가 되기 위해 요구되는 포기와 한계를 모를 수 없다고 생각한다. 우리는 골드슈타인과 마찬가지로 병리학의 규범은 무엇보다도 개인적인 규범이라고 생각한다[46, *272*]. 요컨대 밍코브스키 식으로 생명을 비약하는 역동적인 능력으로 간주하는 것은 신체적 이상과 정신적 이상을 동일하게 취급하기를 요구하는 것이다. 베르그송 철학에 대한 이 같은 공감은 『정신분열증』*La schizophrénie*이나 『체험된 시간』*Le temps vécu*과 같은 밍코브스키의 책에 나타난다. 이Ey는 밍코브스키의 견해를 인정하며 "정상은 사회적인 개념과 관련되는 어떤 평균치가 아니며 실체에 대한 판단도 아니다. 그것은 가치에 대한 판단이며, 인간의 정신적 능력의 최대치를 규정하는 한계 개념이다. 정상성의 위쪽 한계는 존재하지 않는다"[84, *93*]고 주장한다. 생리학과 유기체의 신체적 질병을 연구하는 의학은 그 의미를 정확히 하는 데 신경 쓰지 않고 매일같이 정상이라는 개념을 사용하는데, 위에서 정상이라는 개념에 대한 충분히 정확한 정의를 얻기 위해서는 정신적이란 말을 신체적이란 말로 대체하기만 하면 된다.

　이러한 무관심은 특히 임상 의사의 입장에서는 그럴 만한 이유가 있다. 결국 대부분의 경우 환자들 자신이 스스로가 더 이상 정상이 아닌지 혹은 다시 정상이 되었는지를 판단한다. 거의 항상 과거의 경험에 따라 미래를 상상하는 인간에게 있어 정상으로 돌아간다는 것은 중단된 작용이나, 적어도 주위 환경에 대한 개인적 감각이나 사회적 가치에 따라 정상이라고 판단되는 작용을 회복하는 것이다. 비록 회복된 작용이 이전보다 위축되고, 이전처럼 다양하고 유연하게 행동하지 못하더라도 개체는 거기에 세심한 주의를 기울이지는 않는다. 본질적인 것은 무기력의 심연이나 거의 죽어가는 환자의 고통에서 다시 일어났다는 사실이다. 요는 그것을 간신히 피했다는 것이다. 최근에 진찰받은 경우로, 돌아가는 원형 톱 위에 떨어져서 위팔의 3/4이 잘렸지만 깊숙이 있는 혈관과 신경은 다치지 않은 한 청년의 예를 들어 보자. 신속하고 적절한 치료로 인해 팔은 건질 수 있었다. 그러나 위팔의 모든 근육이 위축되었고, 마찬가지로 아래팔의 근육까지도 위축되었다. 팔 전체가 차가워졌고 손은 청색증으로 인해 푸르스름해졌다. 전기생리학적 검사에서 펴짐근extenseur의 무리들은 분명한 변성 반응을 나타냈다. 아래팔의 굽힘, 펴짐, 내측 회전운동pronation에 제한을 받았고(굽힘 운동은 45° 정도, 펴짐 운동은 170° 정도 제한을 받았다), 외측 회전운동supination은 거의 정상에 가까웠다. 이 환자는 자신의 팔을 다시 사용할 수 있는 가능성이 큰 것을 알고 기뻐했다. 다쳤다가 외과적 치료로 회복된 팔이 영양상이나 기능적 측면에서 반대편 팔에 비해 상대적으로 정상이 되지 않을 것임은 분명하다. 그러나 대체적으로 보아 청년은 자신이 이전에 선택했던 일에, 즉 주위 상황이 그에게 부과하지는 않았다 하더라도 제공했을 그 직업에 다시 종사할 것이다. 어쨌거나 그는 평범하더라도 자기 삶의 이유를 거기에서 찾을 것이다. 비록 이 청년이 복잡한 손놀림이 필요한 다른 방법으로 이전과 동일한 기술적 결과를 얻었다 할지라도, 그는 계속해서 예전의 기준에 의해 사회적으로 평가될 것이며, 그는 예전의 목수나 예전의 운전수는 아니지만 변함없이 목수나 운전수

일 것이다. 환자는 그가 부상당함으로 인해 신경-근육 계통이 적응하여 순발력을 발휘할 여지가 크게 부족하리라는 것을 알지 못한다. 그러한 여지는 사용할 기회가 없었기 때문에 자신의 생산성과 능력을 향상시키는 데에는 결코 사용하지 않았던 능력이다. 환자는 자신이 명백한 의미에서 불구가 아니라는 사실을 주장한다. 불구에 대한 이러한 개념은 유기체를 그 효율이 계산되어야 하는 기계로만 보지 않는 전문의사에게나, 병변을 퍼센트로 평가하기보다는 기능 저하로 평가할 정도로 인간의 심리에 충분히 밝은 전문가에게 있어 연구할 가치가 있다.[1] 그러나 일반적으로 이러한 전문가들은 그들에게 온 환자의 권리 요구 강박증을 추적하기 위해서만, 그리고 암시증pithiatisme에 대해 말하기 위해서만 심리학을 이용한다. 어쨌든 임상 의사들은 흔히 환자들의 개인적인 기준에 따라 정상과 비정상을 규정하는 데에 기꺼이 동의한다. 환자가 식물적 생명이나 동물적 생명의 최소한의 해부-생리학적 조건을 모르는 경우가 아니라면 말이다. 나는 외과에서 본 순박한 농장 일꾼을 기억한다. 마차바퀴에 의해 그의 두 정강이뼈가 부러졌는데, 그의 주인은 다친 사실이 알려지면 책임을 지게 될까 두려워 어떤 치료도 받게 하지 않았다. 그의 정강이뼈는 둔각으로angle obtus 자연유합되었다. 이 남자는 이웃의 신고에 의해 병원에 보내졌다. 이제는 그의 정강이뼈를 다시 골절시켜 제자리에 맞추고 고정시켜야 했다. 이 결정을 내린 정

---

1 이러한 문제들은 Laet et Lobet, *Etude de la valeur des gestes professionnels*, Bruxelles, 1949와 A. Geerts, *L'indemnisation des lésions corporelles à travers les âges*, Paris, 1962 이후로 연구되었다.

형외과의 과장은 사람의 다리에 대해 이 불쌍한 일꾼이나 그의 주인과는 다른 이미지를 갖고 있음이 분명하다. 그가 부엥Jean Bouin이나 리파르Serge Lifar도 만족시키지 못했을 규범을 채택했음은 명백하다.

야스퍼스는 정상과 건강에 대한 의학적 결정을 내리는 것이 얼마나 어려운가를 잘 알고 있다. "의사들은 '건강과 질병'이라는 말의 최소한의 의미를 추구한다. 의사는 과학적 관점에서 생명 현상을 연구한다. 사람들이 '질병'이라고 부르는 것을 결정하는 것은 의사의 판단이기보다는 환자의 평가와 사회 환경의 지배적인 생각이다"[59, 5]. 사람들이 오늘날과 과거에 주어진 질병 개념의 다양한 의미에서 공통적으로 발견하는 것은 그것이 잠재적인 가치 판단이라는 것이다. "환자는 가능한 모든 부정적인 가치들을 포함하는 비가치non-valeur의 일반 개념이다"[59, 9]. 환자가 된다는 것은 타인에게 해롭고, 달갑지 않으며, 사회적으로 평가절하되는 존재가 되는 것이다. 이와 반대로 건강에서 요구되는 것은 생리학적 관점에서 자명하다. 따라서 그것은 육체적 질병의 개념에 상대적으로 안정된 의미를 부여한다. 가치로서 요청되는 것은 "생명, 오래 살기, 생식 능력, 육체적 노동의 능력, 힘, 피로에 대한 저항력, 고통의 부재, 실존한다는 유쾌한 느낌 없이 자신의 육체를 가능한 가장 적게 의식하는 상태 등이다"[59, 6]. 그러나 의학은 질병에 대한 일반적인 개념을 얻기 위하여 이러한 통속적인 개념에 대해 사색하지 않는다. 의학의 고유한 임무는 소위 환자라는 사람에게서 어떠한 생명 현상이 일어나는가를 밝히고 질병의 기원, 발전의 법칙, 그것을 변모시키는 작용이 무엇인가를 규명하는 것이다. 가치라는 일반 개념은 다수의 존재 개념으로 특정된다. 그러나 경험적 개념에서 가치 판단이 분명 사라졌음에도 불구하고 의사들은 집요하게 질병에 대해 말한다. 왜냐하면 의료 활동은 임상적인 진찰과 치료를 통해 환자와 그의 가치 판단과 관계를 맺기 때문이다[59, 6].

따라서 의사들은 지나치게 통속적으로 보이거나 지나치게 형이상학적으로 보이는 개념들에 관심을 가지지 않는다. 의사들은 진단하고 치유시키는 일에 관심을 가진다. 원칙적으로 치유guérir라는 것은 일탈된 기능이나 유기체를 다시 원래의 규범으로 돌려놓는 것이다. 의사는 보통 규범이라는 개념을 소위 정상적 인간에 대한 과학이라는 생리학의 지식에서, 자신이 경험한 유기체의 경험에서, 어떤 순간에 사회적 환경에서 공통적으로 나타나는 기준의 발현에서 빌려왔다. 이 세 가지 중에서 우세한 것은 단연 생리학이다. 현대 생리학은 호르몬과 신경의 조절 기능과 관계를 맺는 기능적 상수들의 표준적인 집적으로 제시된다. 이러한 상수들이 평균적인 성질과 실제적으로 가장 흔히 관찰할 수 있는 경우를 지칭하는 한, 정상적이라고 평가된다. 그러나 이러한 상수들은 이상형idéal의 자격으로 치료와 같은 규범적인 활동에 관여하기 때문에 또한 정상으로 간주된다. 따라서 생리적 상수들은 기술적 의미인 통계적 의미에서 그리고 규범적 의미인 치료적 의미에서 정상적이다. 그러나 의학이 어떻게 기술적이고descripfit 순수하게 이론적인 개념을 생물학적 이상형으로 전환시키는지, 또 의학이 생리학으로부터 사실의 개념과 기능적 상관계수의 개념을 받아들일 때 자신도 모르게 단어의 규범적 의미에서 규범의 의미도 받아들이려 하는 것은 아닌가를 아는 것은 중요하다. 그렇게 되면 의학이 생리학에게 준 것을 다시 생리학으로부터 취하는 것이 아닌가를 아는 것이 중요해진다. 이러한 것들은 지금 검토하기에는 어려운 문제들이다.

2. 몇 가지 개념들에 대한 비판적 검토: 정상, 이상, 질병, 정상적인 것과 실험적인 것

리트레와 로벵의 의학사전은 정상을 다음과 같이 정의한다. 정상 normalis(norma에서 옴, 규칙règle) 규칙에 부합하는 것, 규칙적인. 우리가 위에서 설명한 내용에 따르면 의학사전에 실린 이 항목의 간결함은 전혀 놀랍지 않다. 랄랑드Lalande의 『철학사전』*Vocabulaire technique et critique de la philosophie*에는 더욱 분명하게 나타난다. 어원상 정상적normal이란 말은 'norma'가 T 모양의 자를 의미하므로, 좌나 우로 치우치지 않고 두 방향이 갈라지기 시작하는 중간 지점에 있음을 의미한다. 정상이란 그러한 지점에 있어야 함이다. 정상이란 가장 일반적인 의미로 어떤 종에서 가장 흔하게 만나는 경우, 측정 가능한 성질의 평균이나 표준단위를 의미한다. 이러한 의미에 대한 논의에서 이 용어가 얼마나 모호한가가 분명해진다. 정상이란 말은 어떤 사실과, "말하는 사람이 자신의 책임하에 내리는 평가적인 판단에 따라 그 사실에 부여하는 가치를 동시에 가리킨다". 또한 이러한 모호함은 실재론적 철학의 전통에 의해 더욱 조장되었다. 여기에 따르면, 모든 일반성은 하나의 본질의 기호이고 모든 완성은 그 본질의 실현이므로, 관찰 가능한 일반성은 실현된 완성의 가치를 가지고 공통적인 성질은 이상형의 가치를 가진다. 그런데 의학에서도 이와 유사한 혼동이 일어난다. 왜냐하면, 의학에서 정상적 상태는 기관의 일상적인 상태와 이상적 상태를 동시에 지칭하며, 일상적인 상태의 회복은 치료의 일반적인 목표이기 때문이다[67].

　이러한 지적은 충분히 탐구되지 못했으며, 특히 앞서 인용한 항목에서 '정상적'이란 말의 모호한 의미에 대해 충분한 결론을 이끌어 내지 못한 것으로 보인다. 사람들은 거기서 분명히 해야 할 문제를 보기보다는 그러한 모호함의 존재를 알리는 것으로 만족하는 듯하다. 의학에서 신체의 정상 상태는 회복시키기를 원하는 상태임이 분명하다. 그런데 이것은 치료가 정상이라 불러야 할 상태를 획득해야 할 목표로서 지향하기 때문인가, 아니면 치료가 지향하는 바를 당사자, 즉 환자가 정상으로 간주하기 때문인가? 우리는 두 번째 관계가 옳다고 주장한다. 우리는 의학이 생명에 대한 기술로서 존재한다고 생각한다. 왜냐하면, 살아 있는 인간은 그 자체가 병리적 성격을 보이기 때문이고, 따라서 생명의 역동적인 양극성과 관련하여 부정적인 가치 형식을 취하는 염려되는 상태나 행동을 병리적인 것, 따라서 피해야 하고 고쳐야 할 것으로 생각하기 때문이다. 이렇게 하면서 살아 있는 인간은 규범으로 설정된 것을 유지하고 발전시키는 데 장애가 되는 것들에 맞서 싸우기 위해 생명에 고유한 자발적인 노력을 어느 정도 분명한 방식으로 연장시킨다. 『철학사전』의 '정상' 항목에서는 화자話者, 즉 인간을 통해서만 생물학적 사실에 가치가 부여된다고 생각하는 듯하다. 그러나 이와 반대로 우리는 생명체가 질병이라는 형식을 통해 병변, 감염, 기능적 혼란에 대해 반응을 보인다는 사실은 생명이 자신의 존재 조건에 무관심하지 않으며, 생명은 극성polarité이며, 따라서 가치에 대해 무의식적으로 어떤 입장을 취하고 있음을, 요약하자면 생명은 규범적인 활동이라는 근본적인 사실을 나타낸다고 생각한다. 규범적normatif이란 말은 철학에서 어떤 사실을 규범에 비추어 측정하거나 평가하여 내리는 모든 판단을 의미한다. 그러나 이러한 양식의 판단은 사실상 규범을 설정하는 사람들에게 복속된다. 순수하게 단어적인 의미에서 '규범적'이란 말은 규범을 만든다는 의미이다. 그리고 우리는 생물학적 규범성normativité을 이러한 의미에서 말하기를 제안한다. 우리는 어느 누구보다도 의인주의anthropomorphisme에 떨어지는 것을 경계한다고 생각한다. 우리는 생명의 규범에 인간적인 내용물을 부여하지 않는다. 그러나 만약 규범성이 생명 안에 씨앗으로 존재하지 않는다면, 인간 의식에 본질적인 규범성이 어떻게 설명될 수 있는가를 우리는 자문한다. 자신을 위협하는 수많은 위험에 대한 생명의 싸움이 영구적이고 본질적인 생명의 요구가 아니라면, 치료에 대한 인간의 욕구는 질병의 상태를 점차적으로 밝혀나가는 의학을 낳을 수 없었을 것이다. 사회학적 관점에서 치료가 처음에는 종교적이고 마술적인 활동이었다는 사실을 밝히는 것은 가능하다. 그러나 치료에 대한 욕구는 또한 생명의 욕구, 즉 척추동물보다 훨씬 하등한 유기체에서도 나타나는 쾌락적 가치에 대한 반응과, 자가치유와 자기회복적인 행동을 유발하는 욕구이다.

　생명의 역동적인 극성과 그것을 나타내는 규범성은 어떠한 인식론적 사실을 설명하는데, 비샤는 그 사실의 중요성을 절실히 느꼈다. 그것은 생물학적 병리학은 존재하지만 물리학적·화학적·기계적 병리학은 존재하지 않는다는 사실이다.

생명 현상에는 두 가지 종류가 있다. 1) 건강 상태 2) 병적 상태. 여기에 따라 첫 번째 상태의 현상을 연구하는 생리학과 두 번째를 대상으로 하는 병리학이라는 두 개의 구별되는 과학이 존재하게 된다. 자연형을 가지는 생명력에 대한 현상의 역사는 결과적으로 그 힘들이 변질되는 현상의 역사로 우리를 이끈다. 물질에 대한 과학들의 역사에는 첫 번째 역사만이 존재하고 두 번째인 병적 상태의 역사는 결코 존재하지 않는다. 생명체의 운동에 대한 생리학의 관계는 무생물체의 운동에 대한 천문학, 역학, 수력학, 유체정역학 등의 관계와 같다. 무생물체들은 생리학에 상응하는 병리학과 같은 학문을 가지지 않는다. 동일한 이유에서 약이라는 생각은 물리학에서 거부감을 불러일으킨다. 약이란 자연형type naturel의 상태로 돌려놓는 것을 목적으로 하는 것이다. 그런데 물리적 성질들은 결코 이러한 자연형을 잃지 않으며, 따라서 그러한 상태로 되돌려놓을 필요도 없다. 생리적인 것에서 치료에 해당하는 어떤 것도 물질과학에는 존재하지 않는다[13, I, 20~21].

위의 글에서 자연형이라 한 것은 정상형이라는 의미로 받아들여져야 한다. 비샤에게 있어 자연적인 것이란 결정론의 효과가 아니라 목적성finalité의 용어이다. 그리고 이러한 텍스트를 기계론적 혹은 유물론적 생물학의 관점에서 비판할 수 있다는 것을 우리는 잘 안다. 과거에 아리스토텔레스가 병리학적 역학을 주장했다고 말할 수도 있을 것이다. 왜냐하면 그는 다음과 같은 두 가지 종류의 운동을 인정했기 때문이다. 첫 번째는 자연적 운동으로, 여기서는 어떤 물체가 휴식을 취할 수 있는 고유한 자리를 다시 얻으려는 성질을 가진다. 돌은 낮은 땅으로 내려가고, 불은 하늘로 솟으려는 것이 그러하다. 두 번째는 인위적 (난폭한) 운동으로, 여기서 물체는 공중으로 던진 돌과 마찬가지로 그 고유의 자리에서 떨어진다. 갈릴레이와 데카르트처럼 모든 운동을 자연적 운동으로, 즉 자연의 법칙에 따르는 것으로 봄으로써 물리학의 지식이 발달한 것과 마찬가지로, 생물학의 지식도 자연적 생명과 병리적 생명을 통합함으로써 진보한다고 말할 수 있을 것이다. 위에서 본 바와 마찬가지로, 콩트가 꿈꾸었고 베르나르가 성취시키기를 은근히 기대한 것은 정확히 바로 이 통합이었다. 이제 우리가 설명해야 한다고 생각한 조건들에 다음과 같은 내용을 덧붙이자. 운동에 대한 과학을 관성 법칙 위에 정초한 현대의 역학은 자연적 운동과 격렬한 운동의 구별을 사실상 우스꽝스러운 것으로 만들었다. 관성은 운동의 방향이나 변이에 대해 무관심하다. 그런데 생명은 그에게 주어지는 조건들에 무관심할 수가 없다. 생명은 극성이다. 영양, 동화, 배설에 관계하는 가장 단순한 생물학적 기관들도 극성을 나타낸다. 동화의 부산물이 유기체에 의해 더이상 배설되지 않고 내적 환경을 어지럽히고 거기에 해독을 끼칠 때, 이 모든 것은 실제로 법칙(물리적·화학적)에 따르고 있다. 그러나 이 중 어떤 것도 유기체 자체의 활동이란 규범에 따르는 것은 아니다. 우리가 생물학적 규범성에 대해 이야기하며 지적하고자 하는 것은 이렇게 단순한 사실이다.

목적론에 대한 두려움 때문에, 그리고 명백히 인간적이고 기술적인 의미를 내포하는 선택이라는 용어와, 자연선택을 설명하는 데 끼어드는 이점avantage이라는 개념 때문에 환경에 의한 선택이나 생존 경쟁과 같은 다윈주의의 개념을 거부하는 사람들이 있다. 모든 생명체는 그들이 나타낼 수 있는 불균등성에 의해 죽기 훨씬 이전에 환경에 의해 죽는다는 점을 사람들은 지적한다. 왜냐하면 환경은 무엇보다도 씨, 배아, 어린 것을 죽이기 때문이다. 그러나 테시에G. Teissier가 지적한 것처럼, 많은 생명체들이 불균등성이 나타나기 이전에 죽는다고 해서 불균형의 출현 여부가 생물학적으로 무의미하지는 않다[111]. 우리는 그 사실만은 반드시 인정되어야 한다고 주장한다. 생물학적 무차별성은 존재하지 않는다. 이제부터 우리는 생물학적 규범성에 대해 이야기한다. 건강한 생물학적 규범과 병리적인 규범이 존재하는데, 후자는 전자와 동일한 성질이 아니다.

우리는 의도적으로 자연선택 이론을 암시했으며, 자연선택이라는 표현이 'vis medicatrix naturae'(자연치유력)라는 옛날 표현과 마찬가지라는 것을 지적하고자 한다. 선택과 의술은 인간에 의해 의도적으로, 그리고 어느 정도 합리적으로 실행되는 생물학적 기술이다. 자연선택이나 자연의 의학적 작용에 대해 말하면서, 인간 이전의préhumaine 생명 활동이 목적을 추구한다거나 인간의 방법과 비교할 수 있는 방법을 이용한다고 생각한다면 베르그송이 소급성rétroactivité의 환상이라고 부른 것의 희생물이 되는 것이다. 자연선택이 계통도와 유사한 것은 무엇이든, 그리고 자연치유력이 흡각ventouse과 유사한 것은 무엇이든 사용하려 한다고 생각하는 것과, 인간의 기술이 생명의 수많은 값비싼 시행착오로부터 생명적 충동을 해방시켜 주는 체계적인 지식을 확립하려 한다고 생각하는 것은 별개이다.

자연선택이나 자연치유 활동이라는 표현은 생명의 기술을 인간 기술의 틀 안에 기입하려는 듯한 인상을 주는 단점이 있다. 사실은 그 반대이다. 생명에 대한 기술까지를 포함한 인간의 모든 기술은 생명 안에, 즉 물질에 대한 정보와 동화작용 안에 포함된다. 인간의 기술이 규범적이기 때문에 동정심으로부터 생명의 기술이 규범적이라고 판단하는 것은 아니다. 그것은 생명이 곧 모든 기술적 활동의 뿌리가 되는 정보 활동과 동화 작용이기 때문이다. 우리가 자연의학에 대해 말한다는 것은 아주 역행적이고 어떤 의미에서는 잘못된 것이다. 그러나 자연의학에 대해 말할 권리가 없다고 가정하더라도, 어떤 생명체도 의학적 기술을 발전시키지 못했을 것이라고까지 생각할 수는 없다. 생명은 자신이 만나는 환경에 무관심하지 않고, 자신이 생활하는 환경의 변화에 대해 극성화된 반응을 보이기 때문이다. 귀에노Guyénot는 이러한 사실을 제대로 보았다.

유기체는 자신에게만 있는 일군의 특성을 가지며, 그 덕분에 자신을 파괴시키려는 다양한 원인들에 대해 저항함은 사실이다. 이러한 방어 작용이 없다면 생명은 즉시 소멸될 것이다 …… 생명체는 자신이나 자신이 속한 종이 한 번도 접촉하지 못한 물질에 대해서도 즉시 유용한 반응을 찾아낼 수 있다. 유기체는 비할 데 없이 훌륭한 화학자이며 최고의 의사이다. 환경의 변화는 유기체에게 거의 항상 생명에 대한 위협이 된다. 생명체는 몇 가지 필수적인 특성들을 보유해야만 살아남을 수 있다. 조직이 아물지 않고 피가 응고되지 않는다면 모든 상처가 치명적이 될 것이다[52, 186].

요컨대 정상이란 단어가 의학에서 어떤 의미를 가지는가에 대해 생각해 보는 것은 아주 유익하며, 랄랑드가 지적한 이 단어의 모호함은 그렇게 해봄으로써 정상에 관한 문제에 대해 전반적인 범위에서 지극히 명료해진다. 생물학적 정상을 통계적 현실의 개념이 아니라 가치 개념으로 만드는 것은 의학적 판단이 아니라 생명 그 자체이다. 의사에게 있어 생명은 대상이 아니라 극화된 활동이다. 생명은 인간에 대한 과학을 밝히는 데 불가결한 통찰력을 의학에 제공하고, 의학은 부정적 가치를 지닌 모든 것에 대해 방어하고 투쟁하려는 자발적인 노력을 생명으로부터 이끌어 낸다.

* * *

랄랑드의 『철학사전』은 '이상'anomalie과 '비정상적'anormal이란 용어에 관련하여 한 가지 중요한 언급을 하고 있다. '이상'은 명사로서 현재로서는 거기에 해당하는 형용사가 없으며, 반대로 '비정상적'은 해당하는 명사형이 없는 형용사이다. 따라서 관용어법상 이들을 결합시켜 '비정상적'anormal을 '이상'anomalie의 형용사로 만들었다. 생-틸레는 1836년에 쓴 『이상구조론』*Histoire des anomalies de l'organisation*에서 이 anomal이란 용어를 여전히 사용하고 있으며, 리트레와 로벵의 『의학사전』에도 나타나는데 지금은 쓰이지 않고 있다. 랄랑드의 『철학사전』은 어원을 혼동하여 'anomalie'와 'anormal'이 결합되었다고 설명한다. 'anomalie'는 불평등, 우툴두툴함을 뜻하는 희랍어 'anomalia'에서 왔는데 'omalos'는 단일한, 균등한, 매끈한 등의 의미를 지닌 희랍어이다. 따라서 'anomalie'는 어원상 'an-omalos'인데 불평등한, 꺼칠꺼칠한, 불규칙한 등의 의미로 '토지'[2]에 대해 말할 때 부여한 의미와 같은 것들이다. 그런데 사람들이 흔히 어원을 착각하여 이 말이 'omalos'에서 온 것이 아니라 'a-nomos'라는 말의 구성에 따라 법칙을 의미하는 'nomos'에서 왔다고 생각한다. 이러한 어원상의 오류는 리트레와 로벵의 『의학사전』에서도 발견된다. 희랍어 'nomos'와 라틴어 'norma'는 인접한 의미를 지니므로 법칙과 규칙은 서로 혼용된다. 따라서 엄밀하게 의미론적으로는 'anomalie'가 어떤 사실을 설명하는 기술적 descriptif 용어인 반면 'anormal'은 어떤 가치와 관련되는 평가적이고 규범적인 용어이다. 그런데 문법적인 방법의 전환이 'anomalie'와 'anormal' 각각의 의미에 혼동을 가져왔다. 'anormal'이 기술적인 개

2 주레(A. Juret)는 『그리스어·라틴어 어원 사전』(*Dictionnaire étymologique grec et latin*, 1942)에서 'anomalie'에 대한 동일한 어원을 제시한다.

넘이 되었고 'anomalie'는 규범적인 개념이 되었다. 어원상의 오류에 빠진 생-틸레는 그러나 이상anomalie이라는 용어에서 순수하게 기술적이고 이론적인 의미를 유지하려고 애쓴다. 그를 따라서 리트레와 로뱅도 동일한 오류를 범했다. 이상이란 생물학적 사실이며 따라서 사실로서 다루어져야 한다. 즉 자연과학은 사실을 설명해야지 그것을 평가해서는 안 된다.

> 불규칙성이란 말과 거의 차이가 없는 이상anomalie이란 말은 결코 어원적인 구성에서 문자적으로 도출되는 의미로 이해해서는 안 된다. 법칙에 따르지 않는 유기적 조직은 존재하지 않는다. 진정한 의미에서 '혼란'désordre이란 용어는 어떠한 자연의 산물에도 적용될 수 없다. 이상anomalie은 최근에 해부학적 언어에 도입된 표현이지만 해부학에서는 아주 드물게 사용된다. 반대로 그 용어를 차용한 동물학자들은 흔히 이것을 사용한다. 그들은 그 구조와 이상한 특성으로 인해, 말하자면 그 계열에서 고립되어 있으며 같은 과classe에 속해 있는 다른 속genre에 비해 아주 먼 친연성을 지니는 많은 동물들에게 이 용어를 적용시킨다[43, I, 96, 37].

그런데 생-틸레에 따르면 그러한 동물에 대해 자연의 기현상이라 하거나, 무질서나 불규칙이라 하는 것은 부정확한 것이다. 만약 예외가 있다면 그것은 자연과학자의 법칙에 예외가 있을 뿐이지 자연의 법칙에 예외가 있는 것은 아니다. 왜냐하면 자연에서는 모든 종들이 통일성 안에서 다양성을, 다양성 안에서 통일성을 나타내며 그것이 있어야 할 상태로 존재하기 때문이다[43, I, 37]. 따라서 해부학에서 'anomalie'란 용어는 괴상한, 이례적인이라는 의미를 엄격하게 지켜야 한다. 'anomal'하다는 것은 그 구조에 의해 비교가 되는 다수의 존재와 멀어짐을 의미한다[같은 책].

생-틸레는 형태학적 관점에서 '이상'anomalie일반을 정의해야 했으므로 즉시 이상을 종적 유형type spécifique과 개체적 변이variation individuelle라는 두 개의 생물학적 사실과 관련시킨다. 한편으로 모든 생물학적 종은 기관의 형태나 비례량에 따라서 다수의 변이가 있을 수 있고, 다른 한편으로는 "어떤 종을 이루는 절대 다수의 개체들에 공통적인" 일련의 특성들이 존재하는데, 이 일련의 특성들이 종적 유형을 규정한다. "종적 유형으로부터의 모든 벗어남déviation이나 자기 종, 자기 나이, 자기 성에 속한 개체들의 절대 다수와 비교하여 한 개체가 나타내는 모든 특이성들이 소위 '이상'anomalie이라는 것을 구성한다"[43, I, 30]. 일반적으로 이해되는 이상anomalie은 순수히 경험적이거나 기술적인 개념이고, 통계학적 편차임은 분명하다.

이때 이상anomalie과 기형monstruosité의 개념을 동일한 것으로 취급해야 하는가 하는 문제가 즉각 제기된다. 생-틸레는 그 구별을 제시하였다. 기형은 이상anomalie이라는 속에 포함되는 한 종이다. 여기서 그는 이상을 변종variétés, 구조상의 결함vices de conformation, 역위hétérotaxies, 기형monstruosités으로 세분한다. 변종은 단순하고 가벼운 이상으로 어떠한 기능상의 장애나 변형도 일으키지 않는다. 예를 들어 정상적으로는 없는 근육이 더 있다든가, 보통은 하나인 신장 동맥이 쌍으로 있는 경우 등이다. 구조상의 결함은 해부학적으로 심하지 않으며 어떤 기능의 이상을 초래하거나 변형을 일으키는 단순한 이상이다. 예를 들자면 항문폐쇄, 요도하열尿道下裂, hypospadia, 언청이 등이다. 생-틸레가 만든 역위라는 용어는 해부학적 관점에서 보자면 형태상 심하고 복합적인 이상이지만 어떠한 기능상의 장애도 일으키지 않고 외관상 분명하지도 않은 것이다. 생-틸레에 따르면, 드물기는 해도 가장 두드러진 예는 장기들의 완전한 자리바꿈, 즉 내장역위증situs inversus 이다. 우리는 우심증dextrocardie은 드물기는 하지만 신화는 아니라는 것을 안다. 마지막으로 기형은 아주 복잡하고 심한 이상으로 하나 혹은 여러 기능에 장애를 가져오거나 이러한 기능이 수행될 수 없게 만든다. 또한 이것은 기형인 개체에서 그들의 종이 일반적으로 나타나는 구조상의 결함과는 아주 다른 결함을 나타낸다. 예를 들어 결지증缺肢症, ectromélie이나 단안증單眼症, cyclopie 등이 거기에 해당된다[43, I, 33, 39~40].

이러한 분류에서 흥미 있는 점은 이것이 구별과 서열이라는 두 개의 다른 원칙을 사용한다는 점이다. 이상은 복잡성의 증가와 위중함의 증가에 따라 순서적으로 나열된다. 단순함-복잡함의 관계는 순수히 객관적인 것이다. 경부 늑골côte cervicale은 결지증이나 반음양증hermaphrodisme보다는 단순한 이상이라는 것은 말할 나위도 없다. 가벼움-위중함의 관계는 논리적 성격상 보다 모호하다. 이상의 위중함은 해부학적 사실이며 관련된 기관의 생리적·해부학적 중요성이 이상에서 위중함의 기준이 된다[43, I, 49]. 그런데 중요성이라는 것은 자연사가에게는 객관적인 개념이다. 그러나 이 개념은 살아 있는 존재들의 생명에 관계되어 있고, 살아가는 데 유리한가 불리한가에 따라 삶을 특징짓는 평가 기준을 포함한다는 의미에서 주관적인 개념이다. 이것이 사실이기 때문에 생-틸레르는 이 두 가지 분류의 원칙(복잡함, 위중함)에 생리학적인 세 번째 원칙, 즉 해부학과 기능의 작용 관계에 대한 원칙과 심리학적인 네 번째 원칙을 덧붙인다. 네 번째 원칙은 기능의 작용에 대한 해롭고nuisible 불쾌한fâcheuse 영향이라는 개념을 도입한다 [43, I, 38, 39, 41, 49]. 만약 이 마지막 원칙에 부차적인 역할만을 부여하려 한다면, 우리는 역위의 경우가 오히려 심리학적 원칙의 정확한 의미와 중요한 생물학적 가치를 동시에 드러내게 한다고 응수할 것이다. 생-틸레르는 내부 조직, 즉 기능과 외양에 변화가 일어나지 않은 장기들 사이에서 나타나는 관계의 변이를 표현하기 위하여 이 용어를 만들었다. 이러한 경우는 이제까지 거의 연구된 적이 없고 해부학적 언어에서 공백으로 남아 있다. 그러나 복잡한 이상이 기능적 이상을 초래하지 않을 뿐만 아니라, 미소한 변형조차도 일으킬 가능성이 없다는 사실에 놀라서는 안 된다. "역위증이 있는 사람도 아주 건강한 상태를 누릴 수 있고, 아주 오래 살 수도 있다. 그는 죽은 다음에야 그 자신도 몰랐던 이상의 존재를 알아차린다"[43, I, 45, 46]. 이것은 이상이 생명적 가치 영역에서 표현되지 않는다면 그것을 알 수 없다는 이야기가 된다. 따라서 어떤 과학자가 고백하듯이 이상은 우선 기능 작용에 대한 장애의 형태나 곤란함, 해로움의 형태로 의식에서 느껴지고 난 이후에야 과학에 의해 인식된다. 그러나 방해감, 곤란함, 해로움의 느낌은 규범적인 느낌이라고 할 수 있다. 왜냐하면 그것은 최대한 실행된 기능과 추진력을 무의식적으로 참고하기 때문이다. 결국 학술용어로 이상을 이야기할 수 있기 위해서는, 어떤 존재가 자신이나 타인에게 공식적으로 인정된 언어가 아니라 하더라도 그 생명체의 언어에서 이상으로 나타나야 한다. 사람의 경우나 역동적 극성을 가지는 다른 모든 생물에서 그 개체가 이상으로 인해 기능적으로 영향을 받지 않는다면, 그 이상은 인식되지 않고 있거나(역위증의 경우), 있어도 별 상관이 없는 변이이거나 어떤 특정한 부분에 한정된 변이이다. 그것은 같이 거푸집에서 주조된 물건에도 무시할 만한 불규칙성이 존재하는 것과 마찬가지 정도의 불규칙성이다. 이상은 자연사의 한 특정 주제는 될 수 있지만 병리학의 대상은 아니다.

반대로 만약 이상에 대한 이론과 기형학이 생명과학 안에서 생명과학의 고유성을 나타내는 필수적인 장chapitre이라는 것을 인정한다면 —물리학적 이상이나 화학적 이상에 대한 특별한 과학은 없기 때문에 —그것은 생물학에서 새로운 영역을 분리할 수 있는 새로운 관점이 출현했음을 의미한다. 이 관점은 생명의 규범성의 관점이다. 산다는 것은 아메바에 있어서도 어떤 것은 선호하고 어떤 것은 배제시키는 것이다. 소화관, 생식기는 유기체의 행동 규범을 이룬다. 정신분석 언어에서 섭취하고 배설하는 자연적인 구멍을 극pôle이라고 한 것은 지극히 정확하다. 한 가지 기능은 여러 방향에서 무차별적으로 작용하지 않는다. 욕구는 제시된 만족의 대상을 추진력propulsion과 반발répulsion에 따라 위치시킨다. 거기에 생명의 역동적 극성이 존재한다. 고유형에 대한 형태학적·기능적 변이가 이러한 극성에 반대되거나 역전되지 않는 한, 이상은 허용될 수 있는 사실이다. 반대의 경우에 이상은 생명에 대한 부정적인 가치를 가진 것으로 여겨지기 때문에 외부적으로도 그렇게 나타난다. 이상에 대해서 처음에는 감정적 관심이, 다음에는 이론적 관심이 존재하는 것은 유기체의 악으로 경험되고 표현되는 이상이 있기 때문이다. 이상은 병리적이 되었기 때문에 과학적 연구를 불러일으킨다. 과학자는 생물학자의 과학적 관심이 규범의 일탈에 의해 야기되었다는 사실을 무시하며, 객관적인 관점에서 이상을 통계학적 편차로만 본다. 모든 이상이 병리적인 것이 아니라, 병리적 이상의 존재만이 이상에 대한 전문 과학을 탄생시켰다. 그 과학은 자신이 과학이라는 사실 때문에 일반적으로 이상에 대한 정의에서 규범적인 관념을 내포하는 모든 것을 금지하는 경향이 있다. 사람들이 이상에 대해 말하며 생각하는 것은 단순한 변이에 불과한 통계적 편차가 아니라, 해롭거나 생명과 양립할 수 없는 유해한 변형이다. 사람들은 생명체의 형식과 행동을 통계적 사실이 아니라 생명의 규범형으로서 참조하면서 이상에 대해 생각하기 때문이다.

* * *

이상anomalie이란 두 개체를 완전히 서로 대체 불가능하게 하는 개체의 변이이다. 이상은 라이프니츠의 '식별할 수 없는 것의 원리'를 생물학적 차원에서 예증하고 있다. 그러나 다양성이 질병은 아니며, 이상적anormal인 것이 병리적인 것도 아니다. '병리적'이란 말은 'pathos', 즉 고통과 무력함에 대한 직접적이고 구체적인 느낌이자 방해받는 생명에 대한 느낌을 내포한다. 그러나 병리적인 것은 당연히 비정상이다. 라보Rabaud는 비정상과 환자를 구별한다. 왜냐하면, 그는 최근의 잘못된 용례를 따라 '비정상적'anormal을 '이상'anomalie의 형용사형으로 생각하기 때문이다. 그리고 이러한 의미에서 그는 비정상적 환자anormaux malades에 대해 이야기한다[97, 481]. 그러나 그는 적응과 생존력이라는 기준에 따라 이상과 질병[97, 477]을 아주 분명하게 구별하므로, 우리가 구별한 단어들(이상, 비정상, 질병 등)과 그 의미를 수정할 이유는 조금도 없다.

물론 정상과 비정상을 통계적인 빈도에 따라 상대적으로 규정하여 병리적인 것을 정상적인 것으로 간주하는 방식도 존재한다. 어떤 의미에서는 계속적으로 완벽한 건강 상태도 비정상적이다. 정확히 절대적인 의미에서의 건강은 유기체의 구조와 기능의 이상형을 규정하는 규범적인 개념이다. 이러한 의미에서 좋은 건강bonne santé이란 말은 중복어법이다. 왜냐하면 건강은 유기체의 선bien이기 때문이다. 제한적인 의미의 건강은 일어날 수 있는 질병에 대한 어떤 유기체의 조처나 반응을 규정하는 기술적인descriptif 개념이다. 이 두 가지 개념(기술적 의미의 제한적 건강 개념과 규범적 의미의 절대적 건강 개념)은 뚜렷이 구별되기 때문에, 사실의 존재와 가치의 부재를 동일한 것으로 취급하여 같은 사람이 이웃에 대해 그는 건강이 나쁘다거나(나쁜 건강)une mauvaise santé 그는 건강하지 않다(건강을 갖고 있지 않다)n'a pas la santé 고 말할 수 있다. 계속적으로 완전한 건강 상태를 비정상적이라고 한다면 사실상 생명체의 경험은 질병을 포함한다고 할 수 있다. 정확히 말해 비정상적이란 부재하는 것, 관찰할 수 없는 것이다. 따라서 그것은 계속적인 건강 상태란 하나의 규범이고, 그러한 규범은 실존하지 않는다는 것을 말하는 다른 방식이다. 이러한 부당한 의미에서는 병리적인 것이 비정상적이 아님은 분명하다. 방어 작용이나 질병에 맞서 싸우는 유기체의 정상적 기능에 대해 조금이라도 말할 수 있다면 그러하다. 통증은 자연의 계획에 들어 있지 않지만 질병은 유기체에 의해 예기된다고 르리슈는 주장한다[106]. 보르데Jules Bordet는 병리적 감염에 대한 방어 반응인 항체는 정상적인 혈청에 존재하며, 미생물이나 항원에 대해 선택적으로 작용하는 정상적인 항체에 대해 말할 수 있다고 생각한다. 미생물이나 항체의 여러 특이성들이 유기체의 화학적 특성의 항상성을 유지하는 데 기여하며, 이들은 자신들에게 적합하지 않은 것들을 제거한다[15, 6.16-14]. 그러나 질병이 예기된 것으로 나타나더라도, 그것은 사람이 계속 생존하기 위해서는 대항해 싸워야 하는 상태로서 나타난다. 즉 여기에서 질병은 생명의 지속성과 관련하여 비정상적인 상태이다. 그리고 생명은 규범의 역할을 수행한다. 따라서 정상적이란 말을 원래의 의미로 취한다면 환자, 병리적, 비정상적이란 개념들 사이에 방정식을 두어야 한다.

이상과 질병을 혼동해서는 안 되는 또 다른 이유는 같은 종류 내의 차이에 대해 인간의 주의력은 예민하지 않기 때문이다. 이상은 공간적인 다양성에서 터져 나오고 질병은 시간적인 연속에서 터져 나온다. 질병은 어떠한 흐름을 차단하고 생리적으로 큰 변화를 일으키는 속성을 가진다. 질병이 위중해진 이후에 만성적이 되더라도 환자나 주위 사람들을 향수에 젖게 하는 과거가 존재한다. 따라서 인간은 타인과 비교해서만이 아니라 자신과의 관계에 의해서도 환자가 된다. 폐렴, 동맥염, 좌골신경통, 실어증, 신장염 등의 경우가 그러하다. 그에 비해 이상의 속성은 체질적이고 선천적이다. 선천성 고관절 탈구luxation congénitale de la hanche와 같이 이상의 증상이 출생 이후에 나타나고, 기능이 행사됨과 동시에 나타난다 해도 그렇다. 따라서 어떤 이상을 가진 사람은 자기 자신과 비교될 수가 없다. 기형적인 특성을 기형발생학적으로 해석하거나 유전학적으로 설명함으로써 이상이 발생학적 과정에서 나타나도록 하여 이상에 질병의 의미를 부여할 수 있다. 어떤 이상의 원인과 발병기전이 알려지는 순간부터 이상은 병리적이 된다. 실험적인 기형발생은 여기서 유용한 정보를 제공한다[120]. 그러나 설령 이상에서 질병으로의 전환이 발생학에서는 어떤 의미를 가지더라도, 생명체에게는 아무런 의미도 가지지 않는다. 왜냐하면 알이나 자궁 외부, 즉 외부 환경에서 보이는 생명체들의 행동은 그 고유한 구조에 의해 처음부터 결정되어 있기 때문이다.

이상이 그 효과와 개인의 활동성, 따라서 가치나 목표에서 얻어지는 표상에 관련해 해석된다면 이상은 곧 불구infirmité이다. 불구는 통속적인 개념이지만 도움이 되는 개념이다. 사람은 불구로 태어나거나 불구가 된다. 돌이킬 수 없는 전락으로 해석되는 불구가 된다는 사실이 불구로 태어난다는 사실에 영향을 미친다. 어떤 불구자도 일정한 한도 내에서 활동하고 사회적 역할을 수행할 수 있다. 그러나 유일한 불변의 조건에 의해 강제적으로 제한받는 인간은 상상할 수 있는 모든 조건에 다양하게 적응할 수 있는 이상적인 정상적 인간에 비하여 열등한 것으로 평가된다. 권력에 대한 사랑의 바닥에는 권력을 남용하고자 하는 욕망이 깔려 있다는 발레리Paul Valéry의 말처럼, 건강에 주어지는 가치의 바닥에는 건강을 가능한 남용하고자 하는 욕망이 깔려 있다. 정상적인 사람은 규범적인 사람이다. 그는 유기체의 규범까지를 포함하는 새로운 규범을 설정할 수 있는 존재이다. 생명에 대한 단일한 기준은 배타적으로 느껴지지 긍정적으로는 느껴지지 않는다. 달릴 수 없는 사람은 마음에 상처를 받는다. 즉 그는 자신의 병변을 좌절로 만든다. 동정심 많은 아이들이 다리를 저는 친구와 같이 달리기를 피하는 것처럼, 주위 사람들이 그의 결함을 떠올리게 될 상황을 피하더라도 불구자는 자기 동료들 편에서 자신과 그들 사이의 모든 차이점들이 드러날 수 있는 상황을 조심스럽게 회피하고 있음을 예민하게 느낀다.

불구에서 진실인 것은 생리적 질서로부터 일탈된 허약fragilité과 쇠약débilité의 상태에서도 진실이다. 혈우병이 그러한 경우이다. 혈우병은 질병이라기보다는 이상이다. 혈우병 환자의 모든 기능은 건강한 개인과 거의 마찬가지로 이루어진다. 그러나 혈우병 환자의 혈액은 혈관의 바깥에서도 혈관 안에서처럼 응고되지 않으므로 일단 출혈이 일어나면 멈추지 않는다. 결국 혈우병 환자의 삶은 일반적으로 동물들이 환경과 맺는 정상적인 관계를 맺지 않는다면 정상적일 것이다. 이러한 관계에 뒤따르는 상해 형태의 위험은 식물적인 부동성과 결별함으로써 생긴 영양 섭취의 문제점을 보충하기 위하여 동물이 직면해야만 하는 위험이다. 이러한 결별은 여러 면으로 볼 때 인식의 도상에서 일어난 진정한 진보이다. 혈우병은 본질적으로 중요한 생체의 기능에 장애를 일으키고 내적 환경과 외적 환경을 엄밀히 분리시키므로 혈우병은 잠재적으로 병리적인 성격을 지닌 이상이다.

요컨대 이상은 슬그머니 질병으로 빠져들 수는 있지만 그것 자체로 독립된 질병을 이루지는 않는다. 어느 순간에 이상이 질병으로 전환되는가를 결정하는 일은 쉽지 않다. 5번 요추의 천골화sacralisation를 병리적인 것으로 보아야 하는가 아닌가? 이러한 기형에는 여러 정도가 있을 수 있다. 5번 요추가 천골과 유합되었을 때만 천골화되었다고 해야 한다. 그런데 이러한 경우에 천골화가 통증의 원인이 되는 경우는 드물다. 단순히 가로돌기apophyse transverse가 비후하여 천골융기와 어느 정도 접촉한 것이 이 상상적인 질환의 원인으로 간주된다. 말하자면 이것은 나중에야 통증을 느끼거나 영원히 느끼지 않을 수도 있는 선천적인 해부학적 이상이다[101].

* * *

이상anomalie ─경늑골이나 5번 요추의 천골화와 같이 형태학적인 것이든, 혈우병·야맹증·오탄당뇨증pentosurie과 같이 기능적인 것이든─과 병리적 상태의 구별은 지극히 모호하다. 그러나 이러한 구별은 생물학적 관점에서는 대단히 중요하다. 왜냐하면 이것은 유기체의 다양성과, 이 다양성의 의미와 중요성에 대한 전반적인 문제를 제기하기 때문이다. 고유형으로부터 멀어지는 생명체는 그들의 고유형을 위험에 빠뜨리는 비정상적인 것인가, 아니면 새로운 형태의 발명자인가? 고정론자이냐 변이론자이냐에 따라 새로운 특성을 가진 생명체를 다른 관점에서 본다. 우리가 여기서 또는 나중에라도 이러한 문제를 다룰 의사가 없음을 이해할 것이다. 그러나 우리는 그것을 모른 척할 수 없다. 날개 달린 초파리가 돌연변이에 의해 날개가 없거나 날개의 흔적만 남아 있는 경우는 병리적인 사실인가 아닌가? 콜러리Caullery와 같이 돌연변이는 적응과 진화를 설명하는 데 충분하다고 인정하지 않거나, 진화라는 사실 자체에 의문을 제기하는 부누어와 같은 생물학자들도 대부분의 돌연변이가 전병리적subpathologique이거나 분명히 병리적이고 치명적이기까지 한 특성을 지녔다고 강조한다. 그들은 부누어 같은 고정론자는 아니더라도, 적어도 콜러리와 같이 돌연변이가 종의 테두리를 벗어나지 않는다고 생각한다. 왜냐하면, 뚜렷한 형태학적 차이에도 불구하고 원래의 개체와 돌연변이를 일으킨 개체 사이에는 다양한 교잡이 가능하기 때문이다[24, 414]. 그러나 돌연변이가 새로운 종의 기원이 될 수 있다는 것은 논란의 여지가 없어 보인다. 이 사실은 이미 다윈도 잘 알고 있었지만 개체의 다양성에 비해 그의 주의를 별로 끌지 못한 것 같다. 귀에노는 이 사실이야말로 유전적 변이에 대해 이제까지 알려진 유일한 양식이고, 진화에 대해 부분적이지만 유일한 설명이라고 생각한다[51]. 테시에와 레리티에Ph. L'Héritier는 어떤 종에 고유한 평상적인 환경에서는 불리하게 보일 수도 있는 어떤 돌연변이들은 조건들이 변화하면 유익하게 될 수도 있음을 실험적으로 보여 주었다. 흔적날개만을 가진 초파리는 방풍되고 닫혀진 환경에서는 날개를 가진 정상적인 초파리에 의해 제거된다. 그러나 바람이 많이 부는 환경에서는 흔적날개만을 가진 초파리는 날지 못하기 때문에 계속해서 음식물에 붙어 있고, 3세대가 지나면 섞인 초파리 집단의 60%가 흔적날개를 가진 초파리임이 관찰된다[77]. 이러한 상황은 바람이 없는 환경에서는 결코 일어나지 않는다. 바람이 없는 환경을 정상적인 환경이라고 말하지는 말자. 왜냐하면, 생-틸레에 의하면 환경도 종의 경우와 마찬가지이기 때문이다. 환경도 모두 자연의 법칙에 따라 이루어져야 하며, 그 안정성은 보장되지 않는다. 바닷가에서 바람이 부는 환경은 당연한 사실이다. 이러한 환경은 날개 달린 곤충보다는 날개 없는 곤충에 대해 보다 정상적이다. 날지 못하는 것들은 제거될 가능성이 보다 적다. 다윈은 이 사실에 주목했지만 이를 중요하게 생각하지는 않았다. 이 사실은 보고된 상기의 실험들에 의해 확인되고 설명된다. 생명체가 자신의 생명을 더욱 잘 전개하고, 자신에게 적합한 규범을 유지할 수 있는 환경은 정상적이다. 자신에게 유리하게 환경을 이용하는 생물 종에 대해서 그 환경은 정상적일 수 있다. 그것은 형태학적·기능적 규범의 관점에서만 정상적이다.

테시에가 보고한 또 다른 사실은 생물이 아마 그것을 추구하지 않고도 형태학적 변이를 통하여 과도한 전문화에 저항하는 일종의 보증을 획득했다는 사실을 잘 보여 준다. 과도한 전문화는 사실상 성공적인 적응이라 할 수 있지만 가역성이 없으므로 융통성이 없다고 할 수 있다. 독일과 영국의 어떤 공업 지역에서 회색 나방이 점차 사라지고 같은 종의 검은색 나방이 나타나는 것이 관찰되었다. 그런데 이들 나방에서 검은색 나방이 특별히 힘이 있다는 사실을 확인할 수 있었다. 이들을 사로잡았을 때 검은 나방은 회색 나방을 제거했다. 왜 자연에서는 이와 같은 일이 일어나지 않는가? 왜냐하면 나무껍질 위에서 뚜렷하게 드러나는 색깔이 새들의 주의를 끌기 때문이다. 공업 지역에서 새의 수가 감소하자 나방들은 무사히 검은색이 될 수 있었다[111]. 결국 이 종의 나방은 변종의 형태로 두 개의 서로 대립하고 보완하는 형질의 조합을 제공해 주었다. 보다 센 힘은 안정성이 덜 보장되는 것으로 균형을 잡았고 반대로 힘이 약한 경우는 안정성이 커지는 것으로 균형을 유지할 수 있었다. 각각의 변종에서 하나의 장애 요인이 회피되었다. 베르그송의 표현을 빌리자면 무력함이 극복되었다. 그러한 형태학적 해결이 다른 것들보다 우위의 역할을 하게끔 환경이 허용함에 따라 각 변종의 개체수가 변화하였고, 결국 변화한 어떤 종이 하나의 새로운 종을 향해 나아가게 되었다.

돌연변이론은 진화의 사실을 설명하는 한 형태로 제시되었고, 유전학자들이 거기에 첨가한 내용들은 환경의 영향을 모두 고려하는 데 대한 반감을 강화시켰다. 오늘날 신종의 출현은 돌연변이에 의한 혁신과 환경의 변동이 간섭작용을 일으켜 일어나고, 돌연변이론에 의해 새로워진 다윈주의가 가장 융통성 있고 포괄적으로 진화를 설명한다는 사실에 대해서는 논란의 여지가 없는 듯하다[56, *111*]. 종이란 모두 어느 정도의 차이를 지닌 개체들의 모임이 될 것이고, 그 통일성은 다윈이 이미 잘 관찰한 것처럼 다른 종까지를 포함한 환경에 대한 관계가 일시적으로 정상화되었음을 나타낸다. 각각 독립적으로 취한 생명체와 환경은 정상적이 아니다. 각자를 정상적으로 만드는 것은 그들의 관계이다. 어떤 생물이 번식하고 그에 따라 다양한 변이가 생겨날 수 있는 환경은 정상적이다. 환경에 어떠한 변화가 일어난 경우 생명은 이러한 변이형들 가운데서 해결해야만 하는 절실한 적응의 문제에 대한 해결책을 발견할 수 있다. 환경의 모든 요구를 충족시키기 위해서 찾아낸 형태학적·기능적 해결책으로서 등장한 생명체는 주어진 환경에서 정상적이다. 왜냐하면 비록 이 개체가 상대적으로 드물다 하더라도, 그것은 다른 모든 유형들에 대해 기준의 역할을 수행하기 때문에, 다시 말해서 다른 유형의 개체들을 제거하기 이전에 그들의 가치를 떨어뜨리기 때문이다. 이 생명체는 그와는 멀어진 다른 모든 유형의 개체들에 대해 정상적이다.

이상은 평균의 관점에서 가장 빈도수가 많은 특성들의 모임으로 규정한 고유형으로부터 벗어난 것이다. 따라서 이상과 유전적인 이상이라 할 수 있는 돌연변이는 단순히 그것이 이상이라는 이유만으로 즉시 병리적이 되지는 않는다. 그렇지 않다면 새로운 종의 시발점인 돌연변이 개체는 평균에서 벗어나기 때문에 병리적임과 동시에 유지되고 번식하기 때문에 정상적이라고 말해야 한다. 생물학에서 정상적인 것은 오래된 것이기보다는 새로운 형이다. 왜냐하면, 만약 새로운 형태가 존재의 조건을 찾아낸다면 그 형태는 그 조건들 안에서 규범적으로 보일 것이므로 과거의 passée, 시대에 뒤진 dépassée, 아마도 죽은 tréspassée 모든 개체의 유형을 격하시키기 때문이다.

소위 정상이란 사실은 규범의 표현이다. 어떤 사실이 더 이상 규범을 참조할 필요가 없을 때 그 규범의 권위는 박탈된다. 그 자체로 정상적이거나 병리적인 사실은 없다. 이상이나 돌연변이는 그 자체로 병리적은 아니다. 이들은 가능한 생명의 또 다른 규범을 표현한다. 만약 이러한 규범들이 안정성, 번식성, 생명의 변이성에서 앞선 특정한 규범에 비해 열등하다면 이러한 규범들은 병리적이라고 말해질 것이다. 만약 이러한 규범들이 결국은 상응하는 동일한 환경이나 보다 우위의 환경에서 나타난다면 이들은 정상적이라고 말해질 것이다. 그들의 정상성 normalité은 그들의 규범성 normativité에서 올 것이다. 병리적인 것이란 생물학적 규범의 결여가 아니라 생명에 의해 배척되는 또 다른 규범이다.

*　　*　　*

여기에서 우리를 우리 관심의 심장부로 인도하는 새로운 문제가 제기된다. 그것은 정상적인 것과 실험적인 것의 관계에 대한 문제이다. 생리학자들은 베르나르 이래로 정상적 현상이란 말을 다음과 같은 의미로 사용했다. 실험실 장비의 도움으로 항구적인 탐구가 가능한 현상. 측정된 특성들이 일정한 조건에서 일정한 개체에게는 동일하게 나타나지만 엄밀히 규정된 한계 내에서 어느 정도의 벗어남은 용인되며 동일한 개체들에서는 동일하게 나타나는 현상. 따라서 정상적인 것에 대한 객관적이고 절대적인 정의가 존재 가능한 것처럼 보일 것이다. 그리고 그 한계를 넘어서는 현상은 논리적으로 모두 병리적이라고 분류될 것이다. 도대체 어떤 의미에서 실험실에서의 척도화étalonnage와 측정이 실험실 바깥에서 이루어지는, 생명체의 기능적 작용을 위한 기준의 역할을 수행할 수 있는가?

무엇보다도 우리는 물리학자나 화학자와 마찬가지로 생리학자도 실험의 결과가 '다른 면에서 보면 모두 동일한 것'이라는 암묵적 전제 하에 결과들을 비교하는 실험을 한다는 사실을 지적하고자 한다. 달리 말하면 다른 조건들은 다른 기준을 출현시킬 것이다. 실험실에서 검사된 생명체의 기능적인 기준은 과학자들의 조작적인 기준의 내부에서만 의미를 가진다. 이러한 의미에서 어떠한 생리학자도 자신이 생물학적 기준의 개념에 하나의 내용을 부여할 뿐이라는 사실에 이의를 달지 않을 것이다. 그러나 그러한 개념이 규범적인 내용을 포함하도록 만들지 않는다고 부인하지도 않을 것이다. 생리학자는 정상적이라고 인정되는 상태들을 실제적으로 규정하는 관계들을 객관적으로 연구한다. 그러나 사실상 생리학자는 어떤 상태가 정상적인가를 객관적으로 규정하지 않는다. 실험의 조건은 결과의 질에 영향을 미친다. 따라서 동물과 인간 생명의 정상적 상태를 (통계적 의미에서건 규범적 의미에서건) 실험의 상태와 동일시하기는 어렵다. 생리학자들이 흔히 그렇게 하듯이, 순수하게 객관적인 관점에서 비정상적인 것이나 병리적인 것을 통계적인 벗어남이나 특이함으로 정의한다면, 실험실에서의 연구 조건들은 생명체를 병리학적 상황에 위치시키는 결과를 초래한다고 말해야 한다. 그런데 역설적으로 병리적 상황으로부터 규범의 가치를 지니는 결론이 도출된다는 주장이 가능해진다. 이러한 반대는 의학계 내부에서조차도 생리학에 대해 아주 자주 가해졌다. 우리가 브루세의 이론에 반대하며 인용한 논문에서 프뤼Prus는 다음과 같이 썼다.

인위적으로 일으킨 질병과 살아 있는 동물에게 행한 장기의 제거는 (자연적으로 발생한 질병과) 동일한 결과로 이끈다. 그러나 그것을 자세히 관찰해 비판하는 것이 필요하다. 생리학이 임상의학에 미칠 수 있는 영향을 강조하는 실험생리학에 의해 이루어진 성과로부터 결론을 내리는 것은 잘못이다 …… 대뇌와 소뇌의 작용을 알기 위하여 이들 기관의 일부를 자극하고, 찌르고, 절개하거나 중요한 어느 부분을 제거한다면, 그러한 실험을 당하는 동물은 분명 생리적 상태와는 지극히 거리가 먼 상태에 처하게 된다. 그 동물은 심하게 병들어 있다. 사람들이 실험생리학이라고 부르는 것은 사실 질병을 위장하거나 만들어내는 인공적 병리학에 다름 아니다. 물론 생리학은 그로부터 큰 빛을 얻는다. 마장디, 오필라Orfila, 플루랑Flourens이라는 이름들은 이 연대기에서 영광스러운 위치를 차지한다. 그러나 이 빛은 생리학이 병리학에 빚지고 있다는 사실의 진정한, 그리고 물질적인 증거이다[95, *L sqq.*].

베르나르는 『동물열에 관한 강의』에서 이러한 형태의 반대에 응수한다.

실험에 의해 유기체에 도입된 장해가 분명 존재하지만 우리는 그것을 고려에 넣어야 하고, 또 그렇게 할 수 있다. 그들에게 생긴 이상 부위를 원래의 상태로 회복시켜야 한다. 우리는 인도주의적인 감정에서 뿐만 아니라 고통으로 인해 야기될 오류의 원인을 제거하기 위하여 사람에게서와 마찬가지로 동물에게도 통증을 억제시킬 것이다. 그러나 우리가 사용하는 마취제가 유기체에서 생리적인 변화와 우리 실험의 결과에 새로운 오류의 원인을 가져올 수 있다[8, 57].

이 놀라운 텍스트는 베르나르가 어떻게 인식을 조작하는 결정론과는 무관하게 현상의 결정론을 발견하는 것이 가능하다고 생각하게 되었는가, 그리고 어떻게 그가 정확히 측정할 수 없는 부분에서의 변질 altération을 솔직하게 인정할 수밖에 없었는가를 잘 보여 준다. 인식은 인식 과정에 필연적으로 전제되어 있는 기술적인 조작을 통해 알려진 현상에서 그런 변질이 일어나게 만든다. 관찰 자체가 관찰되는 현상을 방해한다는 사실을 발견한 오늘날 파동역학의 이론가들[특히 불확정성의 원리를 주장한 하이젠베르크를 말함—옮긴이]을 칭송할 때, 다른 경우와 마찬가지로 이러한 생각은 그들보다는 좀 더 오래된 생각이다.

이러한 연구를 수행해 나감에 있어 생리학자는 세 가지 종류의 어려움에 직면해야 한다. 먼저 실험적 상황에서 정상이라고 하는 실험 대상은 정상적 상황, 즉 인위적이지 않은 상황에서도 같은 종의 실험 대상과 동일하다는 사실이 확인되어야 한다. 다음으로 실험적으로 실현된 병리적 상태가 자연적인 병리학 상태와 유사하다는 것이 확인되어야 한다. 그런데 흔히 자발적인 병리학 상태의 대상은 실험적으로 유발된 병리적 상태의 대상과는 다른 종류에 속한다. 예를 들자면, 폰 메링과 밍코브스키의 개나 영의 개로부터 사람의 당뇨병에 대한 결론을 바로 이끌어 낼 수 없음은 분명하다. 결국 생리학자는 앞의 두 결과만을 비교해야 한다. 누구도 그러한 비교가 허용하는 불확실성의 여지에 대해 이의를 제기하지 못할 것이다. 이러한 여지의 존재를 부인하는 것은 헛된 일이고, 이러한 비교의 유용성에 무조건 이의를 제기하는 것은 유치한 일이다. 어쨌든 우리는 "다른 면에서는 모두 동일한 것"이라는 원칙적인 요구를 실현시키는 데 어떠한 어려움이 뒤따르는가를 인식하게 된다. 대뇌 전두엽의 위쪽 피질을 자극하여 발작적인 경련을 유발시킬 수 있으나, 비록 몇 번의 경련 후 뇌파 검사에서 간질에 합치되는 곡선이 그려졌다 하더라도 그것이 간질은 아니다. 동물에게 4개의 췌장을 동시에 이식하고도 랑게르한스 섬에 생긴 작은 선종腺腫, adénome이 일으키는 저혈당증에 비교할 수 있는 저혈당증이 그 동물에서는 전혀 생기지 않을 수도 있다[53, bis]. 사람은 최면술에 의해 잠을 유발시킬 수도 있다. 그러나 슈바르츠에 의하면

약물에 의해 유발된 잠과 정상적인 잠이 이러한 상태에서 정확히 유사한 현상학을 가졌다고 생각하는 것은 잘못이다. 사실 그들의 현상학은 다음 예가 증명하는 것처럼 두 경우에서 항상 다르다. 예를 들어, 어떤 유기체가 피질 안정제인 파라알데히드paraldéhyde의 영향을 받으면 소변량이 증가하는 데 반해, 정상적인 수면에서는 일반적으로 배뇨

량이 감소한다. 피질에 있는 배뇨중추는 처음에 진정제의 진정 작용에 의해 제어장치가 벗겨지므로 수면중추의 억제 작용에서 벗어난다.

따라서 중추신경계에 조작을 가하여 인위적으로 수면을 유발하더라도, 수면중추가 정상적으로 수면에 관여하는 요소들을 통해 자연적으로 활동하는 기전을 밝히지는 못한다[105, 23~28].

만약 어떤 생명체의 정상적 상태를 환경에 적응하는 규범적인 관계에 따라 규정해도 된다면, 실험실은 그 자체가 하나의 새로운 환경을 이룬다는 사실을 잊어서는 안 된다. 생명은 분명 실험실이란 새로운 환경에서 규범을 설정한다. 그러나 이 규범으로부터의 일반화는 이들 규범이 관계하고 있는 제반 조건들과 거리가 있고, 반드시 의외의 사태가 동반된다. 실험실 환경은 동물이나 사람에 있어서 가능한 다른 환경들 중의 하나이다. 과학자가 실험실의 장비들에서 그것들이 구체적으로 입증하는 이론만을 보고, 그 산물에서 그것들이 허용하는 반응만을 보는 것은 당연하며, 따라서 이 이론들과 반응들이 보편적인 타당성을 가졌다고 가정하는 것도 당연하다. 그러나 생명체는 이러한 실험실의 도구와 산물 가운데서 마치 이상한 세상에 있는 것처럼 행동한다. 실험실에서 취하는 생명의 모습은 실험이 이루어지는 장소와 시간에 따라 어떠한 특이성을 취한다.

3. 규범과 평균

생리학자들은 평균이라는 개념이 정상이나 기준이라는 개념을 대신할 수 있는 객관적이고 과학적으로도 유효한 등가물이라고 생각하는 듯하다. 베르나르는 평균으로 표현된 모든 분석의 결과나 생물학적 실험의 결과에 대해 반감을 가졌던 반면 현대의 생리학자들은 더 이상 그러한 반감을 가지지 않았다. 이 반감의 기원은 아마도 다음과 같은 비샤의 텍스트에서 찾을 수 있을 것이다.

> 우리는 여러 사람들에게서 구별 없이 취한 소변, 침, 담즙 등을 분석한다. 그리고 이러한 검사에서 그것이 무엇이든, 동물화학chimie animale이 유래한다. 그러나 이것은 생리학적 화학chimie phy-siologique은 아니다. 이것은 만약 그렇게 이름붙일 수 있다면 체액의 시체해부학이다. 반면 체액의 생리학은 체액이 각 기관의 상태에 따라 겪는 무수한 변이에 대한 지식으로 이루어진다[12, *art. 7, §1*].

베르나르의 입장은 명확하다. 그에 의하면 평균의 적용은 기능적인 생리학적 현상이 가지는 진동하고 율동하는 본질적인 특성을 사라지게 만든다. 만약 예를 들어 어떤 사람에게서 어느 날 여러 번 잰 측정치의 평균에 의해 진정한 맥박수를 찾고자 한다면 "틀림없이 잘못된 숫자를 얻을 것이다". 여기서 다음과 같은 규칙이 나온다.

생리학에서는 결코 실험의 평균치를 제시해서는 안 된다. 왜냐하면 현상들의 진정한 관계는 이 평균 속에서 사라지기 때문이다. 복잡하고 다양한 실험을 할 경우에는 그 다양한 상황을 연구하고, 전형이 될 수 있는 가장 완벽한 실험을 하여야 한다. 그렇게 이루어진 실험은 항상 진정한 사실을 나타낼 것이다[6, 286].

평균치의 생물학적 가치를 추구하는 것은 동일한 개체에 관계할 경우에는 의미가 없다. 예를 들어 24시간 동안 받은 평균적 소변에 대한 분석은 존재하지 않는 소변에 대한 분석이다. 공복시의 소변은 음식을 먹은 다음의 소변과는 다르기 때문이다. 이러한 연구는 여러 개체에 관계될 때에도 마찬가지로 의미가 없다. "이러한 경우는 극단적인 예로는 유럽의 모든 나라 사람들이 지나가는 기차역의 공동 화장실에서 모은 소변으로 평균적인 유럽인의 소변에 대한 분석을 할 수 있다고 믿는 생리학자를 상상하는 것이다"[6, 236]. 연구와 그에 대한 풍자를 혼동하고, 잘못의 책임이 사용하는 사람에게로 돌아가는 방법을 시작한 사람으로 베르나르를 비난하기를 원치 않기 때문에, 우리는 그를 따라서 정상적인 것이 산술적 평균이나 통계학적 빈도보다는 일정한 실험적 조건에서의 이상형으로 규정된다고 주장하는 데 그치고자 한다.

이와 같은 입장은 최근에 보다 새롭게 나타난 방드리에Vendryès 의 『생명과 확률』Vie et probabilité이란 책의 입장이다. 여기서 내적 환경의 항상성과 조절에 대한 베르나르의 생각들이 체계적으로 되풀이 되고 발견되었다. 방드리에는 생리적 조절을 "우연에 저항하는 기능의 총체"[115, *195*]로 규정하면서 생리적 항상성이 일어난 변화를 평균—그러나 개별적인 평균—으로부터의 편차로 해석한다. 또는 생명체의 활동에서 내적 환경이 외적 환경에 대해 자율성을 상실할 때 얻어지는 우연적인 성질을 제거시키는 기능으로 정의하기도 한다. 그는 여기서 편차나 평균이라는 용어를 확률론적인 의미로 해석한다. 편차가 클수록 확률은 떨어진다. "나는 다수의 개인들에 대한 통계를 만들려는 것은 아니다. 나는 한 개인을 고려한다. 이러한 상태에서 평균치와 편차라는 용어는 동일한 사람의 피와 동일한 구성 요소가 시간의 연속성 속에서 취할 수 있는 다른 값에 적용된다"[115, *33*]. 그러나 이렇게 함으로써 베르나르가 가장 완벽한 실험을 이상형으로, 즉 비교의 기준으로서 제시하며 해결한 어려움을 방드리에가 제거했다고는 생각하지 않는다. 베르나르는 생리학자가 자신이 선택한 규범을 생리학 실험에 도입하지 실험에서 규범을 끌어내지 않는다고 분명히 밝힌다. 우리는 방드리에 역시 마찬가지라고 생각한다. 정상적인 혈당 농도가 1‰이고, 음식을 먹거나 힘든 일을 하고 난 다음 혈당치가 이 평균치를 아래위로 벗어날 때, 그 사람의 혈당 평균치는 1‰라고 그는 말한다. 그러나 한 개인에 대한 관찰에만 실질적으로 한정시킨다면, 항상성의 변이에 대한 시험 대상자로 선택된 개인이 인간의 전형을 나타낸다는 결론을 무엇으로부터 선험적으로 내릴 수 있는가? 혹 어떤 사람이 의사여서 —아마도 방드리에의 경우처럼 —당뇨병 환자를 진단하기에 적합하거나 혹은 의학 공부를 하는 동안 생리학으로부터 아무것도 배우지 못했거나에 상관없이, 정상적인 조절치가 얼마인가를 알기 위해서는 가능한 서로 비슷한 조건에 처한 개인에게서 얻은 일정한 수의 결과로부터 얻을 평균을 추구할 것이다. 결국 문제는 순수하게 이론적인 평균치를 중심으로 어느 정도의 범위 안에 들어온 사람을 정상적이라고 간주할 것인가를 아는 것이다.

마이어A. Mayer[82]와 로지에H. Laugier[71]는 이 문제를 지극히 분명하고 성실하게 다루었다. 마이어는 현재 생리학에서 사용하는 모든 생물학적 측정치를 열거한다. 체온, 기초대사량, 호흡, 방출열, 혈액의 특성, 혈액순환 속도, 혈액, 저장양분, 조직의 조성 등. 그런데 생물학적 측정치들에는 변이의 여지가 있다. 어떤 종을 대표하기 위해 우리는 평균에 의해 정해진 상수에서 온 규범을 선택했다. 정상적인 생명체는 이 규범에 합치하는 것들이다. 그러나 규범에서 벗어나는 것은 모두 비정상으로 간주해야 하는가?

> 모델은 사실 통계학의 열매이다. 가장 흔한 것은 평균적인 계산의 결과이다. 그러나 우리가 만나는 진정한 개인은 평균에서 다소간 벗어나며, 정확히 그러한 벗어남이 개인성을 이룬다. 무엇에 근거하여 이러한 벗어남이 일어나고, 어떠한 벗어남이 보다 생존을 연장시키는가를 아는 것은 중요하다. 모든 종의 개체들에 대해 그것을 알아야 한다. 그러한 연구는 한 번도 이루어진 적이 없다[82, 4. 54-14].

로지에는 인간에 대한 그러한 연구에 뒤따르는 어려움을 설명한다. 그는 우선 케틀레Quêtelet의 평균적 인간에 대한 이론을 설명하며 이러한 어려움을 설명하는데, 그 이론에 대해서는 다시 논의할 것이다. 케틀레의 곡선을 그린다고 해서 키와 같은 특성에서 정상적인 것의 문제가 해결되지는 않는다. 키가 큰 쪽이든 작은 쪽이든 관계없이 정확히 어떤 값에서 정상에서 비정상으로의 이행이 일어나는가를 결정하는 데 기준이 되는 가설과 실제적인 규정들이 필요하다. 우리가 산술적 평균의 전체를 통계학적 도식(여기에 따라도 모든 개인은 다소간 편차를 지닌다)으로 대체할 때에도 동일한 문제가 발생한다. 왜냐하면, 통계학도 그러한 편차가 정상인지 비정상인지를 결정할 어떤 수단도 갖고 있지 않기 때문이다. 사고를 당하지 않는다면 어떤 개인은 인간에게 고유한 수명을 누릴 것이라고 예측할 수 있다. 이런 개인을 정상으로 간주할 수 있는 것은 이성이 제시하는 관습에 의해서이다. 그러나 동일한 질문이 다시 제기된다. "우리는 늙어서 죽은 사람들의 수명이 아주 넓게 펴져 있는 것을 발견할 것이다. 어떤 종의 고유 수명으로 수명의 평균을 취할 것인가, 아니면 몇몇 드문 사람들의 최대 수명을 취할 것인가, 아니면 다른 어떤 값을 취할 것인가?"[71, 4. 56-4] 그런데 이러한 정상성은 다른 비정상성을 배제하지 않는다. 어떤 선천적인 기형을 갖고도 아주 오래 살 수 있다. 엄밀하게 말해 관찰된 집단에서 연구된 평균적 특성이 부분적인 정상성을 결정하는 데 있어 어느 정도의 객관성을 제공할 수 있더라도, 평균치 주위로 정상의 범위를 확정하는 것은 임의적인 행위이다. 결국 모든 객관성은 총체적인 정상성의 결정 속으로 사라진다. "생물통계학적 수치 자료가 불충분하고, 정상과 비정상을 확실히 구별하기 위해 사용하는 원칙이 타당한가가 우리에게는 분명하지 않으므로, 정상성을 과학적으로 정의하기는 사실상 불가능해 보인다"[같은 책].

이러한 불가능성은 규범과 평균의 개념이 논리적으로 독립되어 있다고 주장하는 것보다, 따라서 해부학적 혹은 생리학적으로 정상적인 것들을 모두 객관적으로 계산된 평균의 형식으로 제시하기는 불가능하다고 주장하는 것보다 더욱 겸손한가, 아니면 보다 야심찬가?

*　*　*

우리는 케틀레의 생각과, 그의 생각에 따라 아주 엄밀한 검사를 실행한 알박스Halbwachs와 더불어 생리학에서 생체계측학적 연구의 의미와 중요성을 간략하게 되풀이해 말하고자 한다. 결국 그 기본적인 개념을 비판하는 생리학자는 기준과 평균이 서로 분리되지 않는 두 개념임을 인식하게 된다. 그러나 생리학자에게는 평균의 개념이 직접적으로 객관적인 의미를 가지는 것으로 보인다. 따라서 그는 기준을 평균으로 이끌려고 노력한다. 기준을 평균으로 환원시키려는 노력은 현실적으로, 그리고 의심의 여지 없이 항상 극복할 수 없는 어려움에 부딪힌다. 그렇다면 이 문제를 전복시켜 평균을 기준에 복속시키면 두 개념의 관계가 설명될 수 있지 않을까 자문해 보는 것도 좋지 않을까? 생체계측학은 처음에는 케틀레의 인체 측정 방법들을 일반화하면서 골턴Galton의 작업에 의해 해부학의 영역에서 토대가 놓여졌다. 사람 키의 변이를 체계적으로 연구하던 케틀레는 개인들의 특성을 측정하기 위해 동질적인 인구 집단을 설정하였고, 최대 세로 좌표에 상응하는 정점과 이 세로 좌표에 대해 대칭을 이루는 빈도다각형을 그렸다. 우리는 이 다각형의 경계가 곡선이라는 것을 안다. 그리고 케틀레 자신이 이 빈도의 다각형이 이항곡선이나 가우스의 오류곡선이라고 부르는 '종 모양'의 곡선으로 되어감을 보여 주었다. 케틀레는 이러한 접근을 통해 자신은 일정한 형질에 대한 개체의 변이에 대해 다만 우연의 법칙을 입증하는 뜻밖의 사건이라는 의미에서만 인정한다고 분명히 밝힌다. 이 우연의 법칙은 일정하게 체계적으로 귀속시킬 수 없는 다양한 원인들의 영향을 나타내는데, 그 효과는 점차적인 보충에 의해 상쇄되는 경향이 있다. 그런데 케틀레는 확률을 계산하여 생물학적 변동을 설명하는 것이 형이상학적으로 지극히 중요하다고 생각한다. 그에 의하면 "이러한 해석은 인간이라는 종이 어느 정도 서로 다른가를 결정할 수 있는 표준형이나 표준단위"[96, 15]가 존재한다는 사실을 의미한다. 만약 그러한 것이 존재하지 않고, 사람들의 키가 우연적인 원인으로 인해 다른 것이 아니라 비교 가능한 표준형이 없기 때문에 서로 다르다면, 개체들에 대한 모든 측정치들 사이에는 어떠한 일정한 관계도 성립될 수 없다. 반대로 표준형으로부터의 벗어남이 순수하게 우연적으로만 일어나는 경우, 어떠한 특성에 대해 다수의 개인들에서 측정된 측정치들은 수학적 법칙에 따라 분류됨에 틀림없고, 사실상 그러하다. 게다가 측정된 횟수가 많을수록 우연적인 혼란의 요인들이 상보되고 상쇄될 것이며, 일반적인 표준형이 더욱 분명하게 부각될 것이다. 그러나 사람의 키는 한계 내에서 변화하는데, 평균 키에 근접하는 사람들의 수가 가장 많고 평균에서 멀어질수록 그 수는 적어진다. 평균에서 많이 벗어날수록 소수가 되는 이러한 표준형의 인간에게 케틀레는 평균적 인간homme moyen이라는 이름을 부여한다. 우리가 생체계측학의 아버지로 케틀레를 인용할 때 평균적 인간이 결코 '불가능한 인간'[96, 22]은 아니라는 사실을 잊고 있다. 어떤 환경에서 평균적 인간이 존재한다는 증거는 각각의 측정치(키, 머리, 팔)에 대해 얻어진 빈도수는 우연적 원인에 대한 법칙을 따르며, 그것이 평균치 주위에 모이는 경향에서 발견된다. 같은 키를 가진 사람들로 이루어진 소집단 중 가장 큰 소집단이 평균치에 가장 근접하는 키를 가진 사람들의 모임으로 나타난다. 이것은 표준형의 평균을 산술적인 평균과는 전혀 다른 것으로 만든다. 여러 집들의 높이를 재어 평균 높이를 얻을 수 있다. 그러나 그렇게 해서는 평균에 근접하는 고유의 높이를 가진 어떠한 집도 발견할 수 없다. 케틀레에 의하면 어떤 평균의 존재는 규칙성의 존재를 나타내는 확고부동한 표지이며, 그것은 명백히 존재론적 의미로 해석된다.

나에게 중요한 생각은 진리를 우월하게 만드는 것이고, 어떻게 사람이 자기도 모르는 사이에 신성한 법칙에 복종하고 어떠한 규칙성으로 그러한 법칙을 완성시키는가를 보이는 것이다. 그런데 이러한 규칙성은 인간에게만 특수한 것은 아니다. 그것은 동물과 식물에도 해당되는 자연의 위대한 법칙이다. 사람들은 아마도 이 사실을 좀더 일찍 알아차리지 못한 것에 놀랄 것이다[96, 21].

케틀레의 생각에서 흥미 있는 것은 그가 진정한 평균이라는 개념 안에서 통계적 빈도와 규범의 개념을 동일시한다는 것이다. 왜냐하면, 클수록 드물어지는 편차를 결정하는 평균은 정확히 하나의 규범이기 때문이다. 우리는 여기서 케틀레 주장의 형이상학적 토대에 대해 논의할 생각은 없고 다만 그가 구별하는 두 가지 종류의 평균에 대해서 말하고자 한다. 그것은 산술적 평균이나 중앙값médiane 그리고 진정한 평균이다. 그는 인간의 신체적 특성에 대한 경험적 규범의 토대로서 평균을 제시하는 것이 아니라, 존재론적 규칙성이 평균에서 표현된다는 사실을 분명히 보여 준다. 사람 키의 기준을 설명하기 위하여 신의 의지에까지 거슬러 올라가는 것은 논란의 여지가 있어 보이지만, 그렇다고 해서 평균을 통해 어떤 규범도 드러나지 않는 것은 아니다. 알박스가 케틀레의 생각을 비판적으로 검토한 내용으로부터 이러한 결론을 내릴 수 있다[53].

알박스에 따르면, 케틀레가 어떤 평균치 주위로 흩어진 사람 키의 분포를 우연의 법칙을 적용할 수 있는 현상으로 간주한 것은 잘못이다. 이러한 적용이 가능하기 위한 제1 조건은, 무수한 요소들의 조합으로 간주되는 현상들은 서로가 완전히 독립적으로 실현된 것이므로, 그들 중의 어떠한 현상도 그에 뒤따르는 현상에 아무런 영향을 미치지 못한다는 것이다. 그런데 유기체가 보이는 항상성을 우연의 법칙에 지배되는 현상과 동일시될 수 없다. 그것을 동일시하는 것은 환경에 대한 물리적 사실과 성장 과정에 대한 생리적 사실이 앞선 순간과 현재의 순간에서 모두 서로가 독립적으로 실현된다는 사실을 인정하는 것이다. 그러나 이러한 입장은 사회적인 기준이 생물학적 법칙과 간섭을 일으키고, 따라서 개인은 모든 종류의 관습적 규정과 혼인에 관련된 입법의 규정에 복종하는 결합의 산물이라고 생각하는 인간적인 견해에서는 지지할 수 없는 입장이다. 즉 유산과 전통, 습관과 관습이 개인간에 의존과 관계의 형태로 나타날수록 확률적 계산을 적합하게 사용하는 데에 장애가 된다. 케틀레가 연구한 특성인 키는 동물이나 식물에서 순수한 혈통을 이루는 전체 개체들에 대해 조사될 때에만 순수하게 생물학적 사실이 될 수 있다. 이 경우 개체들간에 나타나는 특정한 차이는 순수하게 환경의 작용에 의한 것이 될 것이다. 그러나 인간에게 있어 키는 서로 분리할 수 없는 생물학적 현상이자 사회적 현상이다. 비록 키가 환경에 좌우되더라도, 어떤 의미에서는 지리적 환경에서 인간 활동의 산물을 보아야 한다. 인간은 지리적 요인의 하나이고, 지리는 집단적인 기술을 매개로 역사에 의해 침투당한다. 예를 들어 우리는 통계학적 관찰을 통해 솔론느의 늪이 마른 것이 거주자들의 키에 영향을 미쳤다는 사실을 확인할 수 있다[89]. 어떤 인간 집단의 평균 신장은 영양 상태를 개선시킴으로써 사실상 증가했다고 소르Sorre는 인정한다[109, 286]. 그러나 케틀레가 인간의 해부학적 특성의 평균에 신적인 기준의 가치를 부여하면서 범한 오류는, 평균을 기준으로 나타내는 기호로 해석한 데 있는 것이 아니라 기준을 제한된 의미로 규정한 데 있다. 어떤 의미에서 인간의 몸이 사회적 활동의 산물임이 사실이라면, 평균에 의해 나타난 어떠한 특성들의 항상성은 생명의 규범에 대한 의식적이거나 무의식적인 신뢰를 바탕으로 한다. 따라서 인간에게 있어서 통계적 빈도는 단순히 생명체의 정상성 뿐만 아니라 사회적인 정상성도 나타 낸다. 인간의 어떠한 특성은 그것이 빈발하기 때문에 정상적이 아니라, 정상적, 다시 말해서 주어진 생활 양식에서 규범적이기 때문에 흔하다. 여기서 생활 양식genre de vie이란 말은 블라슈Vidal de La Blache 학파의 지리학자들이 부여한 의미로 사용했다.

이러한 사실은 해부학적 특성을 고려하지 않고 수명으로 대표되는 전체적인 생리학적 특성에 집중한다면 더욱 분명하게 드러날 것이다. 플루랑Flourens은 뷔퐁Buffon을 따라 자연적이고 정상적인 인간의 수명을 과학적으로 결정하는 방법을 연구했고, 그 방법을 사용해 뷔퐁의 작업을 수정하였다. 플루랑은 수명을 특정한 성장의 기간에 연결시켰다. 그는 골단épiphyse에서 일어나는 뼈의 유합에 따라 그 기간을 정하였다.[3] "인간은 성장하는 데 20년이 걸리고, 20년을 다섯 번, 즉 100년을 산다." 이러한 정상적인 인간의 수명은 흔하게 볼 수 있는 수명도 아니고 평균 수명도 아니라는 점을 플루랑은 분명히 하였다.

우리는 언제나 90세와 100세를 사는 사람을 주위에서 본다. 그 나이에 이르지 못하는 사람들의 수에 비해 그 나이까지 사는 사람의 수가 적다는 것을 나는 안다. 그러나 어쨌든 그 나이까지 사는 사람이 있다. 그리고 때로 그 나이까지 사는 사람이 있다는 사실로부터 사고에 인한 상황이나 외부적인 상황이, 방해하는 요인들이 그 나이에 이르는 것을

3 플루랑은 바로 이 표현을 사용하였다.

막지 않는다면, 그 나이까지 사는 사람들이 더욱 많아지리라는 결론을 충분히 내릴 수 있다. 대부분의 사람들은 질병으로 죽는다. 극소수의 사람만이 이른바 늙어서 죽는다[39, 80~81].

마찬가지로 메치니코프Metchnikoff는 사람은 정상적으로 100세까지 살 수 있고, 100세가 되기 전에 죽는 모든 노인들은 사실상 환자라고 생각했다.

시대에 따른 인간 평균 수명의 변화(프랑스 남자의 경우 1865년에는 39세, 1920년에는 52세였다)는 아주 시사적이다. 뷔퐁과 플루랑은 인간에게 정상적인 생명을 부여하기 위해 토끼나 낙타를 보는 생물학자와 같은 눈으로 인간을 본다. 그러나 평균 수명이 점차 증가한다는 사실을 보이기 위해 평균 수명에 대해 말할 때 사람들은 인간이 집단적으로 자신에게 행하는 활동과 수명을 연결시킨다. 이러한 의미에서 알박스는 죽음을 사회적 현상으로 취급한다. 죽는 나이는 상당 부분 작업 상태나 위생 상태, 피로와 질병에 대한 주의, 즉 생리학적 조건 뿐 아니라 사회적 조건의 결과이다. 이 모든 일들은 마치 하나의 사회가 "자신에게 적합한 사망률"을 가진 것처럼 일어난다. 사망자의 수와 나이에 따른 사망자의 분포는 하나의 사회가 수명을 연장시키는 일을 중요하게 여기는지 아닌지를 나타낸다[53, 94~97]. 결국 어떤 사회에서 인간의 수명은 생명에 부여하는 가치에 좌우된다. 인간의 수명을 연장시키는 집단적인 위생 기술이나 인간의 수명을 단축시키는 결과를 가져오는 부주의의 습관은 어떤 사회가 생명에 어느 정도의 가치를 부여하느냐에 좌우되므로 결국 가치판단은 인간의 평균 수명이라는 추상적인 숫자에서 표현된다. 평균 수명은 생물학적으로 정상적인 생명체의 지속 기간이 아니라, 어떤 의미에서는 사회적으로 기준이 되는 삶의 지속 기간이다. 이러한 경우에 규범은 평균에서 연역되는 것이 아니고 평균으로 나타난다. 총체적으로 한 국가 사회 전체의 평균 수명을 고려하는 대신 이 사회를 계급이나 직업으로 나누어 각각의 평균 수명을 보면 이러한 사실이 더욱 분명하게 나타날 것이다. 수명은 의심할 여지 없이 알박스가 말하는 삶의 수준에 좌우됨을 알게 될 것이다.

그러한 생각에 대해 다음과 같은 이유로 반대하는 사람도 분명히 있을 것이다. 즉 그것은 수명과 같이 겉으로 드러나는 인간의 특성에 해당되며, 그러한 특성들에서는 사회적인 다양성이 나타날 수 있는 허용의 여지가 존재한다. 그러나 이러한 생각은 혈당이나 혈중 칼슘 농도, 혈액의 산도와 같이 본질적인 엄격함을 가진 근본적인 인간의 특성들에 대해서나, 일반적으로 어떤 사회적 기술도 상대적 가소성을 부여하지 않는 동물들에게 고유한 특성들에 대해서는 적합하지 않다는 것이다. 물론 해부-생리학적 평균이 동물에게 있어서도 사회적인 규범과 가치를 나타낸다고 주장하려는 것은 아니다. 그러나 그러한 평균들이 생명의 규범과 가치를 나타내는가를 우리는 자문한다. 앞선 장에서 우리는 테시에가 인용한, 두 변종 사이를 왔다갔다 하는 한 종의 나방의 예를 보았다. 이 종은 환경이, 대조되는 성질의 상보적인 두 가지 조합을 허용하는 데 따라 이 종과 저 종을 왕래한다. 우리는 생명체의 (존재) 양식을 새롭게 만들어 내는 것에 대한 일종의 일반적인 규칙이 존재하지 않는가를 질문한다. 그 결과 우리는 가장 흔하다는 성질을 지닌 평균이라는 것에, 케틀레가 거기에 부여한 것과는 아주 다른 의미를 부여할 수 있게 된다. 평균은 종의 안정되어 있는 평형을 나타내는 것이 아니라, 일시적으로 만난 거의 동등한 생명의 규범들과 양식들의 불안정한 평형을 나타낸다. 어떤 종의 유형은 일체의 모순적 형질이 없기 때문에 실제로 안정된 것으로 간주되는 것이 아니라, 대립된 요구 조건들을 일련의 보상에 의해 일시적으로 조정하는 데 성공했기 때문에 그것을 안정된 것으로 여길 수 있다. 종의 정상적인 형태는 기능과 기관 사이의 정상화의 산물이다. 그 전반적인 조화는 우연히 주어진 조건이 아니라 한정된 조건에서 얻어진다. 알박스는 1912년 케틀레에 대한 비판에서 이와 유사한 말을 했다.

> 종을 하나의 유형으로 간주하고, 개체는 우연에 의해서만 거기에서 벗어난다고 보는 것은 왜인가? 종의 단일성이 구조의 이원성, 즉 결국은 평형을 이루게 될 둘 혹은 소수의, 유기체의 일반적 경향들의 갈등에서 생기는 것은 왜인가? 어떤 종의 구성원들이 서로 다른 두 방향으로 규칙적으로 벗어나면서 만드는 계열에 의해 이러한 불일치를 나타낸다는 사실은 지극히 자연스럽지 않은가 …… 만약 이러한 벗어남이 어느 한 방향으로 더욱 많이 일어난다면, 그것은 그 종이 일정한 여러 원인들의 영향하에서 그 방향으로 진화한다는 표시가 될 것이다[53, 61].

인간과 인간의 항구적인 생리적 특성에 관하여서는 다양한 인종적 집단, 도덕적이거나 종교적 집단, 그리고 전문적 집단들에 속한 사람들 사이의 비교생리학과 비교병리학——비교문학과 같은 의미에서——만이 우리들의 가설에 정확한 대답을 제공할 수 있을 것이다. 그 집단들에서는 생명, 생명체의 생활 양식, 생명체가 누리는 사회적 수준이 뒤얽혀 있다. 그런데 체계적 관점에서 이루어진 사람들 사이의 비교생리학에는 여전히 생리학자가 써야 할 부분이 남아 있는 것처럼 보인다. 『생물일람표』*Tabulae biologicae*[4]의 경우처럼 동물의 여러 종들과 인종 집단으로 나누어진 사람에 관한, 해부학적이고 생리학적인 측면의 생체계측학적 자료들은 상당히 많이 집적되어 있다. 그러나 이러한 목록들에서 비교의 결과들을 해석하려는 시도는 전혀 이루어지지 않고 있다. 사람들 사이의 비교생리학적 연구의 가장 좋은 예는 기후와 인종의 관계에서 기초 대사를 연구한 아이크만Eijkmann, 베네딕트Benedict, 오조리오 드알메이다Ozorio de Almeida의 업적이다.[5] 그러나 이러한 공백은 프랑스의 지리학자 소르가 최근에 쓴 『인문지리학의 생물학적 토대』*Les fondements biologiques de la géographie humaine*에 의해 부분적으로 메꿔졌는데, 나는 이 책의 초안이 끝난 후에야 소르 책의 출간을 알았다. 여기에 대해서는 우리의 논의가 원래의 상태대로 전개된 이후 나중에 몇 마디 언급하고자 한다. 그렇게 하는 것은 이 논문의 독창성에 손상을 입을까 염려해서가 아니라 지적인 수렴의 증거로 제시하기 위해서이

[4] 빌헬름 융크(Wilhelm Junk)가 편집하여 헤이그에서 출판되었다.
[5] 이러한 연구에 대한 참고문헌은 [61, 299]에서 찾아볼 수 있다.

다. 방법론의 측면에서 본다면 수렴성이 독창성을 훨씬 능가한다.

*　*　*

실험실이라는 유일한 틀 안에서 실험적으로 얻어진 평균에 의해 생리학적 상수를 결정하는 것은 정상적 인간을 평범한 인간으로 제시할 위험성이 있다. 평범한 사람이란, 과학적 지식이 없는 사람이 보기에도, 자신이나 환경에 직접적이고 구체적인 작용을 가해야 할 상황에 처한 사람이라면 할 수 있는 생리학적 가능성에 훨씬 미치지 못하는 사람이다. 사람들은 아마 다음과 같은 것을 강조하며 응답할 것이다. 베르나르 이래로 실험실의 경계는 크게 넓어졌고, 생리학은 그 관할권을 직업 안내와 소개 센터로, 체육 기관으로 넓혔다. 다시 말해서 생리학자는 지극히 인공적인 환경에 있는 실험실의 대상이 아니라 구체적인 인간에게 관심을 기울이게 되었다. 그는 허용되는 변화의 한계를 생체계측치를 통해 스스로 정한다. 마이어가 "운동 기록을 수립하는 목적은 인간 근육의 최대활동을 측정하기 위함이다"[82, 4. 54-14]라고 썼을 때 우리들은 다음과 같은 티보데Thibaudet의 재치 있는 말을 떠올린다. "인간이 몇 미터나 멀리 뛸 수 있는가 하는 질문에 대답하는 것은 생리학이 아니라 신기록표이다."[6] 결국 생리학이란 인간이 점차적으로 얻거나 정복하는 기능범위를 기록하고 표준화하는 확실하고 정확한 방법에 지

---

6 Thibaudet, *Le bergsonisme*, Paris, Gallimard, 1923, vol. I, p.203.

나지 않을 것이다. 생리학자에 의해 결정되는 정상적인 인간에 대해 말할 수 있는 것은 규범적인 인간, 다시 말해 규범을 파괴하고 그로부터 새로운 규범을 설정하는 것이 정상인 인간이 존재하기 때문이다.

인간의 생물학적 규범성의 표현으로 우리에게 흥미 있어 보이는 것은 소위 문명화된 백인들에게 공통적인 생리학적 '주제'에 나타나는 개인적 변이라기보다는 오히려 생명체의 종류와 단계에 따라서, 생명에 대해 취하는 윤리적이거나 종교적 입장, 즉 생명의 집단적인 규범에 따라서 집단마다 주제 자체의 변이가 일어난다는 사실이다. 로브리 Laubry와 브로스Brosse는 이러한 생각에서 가장 현대적인 기록 기술의 도움을 받아 힌두교 수행자가 식물성 생활 기능을 거의 완전히 통제할 수 있게 해주는 종교적 수양의 생리학적 효과를 연구하였다. 이러한 통제는 연동péristaltique 운동과 역연동antipéristaltique 운동을 조절하고, 항문조임근과 방광조임근을 모든 방향으로 사용하여 횡문근과 평활근의 생리학적 구별을 무효화시킨다. 이러한 통제는 바로 그런 작용에 의하여 내장기관의 상대적 자율성 없앤다. 맥박, 호흡, 심전도를 동시에 기록하고 기초대사량을 측정해 보면 개인과 우주적 대상을 일치시키기 위해 정신을 집중시키는 행위는 다음과 같은 효과를 가져온다는 사실을 알게 된다. "심장의 박동이 빨라짐. 맥박의 주기와 강도에 변화가 옴. 심전도상의 변화, 즉 전반적으로 전압이 낮아지고, 파동이 사라지며, 등전위선 주위에 미미한 세동fibrillation만 나타나고, 기초대사가 감소한다"[70, *1604*]. 요가 수행자가 외관상 의지의 지배를 가장 적게 받는 것으로 보이는 자율적 생리기능에 영향을 미치는 관건은 호흡이다.

호흡은 다른 기능에 영향을 미치는 데 필수적이다. 호흡이 감소하면 신체는 "겨울잠을 자는 동물과 유사하게 대사 활동이 정체된 생명의 상태"[같은 책]에 처하게 된다. 맥박이 50회에서 150회로 빨라지는 것, 15분간의 호흡 정지, 심장 수축의 소멸은 생리적 규범을 뒤흔드는 것이다. 그런데 이러한 결과들을 병리적인 것으로 간주하는 것은 불가능하다. "요가 수행자들이 그들 장기의 구조를 모르더라도, 그들은 의심할 여지 없이 그 기능의 통제자이다. 그들은 놀랄 정도로 건강한 상태를 누리지만, 그들은 생리적 활동의 법칙을 준수했더라면 견뎌낼 수 없었을 수년간의 훈련을 거쳤다"[같은 책]. 그와 같은 사실들로부터 로브리와 브로스는 인간의 생리는 동물의 단순한 생리와는 다르다고 결론을 내린다. "의지는 약물역동학적pharmacodynamique 증거가 있는 것처럼 작용을 미치고, 우리는 인간의 우월한 능력에서 조절과 명령의 무한한 능력을 예감한다"[같은 책]. 여기서부터 브로스는 병리적인 것에 대한 문제를 분명히 한다.

의식적 활동을 그것이 이용하는 심리생리적 차원과 관계지어 생각해 보면 기능적 병리학의 문제는 교육의 문제와 밀접한 관계를 맺고 있는 것으로 보인다. 감각교육, 활동교육, 감정교육의 결과가 좋지 않거나 아예 이루어지지 않았다면 즉시 재교육이 요청된다. 건강이나 정상성의 관념은 외부의 이상idéal extérieur(신체적인 면에서는 운동선수, 지성에서는 대학 입학자격 시험 합격자)에 대한 합치로는 우리에게 나타나지 않는다. 그 관념은 의식을 가진 자아와 심리생리학적 유기체 사이에 위치한다. 그 관념은 상대주의적이고 개인적이다[17, 49].

생리학과 비교병리학의 문제에 있어 사람들은 극히 적은 자료에 만족해야 한다. 그러나 놀랍게도 그 자료의 생산자들은 완전히 다른 의도를 갖고 있지만 동일한 결론으로 향한다. 기능적인 리듬과 그 장애를 연구함으로써 질병의 시작을 인식하고자 하였던 포락Porak은 인종, 배뇨, 체온 곡선(느린 리듬)의 관계와 맥박과 호흡(빠른 리듬) 곡선과의 관계를 보여 주었다. 18세에서 25세에 이르는 젊은 중국인의 분당 소변의 평균 유량은 0.5cm³으로 대개 0.2에서 0.7 사이에 들어 있었다. 그에 비해 유럽인의 평균 유량은 1cm³으로 0.8에서 1.5 사이에 들어 있었다. 포락은 이 생리학적 사실을 중국 문명에서 나타나는 지리적·역사적 영향의 결합으로 설명했다. 수많은 영향들 중에서 그는 두 가지 중요한 요인을 선택했다. 하나는 음식물의 특성(차, 쌀, 싹이 튼 채소)이고 다른 하나는 조상들의 경험에 의해 생겨난 영양 섭취의 리듬이다. 중국인의 활동양식은 신경 근육 활동의 발달 주기를 서양인들보다 더욱 존중한다. 서양의 좌식 생활 양식은 체액의 리듬에 해로운 영향을 미친다. 이러한 이상dérangement은 "자연과의 일치를 바라며"[94, 4-6] 산책을 즐기는 중국인들에게는 나타나지 않는다.

호흡 리듬(빠른 리듬)을 연구해 보면 활동에 대한 요구가 증가하는가 감소하는가에 따라 호흡 리듬에 변화가 일어난다는 사실이 드러난다. 이러한 요구 자체가 인간의 작업에 리듬을 부여하는 자연적이거나 사회적인 현상과 관계 있다. 농업이 생겨난 이래로 낮은 많은 사람들의 활동이 기입되는 틀이다. 도시 문명의 발달과 현대 경제의 필요성으로 인해 활동의 생리학적 사이클에 커다란 혼란이 일어났지만, 그 여파는 흔적으로만 존재한다. 이 기본적인 주기에 부차적인 주기가 덧붙여진다. 맥박의 변동에서는 자세의 변화가 부차적인 주기를 결정하지만 호흡에서는 심리적인 영향이 우세하다. 호흡은 자리에서 일어나는 순간부터, 아침 햇살에 눈을 뜨는 순간부터 빨라진다. "눈을 뜬다는 것은 이미 각성 상태를 취한다는 것이고, 기능의 리듬을 신경-운동 활동이 일어나는 방향으로 향하게 하는 것이다. 유연한 호흡 작용은 외계에 즉각적으로 반응한다. 호흡은 눈꺼풀이 열리면서 즉시 반응한다"[94, 62]. 호흡 작용은 산소 교환 작용에 의해서 근육의 에너지를 순간적으로 발산시키고 유지하는 데 지극히 중요하므로 아주 미세한 조절에 의해 흡입한 공기량의 상당한 변화를 순간적으로 일으켜야 한다. 따라서 호흡의 강도는 우리가 환경에 가하는 공격이나 반응의 질에 좌우되며, 호흡의 리듬은 우리가 이 세계에서 처한 상황을 어떻게 인식하느냐에 따라 달라진다.

사람들은 포락의 관찰이 치료적·위생적 정보를 제공해 주기를 기대한다. 그는 사실 그렇게 했다. 왜냐하면 생리학적 규범은 인간의 자연적 성질을 명시하는 이상으로 생활 양식, 생활 수준, 생활의 리듬과 관련된 인간의 관습을 명시하고 있으므로, 모든 식이의 규칙들은 이 관습을 고려해야만 한다. 다음은 치료가 상대적임을 보여 주는 좋은 예이다.

중국인들은 생후 첫 두 해 동안 아이에게 모유를 먹인다. 젖을 뗀 후 아기는 더 이상 모유를 먹지 않는다. 우유는 아기에게 좋지 않은 것으로, 돼지에게나 적당한 것으로 여겨진다. 그런데 나는 여러 번 신장염을 앓는 환자에게 우유를 먹여 보았다. 그러자 즉각 배뇨 장애가 일어났다. 환자에게 다시 차와 쌀을 먹이자 배뇨는 원래의 리듬을 되찾았다[94, 99].

기능적 질병의 원인들은 거의 모두 피로나 과로로 인해, 다시 말해서 개인이 환경에 적응할 수 있는 범위를 넘어서는 활동을 할 때 초래되는 리듬의 혼란이나 리듬 장애로 시작된다[94, 86]. "사용 가능한 기능의 범위 안에 하나의 이상형을 유지하는 것은 불가능하다. 내가 생각하기에 인간에 대한 최선의 정의는 만족시킬 수 없는 존재, 다시 말해서 항상 자신의 요구를 넘어서는 존재이다"[94, 89]. 이것은 우리가 질병과 건강의 관계를 이해하는 데 도움을 주는 건강에 대한 훌륭한 정의이다.

라베Marcel Labbé는 주로 당뇨병에 관련하여 영양 장애의 원인을 연구하며 이와 유사한 결론에 도달했다.

영양상의 질병은 장기의 질병이 아니라 기능의 질병이다 …… 소화의 장애는 영양상의 문제를 만들어 내는 데 중심적인 역할을 한다 …… 비만은 부모가 지나치게 관용적으로 키워서 생긴 가장 흔하고 단순한 질병이다 …… 영양에 관련된 대부분의 질병은 피할 수 있다 …… 나는 무엇보다도 개인이 피해야만 하는 좋지 않은 생활 습관과 식이 습관에 대해 이야기한다. 그러한 영양상의 문제를 이미 가진 부모들은 자식들에게 이를 전해 주지 않도록 주의해야 한다[65, 10, 501].

로브리와 브로스, 포락과 라베가 말하듯이 기능의 훈련을 치료 방법으로 간주하는 것은 기능적 상수들이 일상의 규범이라고 인정하는 것이 아닌가. 습관이 만든 것을 습관이 해체하고, 그 습관이 다시 그것을 만든다. 만약 은유에 의하지 않고 질병을 악덕으로 규정할 수 있다면, 덕을 능력이나 기능과 혼용하는 이 단어의 고대적인 의미에 따라 마찬가지로 은유에 의하지 않고 생리적 상수를 덕으로 규정할 수 있어야 한다.

인간의 생리적이고 병리적인 특성과 기후, 섭취하는 음식, 생물학적 환경과의 관계에 대한 소르의 연구는 우리가 여태껏 이용해 온 연구들과는 완전히 다른 가치를 지닌다. 그러나 분명한 것은 이러한 모든 관점들이 거기에서 정당화되고 그들의 통찰이 확증된다는 것이다. 고도에 대한 인간의 적응, 유전적인 생리 작용[109, 51], 빛의 영향[109, 54], 열에 대한 내성[109, 58], 새로운 풍토에 적응하기[109, 94], 생물 환경을 희생시켜 인간이 만들어 낸 섭식[109, 120], 식습관의 지리적인 분포와 그 형성 작용[109, 245, 275], 병원체 만연 지역 확장(수면병, 말라리아, 페스트 등)[109, 291]에 관한 문제 등. 이 모든 문제들은 지극히 정확하고 전체적으로 그리고 변함 없이 상식적으로 다루어진다. 무엇보다도 소르의 관심을 끄는 것은 인간의 생태학이고, 거주의 문제에 대한 설명임은 분명하다. 그러나 이 모든 문제들은 결국 적응의 문제로 귀결되며, 우리는 어떻게 한 지리학자의 업적이 생물학적 규범에 관한 방법론적 시도에 커다란 관심을 나타내게 되는가를 알게 된다. 소르는 다음과 같은 사실을 잘 알고 있다. 생리적 상수들이 상대적으로 불안정하다는 사실을 밝히는 이론에서 인간이라는 종의 보편성이 가지는 중요성, 질병이나 돌연변이의 설명에서 잘못된 적응적인 평형 상태의 중요성, 그가 정확하게 규범이라고 평가한 해부학적·생리적 상수들과 집단적인 식이의 관계[109, 249], 본래 인간적 환경에 의해 만들어진 기술을 순수하게 공리적 이성에 환원시키는 것의 불가능함, 키, 몸무게, 집단적인 특이체질 등과 같이 오랫동안 자연적인 것으로 여겨진 특징들에 미치는 간접적 작용의 중요성 등과 같은 것들이다. 결론적으로 소르는 집단적인 의미에서의 인간은 자신의 '기능적 최적 상태'optima functionnelle, 다시 말해서 특정한 기능이 가장 잘 이루어질 수 있는 각 환경요소들의 값을 추구한다는 사실을 보여 주는 데 전념한다. 생리적 상수들은 절대적인 의미에서의 상수들이 아니다. 각 기능과 기능들의 총체에는 어떤 여지가 존재하는데 어떤 무리나 종의 기능적 적응 능력은 거기에서 발휘된다. 이처럼 최적 조건이 인간의 거주 지역을 결정한다. 거기서 인간적 특성의 균일성은 결정의 타성을 나타내는 것이 아니라, 무의식적이지만 현실적인 집단적 노력을 통해 유지되는 결과의 안정성을 나타낸다[109, 415-16]. 한 지리학자가 생물학적 상수들에 대해 우리가 제시한 해석을 지지하는 견고한 분석 결과를 내어놓는 것을 보아 말할 나위 없이 기쁘다. 상수들은 주어진 집단에서 빈도와 평균치로 나타난다. 이 집단은 그들에게 정상치를 부여하는데, 이 정상은 사실 규범성의 표현이다. 생리적 상수들은 주어진 조건에서 생리적 최적 조건의 표현이다. 그러한 조건 가운데서 보편적으로는 생명체 일반에게, 특수하게는 호모 파베르homo faber(제작인)에게 주어지는 조건들을 고려해야 한다.

우리는 이러한 결론을 토대로 팔Pales과 몽글롱Monglond이 제시한 아프리카 흑인들의 혈당치에 대한 흥미 있는 자료들을 이들과 조금 다르게 해석한다[92, bis]. 브라자빌의 원주민 84명 중 66%가 저혈당증을 보였다. 그 중 39%는 0.90g에서 0.75g 사이였고 27%는 0.75g 미만이었다. 흑인들은 모두 저혈당증으로 간주되어야 한다. 그러나 이 저자들에 따른다면, 유럽인이었다면 위중하거나 치명적이었을 저혈당증을 흑인들은 두드러진 장애 없이, 특히 경련이나 혼수 상태에 빠지지 않고 잘 견뎌낸다. 이러한 저혈당증의 원인은 만성적인 영양 부족, 다양하고 만성적인 장내 기생충, 말라리아 등에서 찾아야 할 것이다. "이러한 상태는 생리학과 병리학의 경계이다. 유럽인의 관점에서 본다면 이것은 병리적이지만, 원주민의 관점에서는 그것은 흑인들의 일반적인 상태와 밀접한 관계를 맺고 있으므로, 백인들과 비교할 항을 갖지 않는다면 그러한 상태를 거의 정상으로 간주할 수 있다"[92 같은 책, 767]. 유럽인이 기준으로 작용할 수 있다면, 그것은 유럽인종이 규범적인 것으로 통용되는 한에서만 그러하다. 팔, 몽글롱과 마찬가지로 르프루Lefrou도 흑인들의 게으름이 저혈당증과 관계 있다고 본다[76 같은 책, 278; 92 같은 책, 767]. 팔과 몽글롱은 흑인들은 그들이 가진 수단에 따라 생활을 영위한다고 말한다. 그러나 마찬가지로 흑인들은 그들이 영위하는 생활에 따른 생리적 방식을 갖고 있다고도 말할 수 있지 않은가?

*　*　*

해부-생리학적 기준들의 어떤 측면들이 가진 상대성과, 그 결과 생겨
난 인종과 생활 방식에 관련된 병리적 문제들의 상대성은 현재 관찰
할 수 있는 인종 집단들과 문화 집단들을 비교해서만 나타나는 것이 아
니라 현재 존재하는 집단과 이미 사라진, 전시대의 집단들을 비교해
도 나타난다. 고병리학paléopathologie이 이용할 수 있는 자료는 고생물
학paléontologie이나 고문서학paléographie이 이용할 수 있는 것보다 훨
씬 적다. 그러나 거기에서 이끌어 낼 수 있는 신중한 결론은 언급할 가
치가 있다.

　　프랑스에서 이러한 종합 작업을 한 팔은 무디Roy C. Moodie[7]가 내
린 고병리학적 자료에 대한 정의를 빌린다. 즉 화석화된 뼈에 가시적인
흔적을 남기는 건강한 육체적 상태로부터의 모든 일탈[92, 16]. 깎아 만
든 규석과 석기 시대 인간의 예술이 그들의 투쟁과 노동, 사유의 역사
를 말해 준다면 뼈들은 그들의 통증의 역사를 상기시킨다[92, 30기. 단
순히 사람만이 아니라 생명체 일반에 관계되는 감염성 질병의 경우, 고
병리학은 병리학적 사실을 인간의 역사 속에서 공생의 사실로서 인식

---

7 우리는 팔이 작성한 참고문헌 목록에서 무디[92] 연구의 목록을 발견한 것이다. 이 연구
　를 통속화시킨 것으로 H. de Varigny, *La mort et la biologie*, Paris, Alcan, 1926을 보라.

할 수 있게 하고, 영양상의 질병에서는 문화 수준이나 생활 방식에 관련된 사실로 인식하게 한다. 선사 시대 사람들이 겪어야 했던 질병들은 현재 문제가 되는 질환들과는 아주 다른 양상으로 나타난다. 발루아Vallois는 프랑스의 선사시대에서만 수천 구의 뼈들을 조사한 결과 11개의 결핵 케이스를 발견할 수 있었다고 지적한다[113, 672]. 날것이나 거의 익히지 않은 것을 먹던 시대에는 비타민 D 결핍으로 인한 질병인 구루병rachitisme이 없는 것이 정상이라면[113, 672], 선사 시대의 사람들에게는 알려지지 않았던 충치의 출현은 문명의 출현과 짝을 이룬다. 문명은 전분질의 음식물과 익힌 음식물과 관련되며, 음식을 익힌 결과 칼슘의 동화에 필수적인 비타민(Vit D)이 파괴된다[113, 677]. 마찬가지로 골관절염은 오늘날보다는 석기 시대와 금속기 시대에 훨씬 흔하게 나타난다. 사실 그 병은 영양 부족과 춥고 습한 기후로 인한 것이다. 왜냐하면, 오늘날 골관절염의 감소는 보다 좋은 영양 상태와 보다 위생적인 생활 양식을 나타내기 때문이다[113, 672].

그러한 연구의 어려움은 쉽게 인식할 수 있다. 왜냐하면, 화석화된 인간의 뼈나 고고학적 발굴에서 나온 인간의 뼈에는 나타나지 않는 연부 조직의 이상이나 변형의 효과를 가지는 질병들은 여기에서 모두 빠져나가기 때문이다. 따라서 이러한 연구의 결론은 조심스럽게 내려야 한다. 그러나 선사 시대의 병리학에 대해 이야기할 수 있는 한, 선사 시대의 해부학에 대해서 크게 틀리지 않고 이야기할 수 있는 것과 마찬가지로 선사 시대의 생리학에 대해서도 말할 수 있어야 한다. 더구나 여기에 생명의 생물학적 규범과 인간 환경, 인간의 구조와 행동의 원인과 효과의 관계가 동시에 나타나기 때문이다. 만약 불Boule이 라샤펠오생인Homme de la Chapelle aux Saints[1908년 프랑스의 코레츠의 동굴에서 발견된 완전한 화석 골격—옮긴이]을 네안데르탈인의 고전적인 해부학적 표준형으로 정할 수 있었다면, 우리는 거기서 심한 치주염, 양측 고관절염, 경추와 요추의 척추분리증 등이 있는 가장 완벽한 병리적 화석인의 표준형을 볼 수도 있었을 것이다. 만약 우리가 오늘날의 비정상적인 것을 옛날의 정상적인 것으로 만드는 환경의 차이나 기술적인 도구들의 차이, 인종의 차이를 무시한다면 그렇다고 대답할 것이다.

* * *

위에서 사용된 관찰들의 질에 이의를 제기하기는 어렵다 하더라도, 그로부터 도출된 결론, 즉 생명의 관용적 규범으로서 해석된 기능적 상수의 생리적 의미에 관한 결론에는 이의를 제기할 수 있을 것이다. 거기에 답하여 이러한 기준들은 이러저러한 개인들이 마음대로 취하거나 버릴 수도 있는 개인적인 습관의 결과가 아니라는 점을 분명히 하고자 한다. 만약 생명의 규범성에 관련되어 있는 인간의 기능적인 가소성을 인정한다 하더라도, 그 가소성은 총체적이고 순간적인 유연성malléabilité도 아니고 순수하게 개인적인 유연성도 아니다. 인간이 그의 활동과 관련된 생리적 특성을 지닌다고 아주 조심스럽게 말하는 것은, 모든 개인이 쿠에Coué의 자기암시법이나 환경의 변화에 의해 자신의 혈당증이나 기초 대사를 변화시킬 수 있다고 믿어도 좋다는 것은 아니다. 종種이 수천 년에 걸쳐 들인 공을 사람이 며칠 만에 바꿀 수는 없다. 뵐커Vœlker는 어떤 사람이 함부르크에서 아일랜드로 간다고 해서 그의 기초 대사량이 변하지는 않는다는 사실을 보여 주었다. 베네딕트는 북아메리카에서 아열대 지방으로 이주해도 마찬가지라고 한다. 그러나 계속해서 미국에 살고 있는 중국인은 미국인의 정상치보다 대사량이 낮다는 것을 베네딕트는 입증했다. 또 그는 일반적인 방식으로 오스트레일리아 원주민(코카타스)은 같은 나이, 같은 몸무게, 같은 키로 미국에 살고 있는 백인보다 대사량이 낮으며, 반대로 인디오(마야의)들은 대사량이 보다 높고, 맥박이 느리고 동맥압이 낮다는 것을 증명했다. 따라서 우리는 카이저Kayser, 돈체프Dontcheff와 더불어 다음과 같은 결론을 내릴 수 있다. "인간에게 있어서 기후적 요인은 대사에 직접적인 영향을 미치지 않는다는 것은 증명된 듯하다. 기후는 아주 서서히 생활 방식을 변화시키고, 그럼으로써 기초 대사량에 지속적으로 작용하여 특정한 인종을 고정시킨다"[62, 286].

즉, 인간의 생리적 상수들을 나타내는 평균치를 생명에 대한 집단적 규범의 표현으로 보는 것은 인류가 생활 양식을 만들어 냄과 동시에 생리적 양상도 만들어 냈음을 말하는 것일 뿐이다. 그러나 생활 양식은 외부로부터 부과되는 것이 아닌가? 프랑스 인문지리학파의 연구는 지리적 숙명은 존재하지 않음을 보여 주었다. 환경은 인간이 기술적으로 이용하고 집단적으로 활동할 수 있는 잠재력만을 제공해 준다. 결정은 선택에 의해 이루어진다. 명시적이거나 의식적인 선택을 말하는 것이 아님을 이해하자. 주어진 환경에서 생명에 대한 여러 개의 집단적인 규범이 가능한 이상, 오래되어 자연적으로 보이는 규범들도 결국 선택된 것이다.

그럼에도 불구하고 경우에 따라서는 명시적 선택이 어떤 생리적 양상의 방향에 미치는 영향을 분명하게 알 수 있다. 이것은 항온동물에서 체온의 변화와 밤낮의nycthéméral 주기에 관한 관찰과 실험에서 얻은 교훈이다.

카이저와 그 동료들이 비둘기의 주야 주기에 대해 연구한 바에 따르면, 항온동물에서 일어나는 밤낮에 따른 중심 체온의 변화는 (환경과의) 교환 기능에 의존하는 생명의 자율적인 현상이다. 밤에 교환이 감소하는 것은 자극적인 빛과 소리가 억제되어 있기 때문이다. 실험적으로 눈을 멀게 하고 정상적인 동류 비둘기와 격리시킨 비둘기의 경우 주야의 주기는 사라졌다. 빛과 어둠이 교대되는 순서를 바꾸자 며칠 후 밤낮의 주기가 반대로 되었다. 주야의 주기는 밤과 낮의 자연적인 교대에 의해 유지되는 조건반사에 의해 결정된다. 주야의 주기는 열조절 중추의 흥분이 밤에 떨어지기 때문에 나타나는 것이 아니라, 열조절 중추에 의해 밤낮으로 동일하게 조절되는 열생산에 낮동안 보충적으로 생겨난 열량이 부가되기 때문에 일어난다. 이 열은 환경에 의한 자극과 체온에 좌우되며, 날씨가 추워짐에 따라 증가한다. 근육 활동에 의해 생겨나는 모든 열을 제외한다면, 주야의 체온에 주기적인 양상이 나타나게 하는 낮 동안의 체온 상승은 사람들이 낮에 취하는 자세가 밤보다 긴장되어 있기 때문이다. 항온동물에서 나타나는 체온의 주야 주기는 환경에 대한 모든 유기체의 태도에 일어난 변화를 나타낸다. 환경의 자극을 받는 동물은 쉴 때조차도 그 에너지가 전혀 소비되지 않는 것은 아니다. 에너지의 일부는 주의를 기울이고 다음 행동을 준비하는 태도에 사용된다. 깨어 있음은 주위에 경계를 하지 않더라도 무엇인가 대가를 치러야 하는 행동이다[60; 61; 62; 63].

앞서의 결론은 때로 그 결과가 모순적으로 보이는 인간에 대한 관찰과 실험에 큰 빛을 비춘다. 한편 모소Mosso와 베네딕트는 모두 정상 체온 곡선이 환경 상태에 좌우된다는 사실을 증명하지 못했다. 그러나 1907년 툴루즈Toulouse와 피에롱Piéron은 생활 조건을 역전시킴으로써 (밤에 활동하고 낮에 쉬고) 사람 체온의 주야 주기가 완전히 바뀐다는 사실을 증명했다. 이러한 모순을 어떻게 설명할 것인가? 그것은 베네딕트가 밤 생활에 잘 적응하지 못하고, 낮에 쉴 동안에도 주위 사람들처럼 정상적인 생활에 참여한 사람들을 관찰했기 때문이다. 카이저에 따르면 실험 조건이 생활 방식을 완전히 역전시킨 것이 아니므로 주기와 환경 사이의 의존 관계는 성립되지 않는다. 다음의 사실이 이러한 해석을 확증한다. 젖먹이에게서 주야의 주기는 아기의 발달에 따라 점진적으로 나타난다. 8일째 체온차는 0.09℃이고 5개월에는 0.37℃, 2세에서 5세 사이에는 0.95℃의 차가 나타난다. 오스본Osborne과 뷜커는 장기간의 여행 동안 주야간 주기를 연구해서 이 주기가 정확히 그 지역의 시간에 따른다고 주장했다[61, 304-306]. 린드하드Lindhard는 1906~1908년에 그린랜드를 탐험한 덴마크인들의 주야간의 주기가 그 지역의 시간에 따르며, 북위 76°46′에서 탐험대 전체의 '낮'을 12시간 옮겨놓고 또한 체온 곡선도 옮겨놓는 데 성공했다고 말했다. 정상적인

활동이 지속되었기 때문에 완전한 역전은 이루어지지 않았다.[8]

이것은 활동의 조건이나 집단적 생활 양식, 혹은 개인적 생활 양식과 관련된 상수의 사례이다. 그리고 그 상수의 상대성은 다양한 벗어남에 대한 조건반사에 의해 인간 행동의 규범을 나타낸다. 인간의 의지와 기술은 인간 활동이 이루어지는 곳에서만이 아니라, 인간의 활동이 환경과 만나는 유기체에서도 밤을 낮으로 바꾸었다. 우리가 다른 생리적 상수를 분석하였을 때, 그것들이 어느 정도로 인간 행동의 유연한 적응의 효과로서 마찬가지 방식으로 나타날 수 있는가는 알 수 없다. 우리에게 보다 중요한 것은 일시적인 해결책을 제시하는 것이 아니라 제기될 가치가 있는 문제를 제시하는 것이다. 어쨌든 우리가 이 예에서 행동comportement이라는 용어를 사용한 것은 적절하다고 생각한다. 조건반사가 대뇌피질의 활동을 이용하는 한, 반사라는 용어는 한정된 의미로 받아들여져서는 안 된다. 그것은 부분적인 현상이 아니라 전반적인 기능적 현상이다.

* * *

요컨대 우리는 규범과 평균이라는 개념을 별개의 개념으로 간주해야

---

8 *Rapport of the Danish Expedition of the North East Coast of Greenland 1906~1908. Meddelelser om Gronland*, Kopenhagen, 1917, p.44, *Handbuch der norm. u. path. Physiologie*, Berlin, Springer, 1926, t. XVII, p.3에 실린 R. Isenschmidt, "Physiologie der Wärmeregulation"에서 재인용.

한다고 생각한다. 규범이라는 개념의 고유성을 말살하여 동일성으로 환원시키려는 노력은 헛된 시도로 보인다. 생리학이 할 일은 정상적인 것을 객관적으로 규정하는 것이 아니라 생명의 고유한 규범성을 인식하는 것이다. 지극히 중요하고 어려운, 생리학의 진정한 역할은 이러한 규범이 결국은 수정 가능하다거나 불가능하다고 속단 내리지 않고 그 안에서 생명이 안정할 수 있는 규범의 내용을 정확히 결정하는 것이다. 동물은 온 세상에 거주할 수 있는 반면 식물은 태어난 자리에만 거주한다고 비샤는 말했다. 이러한 생각은 동물보다는 인간에게 더욱 적절하다. 인간은 모든 기후에서 생존할 수 있으며, 아마 거미를 제외하고는 거주의 영역이 온 땅에 걸쳐 있는 유일한 동물일 것이다. 그러나 무엇보다도 인간은 기술을 통하여 자기 활동의 환경조차도 그 자리에서 바꿀 수 있다. 그로 인해서 인간은 이제 스스로 변이가 가능한 유일한 종으로 등장한다[114]. 인공 장기를 통해 인간은 자연적 장기의 능력을 배가시켰고, 또 배가시키고 있는 지금 인간의 자연적 장기가 결국 인공 장기의 영향을 나타내리라는 가정은 당치 않은 것일까? 대부분의 생물학자에게 획득형질이 유전이라는 문제는 부정적인 결론이 내려진 문제이다. 생명체에 미치는 환경의 작용에 대한 이론이 그동안 받아온 오랜 불신에서 벗어날 순간에 있는 것은 아닌가 하고 생각해 볼 수 있다.[9] 이러한 경우 생물학적 상수들은 생명체에 미치는 생존의 외적 조건의 영향을 나타낼 것이며, 상수들이 규범적 가치를 가진다는 우리의

9 오늘날 우리는 더 이상 그러한 질문을 던지지 않는다.

가정이 무의미하다고 반대할 수도 있다. 중력에 의한 가속도의 변화가 위도와 관계 있는 것처럼 가변적인 생물학적 특성들이 환경의 변화를 나타낸다면 분명 우리의 가정은 무의미할 것이다. 그러나 관찰에서 알 수 있듯이, 만약 생물학적 기능들이 환경의 변화 앞에서 수동적인 방식으로 그 상태를 나타낼 뿐이라면 우리는 생물학적 기능은 알 수 없다고 되풀이해 말할 수밖에 없다. 사실 생명체의 환경은 선택적으로 어떠한 영향을 면하거나 제공하는 생명체 자신이 만들어 낸 작품이다. 라이닝어Reininger가 인간의 세계에 대해 한 말을 우리는 모든 생명체의 세계에 대해서 할 수 있다. 우리들이 세계에 대해 가지는 상像은 항상 가치상이다Unser Weltbild ist immer zugleich ein Wertbild(*Wertphilosophie und Ethik*, p.29, 1939, Vienne-Leipzig, Braumüller).

4. 질병, 치유, 건강

우리는 이상과 병리적 상태, 생물학적 변종과 생명체의 부정적 가치를 구별하면서 결국 동적인 극성으로 간주되는 생명체 자체에게 질병이 시작되는 시점을 판별할 임무를 맡긴다. 생물학적 규범은 항상 개인에 비추어 보아야 한다. 왜냐하면, 골드슈타인이 말하듯이 어떠한 사람은 다른 사람이라면 그러한 과업을 수행하기에 적합하지 않은 상태라 하더라도 "그에게 주어진 환경에서 유래되는 과업을 감당할 능력이" [46, 265] 있기 때문이다. 골드슈타인은 로지에Laugier와 마찬가지로 통계적으로 얻은 평균으로는 우리 앞에 존재하는 개인이 정상인지 아닌지를 결정할 수 없다고 주장한다. 개인에 대한 의학적 의무를 수행하기 위해 평균에서 출발할 수는 없다. 개인을 초월하는 규범에 의해 '병 듦'Kranksein의 내용을 결정하는 것은 불가능하다. 그러나 개인적 규범에서 볼 때 이것은 전적으로 가능하다[46, 265, 272].

마찬가지로 지거리스트는 생물학적 정상의 개인적 상대성을 주장한다. 전해 오는 말을 믿는다면 나폴레옹의 맥박수는 그가 아주 건강할 때조차도 1분에 40회였다! 따라서 만약 1분에 40회 수축으로 유기체가 그에게 요구되는 필요성을 충족시킨다면 그는 건강한 것이고, 사실상 그것이 평균 맥박수 70회를 벗어나더라도 40회의 맥박수는 그 유기체에게는 정상이다.[10] "따라서 평균에서 유래하는 기준과 비교하는 것에 만족해서는 안 되고 가능한 한 검사받는 개인의 제반 조건과 비교해야 한다"[107, 108]고 지거리스트는 결론지었다.

따라서 만약 정상적인 것이 엄격한 집단적 구속력을 갖지 않고 개인적 상태와의 관계에서 변화하는 기준을 가진다면, 정상적인 것과 병리적인 것의 경계는 불분명해진다. 그러나 그렇다고 해서 정상적인 것과 병리적인 것이 본질적으로 연속되어 있다거나, 이들은 양적인 변이에 불과하다거나, 건강과 질병이 상대적이어서 어디서 건강이 끝나

---

10 운동의 훈련이 심장의 박동 주기에 미치는 영향을 생각해 볼 때, 이 40회라는 수는 지거리스트가 이 예에 부여하고자 한 의미에 비해 놀라운 수치는 아니다. 맥박수는 훈련이 진행될수록 감소한다. 이러한 감소는 20대보다는 30대에서 훨씬 두드러지게 나타난다. 그것은 또한 실시하는 운동의 종류에 좌우된다. 조정 선수들에서 40회의 맥박은 지극히 좋은 상태에 있다는 지표이다. 맥박이 40회 이하로 떨어지는 것은 과잉 훈련을 말해 준다.

고 어디서 질병이 시작되는가를 알기에는 지나치게 혼란스럽다는 말은 아니다. 동시에 고려되는 다수의 개인에서는 정상적인 것과 병리적인 것의 경계가 불분명하지만 연속적으로 고려되는 한 사람의 동일한 개인에서는 그 경계가 분명하다. 어떤 상황에서는 규범적이 되는 정상적인 것은 그 자체로 변함없이 유지되더라도 다른 상황에서는 병리적인 것이 될 수도 있다. 이러한 변화를 판단하는 것은 개인이다. 왜냐하면 새로운 환경이 그에게 부여하는 업무를 수행하기에 부족하다고 본인이 느끼는 바로 그 순간에 괴로움을 겪는 것은 개인이기 때문이다. 자신의 업무를 완벽히 수행하는 어떤 아기 보는 하녀는 산장에 올라가서 자율신경계의 이상을 겪고 나서야 자신에게 저혈압이 있다는 사실을 알았다. 그런데 반드시 높은 곳에서 살아야 할 의무를 가진 사람은 없다. 그러나 그렇게 할 수 있다는 것은 우월함을 의미한다. 왜냐하면 피치 못할 순간에는 그러한 일이 일어날 수도 있기 때문이다. 생명체의 어떤 규범은 다른 규범이 허용하는 것과 금지하는 것을 포함할 때 다른 규범보다 우월하다. 그러나 다른 상황에서는 다른 기준이 존재하며 이들이 서로 다르다는 점에서는(다른 상황에서는 다른 기준이 적용되므로) 결국 마찬가지이며, 따라서 모두 정상이다. 이러한 의미에서 골드슈타인은 캐넌Cannon과 그의 동료들이 동물에게 시행한 교감신경 절제술의 실험에 큰 관심을 보인다. 일반적인 열 조절의 적응성을 모두 상실하고, 먹이를 얻기 위해서나 적에 대해 싸울 능력이 없는 이 동물들은 격심한 변동과 환경에 즉각적으로 적응할 필요가 없는 실험실 환경에서만 정상적이다[46, *276-277*]. 그러나 이러한 정상은 진정한 정상이 아니다. 사육되지 않고 실험적으로 처치되지 않은 생명체가 변동이나 새로운 사건이 일어날 수 있는 환경에서 살아가는 것이 정상이기 때문이다.

결과적으로 우리는 병리적 상태나 비정상anormal 상태가 모든 규범의 부재에서 생기지 않는다는 사실을 말해야 한다. 질병 또한 생명의 한 규범이다. 그러나 그 규범은 그것이 통용되는 상태들로부터의 어떠한 벗어남도 수용하지 못한다는 의미에서, 그리고 다른 규범으로 변화할 수 없다는 의미에서 열등한 규범이다. 병든 생명체는 일정한 생존의 조건에서만 정상화되므로normalisé 규범적인 능력, 즉 다른 조건에서는 다른 기준을 설정할 수 있는 능력을 상실했다. 사람들은 오래전부터 무릎에 결핵성 골관절염이 생길 경우 관절이 좋지 않은 자세(소위 position de Bonnet)로 고정된다는 사실에 주목했다. 넬라통Nélaton은 거기에 대해 처음으로 아직도 고전적으로 통용되는 설명을 제시했다. "(결핵성 골관절염에서) 다리가 일상적인 곧음을 유지하는 경우는 드물다. 환자는 통증을 덜기 위해서 본능적으로 근육을 관절면에 압력을 덜 가하게 만드는 굽힘과 펴짐의 중간 자세를 취한다[88, II, 209]. 여기서 병리적 행동이 고통을 회피한다는, 따라서 새로운 규범을 만든다는 의미가 제대로 파악된다. 관절은 근육을 수축시켜 최대한의 능력을 발휘할 수 있는 자세를 취하고, 또한 자연스럽게 통증을 피하는 자세를 취한다. 이러한 자세는 앞으로 굽히는 것만을 제외하고는 모든 자세가 가능한 관절의 기능에 비교해 볼 때만 나쁜vicieuse 자세라고 말할 수 있다. 그러나 다른 해부-생리학적 조건에서는 이러한 좋지 않음vice 아래에 다른 규범이 감추어져 있다.

* * *

골드슈타인은 1914~1918년에 걸쳐 일어났던 전쟁(1차대전)에서 뇌를 다친 사람들에 대해 체계적인 임상적 관찰을 시행하여 신경학의 몇 가지 일반적 원칙을 확립하였는데, 거기에 대해 간략히 언급하는 것이 좋을 듯하다.

만약 정상적 현상을 일정하게 변화시킨 것이 병리적 현상이라면, 이러한 변화의 고유의 의미를 파악한 다음에야 병리적인 현상으로부터 정상적인 현상을 밝혀 줄 통찰을 얻을 수 있다. 따라서 우선 병리적인 현상은 변형된 개인의 구조를 나타낸다고 이해하는 것으로부터 시작해야 한다. 그리고 환자의 인격 변화를 항상 염두에 두어야 한다. 그렇지 않으면 환자가 이전에 가능했던 반응과 유사한 반응을 보이더라도 전혀 다른 길을 통해 이러한 반응에 이를 수 있다는 사실을 무시할 위험성이 있다. 외관상 이전의 정상적인 반응과 동일한 이러한 반응은 이전의 정상적 행동의 찌꺼기가 아니며, 퇴화나 감소의 결과도 아니고 파괴된 무언가를 제외시킨 생명의 정상적인 모습도 아니다. 그것은 동일한 양상과 동일한 조건에 있는 정상적인 사람에서는 결코 일어나지 않는 반응이다[45].

어떤 유기체의 정상적인 상태를 규정하기 위해서는 특권적 행동comportement privilégié을 고려해야 하고, 질병을 이해하기 위해서는 파국 반응réaction catastrophique을 고려해야 한다. 특권적 행동이란 유기체가 행할 수 있는 모든 반응 가운데서 어떤 반응만이 이용되고 선호된다는 것을 의미한다. 특권적인 반응의 총체로 특징지어지는 생명의 양태는 그 안에서 생명체가 자기 환경의 요구에 가장 잘 응할 수 있는 상태, 즉 자신의 환경과 조화를 이루며 최고의 질서와 안정성을 가지면서도 망설임이나 혼란, 파국 반응은 가장 적게 가진다[46, 24; 49, 131~134]. 생리적 항상성(맥박, 동맥압, 체온 등)은 환경이 정한 조건 안에서 개체에 대해 조정된 안정성의 표현이다.

병리적 증상은 규범에 부합하는 유기체와 환경의 관계가 유기체가 변화함으로써 변화되었다는 사실과, 정상적인 유기체에서는 정상적인 많은 것들이 변화가 일어난 유기체에서는 더 이상 정상이 아니라는 사실의 표현이다. 질병은 위기이고 생존에 대한 위협이다. 따라서 질병에 대한 정의는 개체적 존재라는 개념을 출발점으로 요구한다. 질병은 유기체가 변질되어 원래의 주어진 환경에서 파국적인 반응을 나타날 때 일어난다. 이것은 단순히 국소적 결핍에서 생겨나는 기능적 장애에서만 나타나는 것이 아니라 아주 일반적인 양식으로 나타난다. 왜냐하면 우리가 방금 본 것처럼 하나의 무질서한 행동은 유기체 전체의 다소간 무질서한 행동을 나타내기 때문이다[48, 268~269].

골드슈타인은 자신의 환자가 새롭지만 좁아진 환경과 관계를 맺으며, 활동 수준을 감소시켜 새로운 규범을 설정한다는 사실을 지적했다. 뇌에 병변이 있는 환자에게 좁아진 환경은 정상적인, 즉 이전 환경의 요구를 충족시키지 못하는 환자의 무능력과 맞물린다. 엄격하게 보호되지 않는 환경에서 환자는 파국적인 반응밖에 할 수 없다. 또 환자가 질병에 굴복하지 않는 한, 환자는 파국적인 반응의 공포를 벗어나고자 노심초사한다. 그로부터 이 환자들의 정리벽manie de l'ordre, 세밀함, 단조로운 일에 대한 적극적인 취향, 그들이 지배할 수 있는 상황에 대한 집착이 생겨난다. 환자는 한 가지 규범만을 수용할 수 있기 때문에 환자이다. 이미 우리가 여러 번 사용한 표현을 사용한다면, 환자는 규범이 없기 때문에 비정상이 아니라 새로운 규범을 만들어 낼 능력이 없기 때문에 비정상이다.

우리는 질병에 대한 이러한 관점이 콩트나 베르나르의 개념과는 얼마나 거리가 먼가를 알 수 있다. 질병은 적극적으로 새로워지려는 생명체의 실험이지, 단순히 감소하고 증가하는 어떠한 현상이 아니다. 병리적 상태의 내용은 규모의 차이를 제외한다면 건강의 내용으로부터 추론될 수 있는 성질의 것이 아니다. 질병은 건강의 차원에서 일어난 변이가 아니다. 그것은 생명의 새로운 차원이다. 비록 이러한 견해가 프랑스의 대중들에게 최신의 것으로 보이더라도,[11] 이 견해가 잭슨Hughlings Jackson에게까지 거슬러 올라가는 신경학의 장구하고 풍성한 발전의 귀결이라는 점을 잊어서는 안 된다.

---

11 메를로 퐁티의 『행동의 구조』는 골드슈타인의 사상을 전파하는 데 크게 공헌했다.
 * E. Burckardt und J. Kuntz, *Aufbau des organismus*의 프랑스어판은 『유기체의 구조』(*La structure de l'organisme*)라는 제목으로 1951년 갈리마르에서 출판되었다.

잭슨은 신경 계통의 질환을 서열화된 기능의 와해로 제시한다. 모든 질병은 이 서열의 단계에 응한다. 따라서 병리적 증상에 대한 모든 해석에서 긍정적이고 부정적인 측면을 모두 고려해야 한다. 질병은 결핍인 동시에 개조이다. 상위 신경 중추의 병변은 조절과 통제로부터 하위 중추를 해방시킨다. 이 병변은 일부 기능의 상실을 가져오지만, 존속하는 기능에 일어난 혼란은 이제부터 상위 중추의 지배를 받지 않게 된 하위 중추의 고유한 활동 탓이다. 잭슨에 의하면 어떠한 긍정적인 현상도 부정적인 원인을 가질 수 없다. 상실이나 부재로는 감각신경 운동 행동의 이상을 만들어 내는 데 부족하다[38]. 마찬가지로 보브나르그Vauvenargues는 사람을 판단할 때에는 그가 모르는 것에 의해서가 아니라 그가 아는 것, 사람이 아는 방식에 따라 판단해야 한다고 말했다. 잭슨은 헤드Head가 황금률이라고 부른 방법론적 원칙을 제시한다. "환자가 진정으로 이해하는 것에 주목하고 기억상실증, 독서불능증, 어롱語聾, surdité verbale 등과 같은 용어를 피하라"[87, 759]. 이것은 어떤 환자가 어떤 전형적인 상황에서 이러한 결점이 느껴지는가를 명확히 한정하지 않는 한, 환자가 말을 잃었다고 말하는 것은 아무 의미가 없음을 나타낸다. 어떤 실어증 환자에게 질문을 한다. 당신의 이름은 장입니까? 그는 "아니오"라고 대답한다. 그러나 그에게 "아니오"라고 말하라고 명령하면 그는 노력해 보지만 실패한다. 동일한 단어가 감탄사의 가치를 지니면 발음되지만 판단의 가치를 지니면 발음할 수 없다. 때로 환자는 그 단어를 발음하지 못하지만 우언법에 의해 거기에 이를 수 있다. 무르그Mourgue는 일상적으로 사용하는 어떠한 물건의 명칭을 말할 수 없는 환자에게 잉크병을 주었을 때 그가 다음과 같이 말한다고 상상해 보라고 말한다. "이것은 내가 잉크를 담는 자기로 된 항아리라고 부르는 것입니다." 그는 기억상실증인가 아닌가?[87, 760]

잭슨의 위대한 가르침은 언어, 특히 일반적으로 외부 세계와 관계하는 생명의 모든 기능은 의도적인 용도나 무의식적인 용도로 쓰일 수 있다는 것이다. 의도적인 행위에는 선입견이 존재한다. 행위는 실제로 실행되기 이전에 가능적으로 실행되고 꿈꾸어진다. 우리는 언어에서 의도적으로 의미를 나타내는 명제와 특별한 의도 없이 의미를 나타내는 명제를 만드는 두 가지 계기를 구별할 수 있다. 하나는 개념이 정신에 무의식적으로 일어나는 주관적인 계기와 다른 하나는 계획에 따라 개념을 의도적으로 사용하는 객관적인 계기이다. 그런데 옹브르단느A. Ombredane는 언어에 따라 이 두 계기 사이의 편차는 다양하다고 말한다.

우리가 독일어 동사의 마지막 부분에서 볼 수 있듯이, 이러한 편차가 두드러진 언어가 있는가 하면 그러한 편차가 적은 언어도 있다. 또한 실어증 환자는 표현의 주관적 계기의 차원을 결코 넘을 수 없다고 한 잭슨의 말을 기억한다면, 실어증 장애의 심한 정도는 환자가 그 안에서 표현하고자 하는 언어의 구조에 따라서 달라진다는 픽Arnold Pick의 말을 인정할 수도 있다[91, 194].

결국 잭슨의 견해는 골드슈타인 개념의 입문으로 소용되어야 한다. 환자는 항상 그가 반응하는 상황과, 환경이 그에게 제공하는 행동 수단——언어 장애에서는 언어——과의 관계에서 판단되어야 한다. 그 자체로 병리적인 장애는 없다. 비정상은 관계 안에서만 인식된다.

그러나 옹브르단느[91], 이Ey와 루아르Rouart[38], 카시러Cassirer [22]를 통해 잭슨과 골드슈타인이 아무리 가까이 접근했다 하더라도, 그들의 근본적인 차이와 골드슈타인의 독창성을 무시할 수는 없다. 진화론적 견해를 취하는 잭슨은 관계 기능들의 서열화된 중추와 그 다양한 기능들은 진화의 서로 다른 단계에 상응한다는 사실을 인정한다. 기능적 우월성의 관계는 시간적 연속성의 관계이다. 상위 기능이 파괴되기 쉽고 불안정한 이유는 그것이 나중에 생겼기 때문이다. 환자는 혼란되어 있으므로 또한 퇴행한 것이다. 실어증 환자나 실행증 환자l'apraxique는 어린아이나 동물의 언어나 행동으로 돌아간다. 비록 질병이 가진 것의 단순한 손실이 아니라 남은 것의 수정이라 하더라도 질병은 아무것도 창조하지 않으며, 카시러의 말처럼 질병은 "인류가 끊임없는 노력에 의해 서서히 전진해 나가야 하는 도상에서"[20, 566] 환자를 퇴행시킨다. 골드슈타인은 질병은 대담함이 없기 때문에 창조적 활력이 없는 위축된 삶의 양식이라고 말했지만, 질병은 개인에게 새로운 삶이며, 새로운 생리적 상수들과 변함없는 결과를 획득하는 새로운 기전으로 특징지워진다. 이로부터 이미 인용한 바 있는 다음과 같은 경고가 나온다.

환자가 취할 수 있는 다양한 태도는 파괴를 모면한 정상적 행동의 찌

꺼기만을 나타낸다고 믿지 않도록 주의해야 한다. 환자에게 남아 있는 태도는, 사람들이 지나치게 자주 인정하듯이, 개체 발생이나 계통 발생의 하위 단계에서도 정상적 사람에서는 결코 이러한 형태로 나타나지 않는다. 질병은 환자의 태도에 특정한 형태를 부여하는데, 병적 상태를 고려해야만 그것을 이해할 수 있다[45, 437].

성인 환자의 몸짓이 아이의 몸짓에 비교될 수 있다면, 결국 이들이 본질적으로 유사하다는 전제하에 아이의 행동을 대칭적으로 성인 환자의 행동으로 규정하게 될 가능성이 있다. 그렇게 하는 것은 항상 새로운 규범으로 고양되기 위해 아이를 자극하는 이 열망을 무시하는 불합리한 일이 될 것이다. 왜냐하면, 환자 스스로가 그 안에서 거의 정상이라고 느끼는, 다시 말해서 자신의 환경을 이용하고 지배하는 위치에 있다고 느끼는 생명의 유일한 규범을 끈질기고 힘들게 유지하려고 고심하는 환자의 행동은 아이의 행동과는 근본적으로 다르기 때문이다.
이와 루아르는 정확히 이 점에서 잭슨의 생각에서 부족한 점을 잡아낸다.

정신 기능의 차원에서 분열이 일어나면 능력은 퇴보하고 인격은 열등한 수준으로 퇴행한다. 능력의 퇴보가 정확히 이전 단계를 되풀이하지는 않지만 거기에 접근한다(지각과 언어 장애 등). 총체적인 인격의 퇴행은 개체 발생이나 계통 발생의 역사적 단계에 완전히 일치할 수 없다. 왜냐하면 퇴행은 능력이 퇴보한 표시이며, 더구나 퇴행이 현순간에서 인격의 반응 양식인 한, 비록 상위의 기능이 제거되었다고 해도 과거의 반응 양식으로 돌아갈 수 있는 것은 아니다. 섬망과 아이의 정신 상태, 그리고 원시인의 정신 상태 사이에서 유사성을 발견하더라도 그것들이 동일하다고 결론 내릴 수는 없다[38, 327].

델마-마살레Delmas-Marsalet가 전기 충격을 사용한 신경정신과적 치료에서 얻어진 결과를 해석하는 데는 여전히 잭슨의 생각이 길잡이가 되었다. 그러나 델마-마살레는 결핍에 의한 부정적 장애와, 나머지 부분을 발산시키는 적극적인 장애를 구별하는 잭슨의 견해에 만족하지 않고 이나 루아르와 마찬가지로 질병이 비정상적으로, 즉 완전히 새로운 것으로 보이게 만드는 것이 무엇인가를 강조한다. 독성 물질, 외상, 감염의 영향을 받는 뇌에서는 이쪽 부위와 저쪽 부위가 새로운 관계를 맺게 되고 새로운 방향 설정이 다양하게 역동적으로 일어날 수 있다. 세포 전체는 양적으로 변화가 없지만, 새롭게 배열될 수 있으며, '동질이성형'type isomérique의 관계를 형성할 수 있다. 그것은 화학에서 이성체들이 전체적으로는 동일한 분자식을 가지면서도 어떤 고리는 공통의 핵에 대해 다르게 위치하고 있는 것과 마찬가지이다. 치료의 관점에서 본다면, 전기 충격으로 인한 혼수상태는 신경정신 기능에 분열을 일으킨 후 재구성시킨다는 것을 인정해야 한다. 그 재구성은 반드시 이전의 분열 단계가 역으로 다시 나타날 것일 필요는 없다. 치유는 하나의 배열에서 초기 상태의 회복과 마찬가지로 다른 배열로의 변환으로도 볼 수 있다[33]. 여기서 최신 개념을 언급하는 것은 병리적인 것이 정상적인 것으로부터 단선적으로 추론되지 않는다는 생각이 어떤 점에서 불가피한가를 보이기 위해서이다. 골드슈타인의 언어나 그의 방식을 비난하는 사람은 우리가 개인적으로 그들의 약점 ──즉 그러한 결론을 표현하기 위해서 사용하는 심리학적 원자론의 어휘와 이미지들 (건물, 건축용 돌, 배치, 건축 등) ──으로 간주하는 것들 때문에 델마-마살레의 결론에 동의할 것이다. 그러나 그들의 임상적 성실성은 언어와는 무관하게 고려할 가치가 있는 사실들을 확립하고 있다.

* * *

골드슈타인의 생각을 설명하면서, 또 그의 생각과 잭슨의 생각 사이의 관계를 설명하면서 우리는 지금 신체적 장애보다는 정신적 장애의 영역에 대해 말하고 있으며, 우리가 특별히 취하고자 했던 관점인 순수한 생리적 기능의 변화보다는 정신운동 작용의 쇠약에 대해 설명하고 있다고 반박하는 사람도 있을 것이다. 이에 대해 우리는 골드슈타인이 간행한 것만이 아니라 그의 강의까지도 다루었으며, 우리의 가설과 명제 ──골드슈타인의 생각은 이들을 고무했지만 영감을 준 것은 아니다──를 입증하기 위해서 끌어들인 병적 사실의 모든 예들도 생리학적 병리학으로부터 빌린 것이라고 응수할 수도 있을 것이다. 그러나 우리는 연구 방향에서 골드슈타인에게 빚진 것이 전혀 없는 연구자들이 새롭게 이루어 놓은, 논란의 여지가 없는 생리학적 병리학의 연구 성과들을 기꺼이 제시하고자 한다.

우리는 신경학의 영역에서 이루어진 임상적 관찰과 실험을 통해 신경의 절단이 해부학적 불연속만으로는 설명할 수 없는 증상을 일으킨다는 사실에 오래전부터 주목해 왔다. 1914~1918년의 전쟁 동안 부상과 수술적 처치 이후에 생겨난, 감각과 운동 영역의 이차적 장애에·관련된 수많은 사실들이 새로운 관심을 불러일으켰다. 당시에는 이러한 현상들이 해부학적 보충, 가성-회복, 기껏해야 흔히 말하듯이 심리적 암시pithiatisme 정도로만 설명되었다. 르리슈의 위대한 공적은 1919년부터, 절단된 신경의 생리학을 체계적으로 연구하고 '신경교종증'syndrome du neurogliome이란 명칭 아래 임상적 관찰을 체계화시킨 것이다. 나제오트Nageotte는 이 부어오른 절단면을 절단신경종névrome d'amputation이라고 불렀는데, 이는 절단된 신경의 중심부 끝에 형성되는 축삭돌기와 신경아교로 이루어져 있다. 르리슈는 처음으로 신경종이 반사 현상의 출발점이라는 것을 알아냈고, 신경 절단면의 중심부에 흩어져 있는 축삭들에서 소위 반사의 기원을 찾아냈다. 신경교종증은 결여적인privatif 측면과 실재적인positif 측면 —— 즉 나타나지 않았던 장애의 출현 —— 을 모두 갖고 있다. 르리슈는 교감신경섬유가 신경교종에서 생겨난 흥분의 일반적인 통로라고 가정하면서, 이 흥분들이 "뜻하지 않게 거의 대부분은 혈관을 수축시키는 혈관운동vaso-moteur의 반사를 일으키고, 이 반사들이 평활근섬유에 과도한 긴장을 일으키며, 말초에서 신경 절단에 의해 정말로 새로운 질병을 만들어 낸다고 생각한다. 이는 운동과 감각의 결핍에 병행하는 새로운 질병인데, 이 질병의 특징은 청색증cyanose, 오한refroidissement, 부종œdème, 영양 장애, 통증 등이다"[74, 153]. 르리슈는 이를 치료하기 위해서는 신경을 이식해 신경교종의 형성을 막아야 한다는 결론을 내렸다. 이식이 해부학적 연속성을 회복시키지는 못하겠지만 절단부 중앙부의 맨끝부분과 맞붙이면 위쪽 끝으로 자라나는 축삭돌기와 통로를 만들 수 있다. 또한 푀스터Foerster가 제안한 방법을 이용할 수도 있는데, 이 방법은 신경초를 묶고 무수(100%) 알콜을 주입하여 절단된 신경의 그루터기를 말려 버리는 것이다.

르리슈와 같은 방향으로 일하는 바이스A. G. Weiss는 신경교종에 대해 르리슈보다는 훨씬 단호하게 생각한다. 그는 이식하거나 봉합하여 해부학적 연속성을 흉내 내는 데 시간을 낭비하지 말고 즉시 신경교종을 제거하는 것이 좋고, 또 그렇게 하는 것으로 충분하다고 생각한다. 물론 그렇게 한다고 해서 절단된 신경의 지배 영역이 완전히 회복되리라고 기대하지는 않는다. 그러나 이것은 선택의 문제이다. 예를 들어 팔꿈치 경련griffe cubitale에서 신경이식에 의해 신경을 연결시켜 마비 증상이 호전되기를 기다릴 것인가, 아니면 부분적으로는 여전히 마비되어 있지만 만족할 만한 정도의 기능적 예민함을 환자에게 즉각 회복시켜 줄 것인가를 선택해야 한다.

클라인Klein의 조직학적 연구는 이 모든 현상들을 설명할 수 있다 [119]. 구체적으로 관찰된 증례의 양태(경화증, 염증, 출혈 등)가 어떤 것이든, 신경종에 대한 모든 조직학적 검사는 일정한 사실을 보여 주고 있다. 즉 축삭돌기의 신경형질이 때로는 상당히 증식된 슈반 초gaine de Schwann와 항상 접하고 있는 것이다. 이러한 사실은 신경종이 일반 감

각의 말초 수용기와 근접해 있음을 증명해 주는데, 이 말초 수용기는
축삭돌기의 말단과 항상 슈반 초에서 유래하는 분화된 요소들로 구성
되어 있다. 이러한 근접성은 신경교종이 특이한 흥분의 출발점이라는
르리슈의 개념을 확증해 준다.

하여튼 바이스와 바르테J. Warter는 다음과 같이 확고하게 주장하
고 있다.

> 신경교종은 단순히 운동과 감각이 차단된 차원의 질병이 아니며, 아주
> 심해지면 특발성 장애를 일으키기도 한다. 따라서 여러 가지 방법을
> 통해 신경교종에 뒤따르는 장애들을 환자들로부터 제거해 준다면, 잔
> 존하는 감각-운동성 마비는 사실 이차적인 양상을 취하고 병변이 있
> 던 사지는 거의 정상적인 작용을 하게 되는 경우가 많다[118].

신경교종은 질병이 단순히 생리적 질서의 사라짐이 아니라 새로운
생명의 질서가 출현한 것이라는 생각을 실증하는 데 지극히 적합한 예
이다. 이러한 관념은 이 책의 1부에서 본 것처럼 르리슈의 생각이자 골
드슈타인의 생각이며, 무질서에 대한 베르그송의 이론을 정당화시켜
줄 수 있다. 무질서는 존재하지 않는다. 바라거나 좋아하는 질서가, 어
쩔 수 없거나 감내해야만 하는 또 다른 질서로 대체될 뿐이다.

$$* \quad * \quad *$$

그러나 바이스와 바르테가 환자나 의사에게 모두 만족스러운 기능적 회복은 이론적으로 그 기능에 상응하는 해부학적 구조를 완전히 복원시키지 않고도 얻어질 수 있다는 사실을 지적할 때, 그들은 분명 의도하지는 않았지만 치유에 대한 골드슈타인의 생각을 확인해 준다.

건강하다는 것은 질서정연하게 행동할 수 있음을 말한다. 이전에 가능했던 어떠한 것들을 실행할 수 없음에도 불구하고 건강할 수 있다. 그러나 새로운 건강 상태는 이전의 것과는 다르다. 마찬가지로 과거의 정상성에서는 정확한 내용의 규정이 특징이었던 반면, 내용의 변화가 새로운 정상성에는 속한다. 이것은 일정한 내용물을 가진 유기체라는 우리의 개념에 따르면 자명한 것이다. 그리고 그것은 치유에 대한 우리의 행위에 가장 중요한 것이다. 몇 가지 모자라는 점이 있더라도 치유는 항상 유기체의 본질적 특성의 상실과 동시에 새로운 질서의 재출현과 짝을 이룬다. 여기에 새로운 개인적인 규범이 상응한다. 치유의 과정에서 질서를 되찾는 것이 얼마나 중요한가는 무엇보다도 유기체가 질서를 가능하게 만드는 특징들을 보존하고 획득하는 경향이 있다는 사실에서 알 수 있다. 이것은 유기체가 무엇보다도 새로운 상수들의 획득을 목표한다는 사실을 말해 준다. 이전과 비교해 볼 때 치유의 과정 중 어떠한 부분에서 변형이 일어난 사실을 발견하지만, 그 특성들은 새로운 상수들에 속한다. 우리는 정신적 영역에서와 마찬가지로 육체적 영역에서도 새롭게 상수들을 발견한다. 예를 들자면 이전에 비해 변화되었지만 상대적으로 일정한 맥박수, 마찬가지로 혈압, 혈당증, 전반적인 정신적 작용 등. 이러한 새로운 상수들은 새로운 질서를 보장한다. 우리가 치유된 유기체의 행동에 관심을 가질 때에만 그들의 행동을 이해한다. 우리에게는 현재의 항상성을 변화시키려 노력할 권리가 없으며, 그렇게 함으로써 우리는 새로운 무질서를 창조할 수 없을 것이다. 우리는 항상 열에 대항해 싸우지 말며, 체온의 상승은 치유에 필수적인 상수들이란 사실을 배웠다. 혈압의 상승이나 심리 현상에 대해서도 마찬가지이다. 우리는 오늘날에도 여전히 이러한 종류의 많은 변화된 상수들을 해로운 것으로 간주하여 제거하려 하는데, 그보다는 이들을 존중하는 편이 낫다[46, 272].

비의적이고, 역설적 생리학의 창시자라는 느낌을 주게끔 골드슈타인을 인용한 것과는 반대로, 여기서는 기꺼이 그의 중심적 생각의 객관성을(진부하기조차 한) 강조하고자 한다. 이것은 그의 주장과는 무관하게도 그의 고유한 연구 방향으로 향하는 단순한 임상가의 관찰만은 아닌, 실험적 증명이다. 카이저는 1932년 다음과 같이 썼다. "척수를 절단한 후 관찰되는 반사소실은 바로 그 반사궁의 차단으로 인한 것이다. 반사의 재출현과 동반된 쇼크 상태의 사라짐은 엄밀히 말해 회복이 아니라 축소된 새로운 개체의 확립이다. 인간은 척수동물이라는 새로운 실체를 창조하였다"(von Weizsaecker)[63 같은 책, 115].
　새로운 생리학적 규범은 앞선 질병에 대한 기준의 등가물이 아니라고 주장하며, 골드슈타인은 결국 생명은 가역적이지 않다는 근본적인 생물학적 사실만을 확인한다. 그러나 생명은 원래의 상태로 회복 rétablissement되지는 못하지만 생명은 진정한 생리학적 새로움인 교정 réparation을 획득할 수 있다. 이러한 새로움의 가능성은 질병이 위중할수록 감소한다. 절대적인 의미에서의 건강은 새로운 생물학적 규범을 확립할 수 있는 능력이 처음에는 결정되어 있지 않다는 것이다.

*   *   *

르리슈의 책임 편집하에 출판된 『프랑스 대백과사전』 제4권 '인간'의 권두 그림은 포환 던지는 운동 선수의 모습으로 건강을 표상하고 있다. 이 간단한 그림은 뒤따라 나오는 정상적 인간의 묘사에 사용된 모든 내용들과 동일한 것으로 보여진다. 우리는 이제 앞서 설명하고 비판적으로 검토한 내용들에 산재한 모든 생각들을 모아 건강의 정의에 대한 개략적인 그림을 그리고자 한다.

　　만약 질병이 일종의 생물학적 규범이란 사실을 인정한다면, 병리적 상태는 절대적인 의미에서 비정상이라고 할 수 없고, 어떤 특정한 상황과의 관계에서 비정상이라고 할 수 있다. 건강과 정상이 완전히 동일한 것은 아니다. 왜냐하면 병리적인 것도 일종의 정상이기 때문이다. 건강하다는 것은 단순히 어떤 상황에서 정상적이라는 의미만이 아니라, 가능적인 이러저러한 상황에서도 정상적임을 의미한다. 건강을 특징짓는 것은 일시적인 정상을 규정하는 규범을 넘어설 수 있는 가능성이다. 즉 그것은 규범의 위반을 허용하고, 새로운 상황에서는 새로운 규범을 확립할 수 있는 가능성이다. 일정한 요구 조건이 충족된 환경과 체계 내에서는 신장을 하나 가진 사람도 정상이다. 그러나 나머지 하나의 신장을 잃을 여유는 없기 때문에 아끼고 조심해야 한다. 의학적 상식이 주는 처방은 너무 낯익어서 사람들은 거기서 어떤 심오한 의미도 찾아보려 하지 않는다. 그러나 "주의하십시오"라고 말하는 의사의 말에 따르기는 얼마나 어려운가! "몸을 아끼라me ménager고 말하기는 쉽지만 내게는 해야 할 집안일ménage이 있습니다." 어떤 가정의 어머니는 이 말에 역설이나 특별한 의미를 부여할 어떠한 의도도 없이 병원에서 진찰을 받으며 말했다. 집안일이란 남편이나 아픈 아이에서 일어날 수 있는 일, 즉 하나밖에 없기 때문에 아이가 잠잘 동안 밤에 수선해야 할 찢어진 바지, 늘 가던 빵집이 뜻하지 않게 문을 닫아 멀리까지 장을 보러 가야 하는 일 등이다. 몇 시에 식사하는지를 모르고, 계단이 튼튼한지 약한지를 모르고, 마지막 전차 시간을 모르고서 몸을 아끼기는 어렵다. 왜냐하면 전차가 떠나면 아무리 멀더라도 집까지 걸어가야 하기 때문이다.

건강은 불확실한 환경을 수용해 낼 수 있는 여지이다. 그러나 환경의 불확실성에 대해 이야기한다는 것이 불합리하지 않은가? 사실 제도들은 일시적이고, 규약들은 쉽게 폐기되고, 유행이 번갯불처럼 빠르게 지나가는 인간의 사회적 환경은 불확실하다. 그러나 우주적 환경, 전체 동물의 환경은 기계적·물리적·화학적으로 일정한 계système, 불변하는 사실들이 아닌가? 과학이 규정하는 이러한 환경은 분명 법칙의 세계이다. 그러나 이 법칙은 이론적인 추상이다. 생명체는 법칙들 가운데서 사는 것이 아니라 법칙을 다양화시키는 존재들과 사건들 가운데서 살고 있다. 새가 앉아 있는 것은 나뭇가지이지 탄성의 법칙이 아니다. 만약 나뭇가지를 탄성의 법칙으로 환원시킨다면, 우리는 새에 대해 이야기하는 대신 콜로이드 용액에 대해 말해야 한다. 그러한 분석적 추상의 수준에서는 생명체에게 환경이나 건강, 질병은 더 이상 문제가 되지 않는다. 마찬가지로 여우가 먹는 것은 달걀이지 알부민의 화학이나 발생학의 법칙이 아니다. 왜냐하면, 특정한 성질을 부여받은 생명체는 특정한 성질을 부여받은 대상들이 있는 세계의 가운데에서, 가능적 사건들의 세계에서 살기 때문이다. 우연히 존재하는 사물은 없다. 모든 것은 사건의 형태로 일어난다. 이것이 바로 환경이 불확실한 점이다. 환경의 불확실성은 바로 자신의 생성이고 역사이다.

따라서 생명체에게 생명이란 단조로운 면역의 결과도, 단선적인 운동도 아니다. 생명은 기하학적인 엄밀함을 무시한다. 생명은 예상치 않게 새는 곳과 함정과 탈주와 저항들이 존재하는 환경과의 논쟁 혹은 대화(골드슈타인이 Auseinandersetzung이라고 부르는 것)이다. 다시 한번 되풀이하자. 우리는 오늘날 아주 인기가 있는 비결정론을 가르치는 것이 아니다. 우리는 어떤 생명체의 생명이 비록 그것이 아메바의 것이라 할지라도, 과학적인 차원에서가 아니라 경험의 차원에서만 건강과 질병이란 범주들을 인정한다고 주장한다. 경험의 차원은 용어의 정의적情意的 의미에서의 시련이다. 과학은 경험을 설명하지만 그렇다고 해서 경험을 불필요한 것으로 만들지는 않는다.

건강은 현재의 안전과 미래에 대한 보장(독일인들이 Sicherungen 이라고 부르는 것)의 총체이다. 추측이 아닌 심리적 보장이 존재하듯이 과잉이 아닌 생물학적 보장도 존재한다. 그것이 건강이다. 건강은 반응의 가능성을 조정하는 핸들이다. 생명은 통상 그 가능성 이하에 있지만 필요할 때는 기대되는 능력 이상을 보여 준다. 이것은 염증과 같은 방어 반응에서 분명히 나타난다. 만약 감염에 대한 싸움에서 즉각 이긴다면 염증은 없을 것이다. 또한 유기체의 방어가 즉각적으로 강제되어 장애물을 제거한다면 염증은 없을 것이다. 염증이 존재한다는 것은 감염에 대항하는 방어 장치가 깜짝 놀라서 동원되는 것을 말한다. 건강하다는 것은 병에 걸렸다가 거기서 회복할 수 있는 능력을 말한다. 그것은 일종의 생물학적 사치이다.

반대로 질병의 특성은 불확실한 환경에 대한 허용 여지가 감소한 것이다. 여기서 감소라는 말은 콩트와 베르나르의 개념에서 제시한 임계점 아래로 떨어진다는 의미는 아니다. 이 감소는 단순히 과거에 살았던 환경의 일부 상태에서만 살 수 있다는 의미가 아니라 그와는 다른 환경에서만 살 수 있음을 말한다. 골드슈타인은 이 점을 잘 지적했다. 질병의 합병증에 대한 일반 사람들의 근심은 사실 이러한 경험을 나타낸다. 우리는 어떠한 질병이 악화될 때만 그 질병에 주의를 기울인다. 왜냐하면 질병의 합병증보다는 질병의 악화가 더욱 문제가 되기 때문이다. 각 질병은 다른 질병에 대항할 능력을 감소시키고 그것이 없이는 살아 있을 수조차 없을 최초의 생물학적 보장을 고갈시킨다. 홍역은 아무것도 아니다. 사람들이 두려워하는 것은 기관지 폐렴이다. 매독은 신경계를 침범하는 것이 알려진 이후부터 두려움의 대상이 되었다. 당뇨병은 당뇨만 있다면 중한 병이 아니다. 그렇다면 당뇨로 인한 혼수 상태는? 괴사는? 수술적인 처치가 필요하다면 어떤 일이 일어날까? 외상을 입지 않는 한 혈우병 자체는 아무것도 아니다. 그러나 자궁 속으로 다시 들어갈 수 없는 이상 어떻게 다치는 것을 피할 수 있겠는가? 그리고 자궁 안에서조차도!

철학자들은 생명체의 근본적인 경향이 보존인지 아니면 확장인지에 대해서 논쟁한다. 의학적인 경험은 이 논쟁에 중요한 주장을 제기한다. 궁극적으로 파국적인 반응을 일으키는 상황을 피하려고 하는 질병에 대한 두려움은 자기 보존의 본능을 나타낸다. 그에 의하면 이 본능은 생명의 일반적인 법칙이 아니라 위축된 생명의 법칙이다. 건강한 유기체는 현재의 상태와 환경에서 현상 유지만을 추구하기보다는 자신의 본성을 실현시키려 한다. 그런데 이 본성은 유기체가 위험에 직면하고 가능한 파국적 반응을 받아들이기를 요구한다. 건강한 사람은 그것이 비록 생리적이라 하더라도, 자신의 습관을 급작스럽게 뒤엎는 혼란이 제기하는 문제를 회피하지 않는다. 그는 새로운 질서를 확립하기 위해 유기체의 위기를 극복하는 능력에 의해 건강의 정도를 측정한다[49].

인간은 정상──즉 환경과 그 요구 사항에 대해 적응하는 것──을 넘어선다고 느낄 때에만 자신이 건강하다고 느낀다. 그러나 생명의 새로운 규범을 따라갈 수 있을 때에는 규범적이라고 느낀다. 이것은 분명 자연이 아주 풍족하게 유기체를 구성했다는 느낌을 사람들에게 주기 위해서는 아니다. 만약 인간의 생명을 식물적인 생명에 한정시켰다면 인간은 너무 많은 신장·너무 많은 폐·너무 많은 부갑상선·너무 많은 췌장·너무 많은 뇌 조직을 갖고 있는 셈이다.[12] 그렇게 생각하는 것은 지극히 순진한 형태의 목적론을 나타낸다. 인간은 항상 그것을 남용하는 것이 정상인 수단의 과잉에 의해 지탱된다고 느낀다. 환자들에게는 무언가가 과도하거나 누락되어 있으므로 질병을 잘못으로 보는 어떤 의사들에 반대하여, 우리는 병에 걸릴 수 있는 능력과 질병에의 유혹은 인간의 생리에 본질적인 특성이라고 생각한다. 우리는 발레리의 말을 바꾸어 건강에 대한 가능한 남용은 건강의 일부를 이룬다고 말했다.

정상적인 것과 병리적인 것을 평가하기 위해서는 인간의 생명을 식물적인 생명에 한정시켜서는 안 된다. 사람은 엄밀히 말해 많은 기형이나 질환을 갖고서도 생존할 수 있다. 그러나 그 경우 생활에서 아무것도 할 수 없거나, 아니면 적어도 언제나 몇 가지만 할 수 있다. 이러한 의미에서 유기체의 모든 상태가 주어진 환경에 대한 적응이라면, 그것이 생명에 부합할 수 있는 한 결국 정상이 된다. 그러나 이러한 정상성은 가능한 모든 규범성을 포기한 대가로 얻는다. 인간은 육체적인 의미에서조차도 그 유기체에 한정되지 않는다. 도구를 통해 자신의 기관을 확장시킨 인간은 자신의 육체를 가능한 모든 작용 수단으로만 본다. 따라서 바로 그 육체에서 정상적인 것과 병리적인 것을 평

---

12 여기에 대해서는 W. B. Cannon, "chap. XI: La marge de sécurité dans la structure et les fonctions du corps", *La sagesse du corps*, Paris, 1946.

가하기 위해서는 그 육체 너머를 바라보아야 한다. 난시나 근시와 같은 결점은 농경 사회나 목축 사회에서는 정상일지라도 항해사나 비행사에게는 비정상이다. 인류가 기술적으로 이동 수단을 발전시킨 순간부터 인간은 자신에게 필요하거나 이상 idéal이 된 어떠한 활동을 자신이 수행할 수 없을 때 비정상적이라고 느낀다. 자신에게 고유한 환경에서 동일한 기관을 가진 동일한 인간이 서로 다른 시점에서 정상이기도 하고 비정상이기도 하다. 이러한 현상을 잘 이해하기 위해서는 신체적 생명력이 인간에서 기술적 가소성과 환경 지배의 욕구 안에서 어떻게 확대되는가를 이해해야 한다.

만약 이러한 분석들로부터 그것들이 정의하고자 하는 상태들에 대한 구체적인 느낌으로 돌아간다면, 건강은 인간들이 자신에게 어떠한 한계도 설정하지 않는 생명에서 느끼는 안도감이다. 가치라는 말이 유래한 'Valere'는 라틴어로 건강하다는 의미이다. 건강은 단순히 가치의 운반자나 담지자가 아니라 가치의 창조자, 생명체에 필수적인 규범의 확립자로 느껴지는 존재에 도달하는 방식이다. 바로 거기서 오늘날에도 운동 선수의 상이 우리에게 주는 유혹이 나온다. 그러나 합리화된 스포츠에 대한 현대인의 열광은 우리에게 슬픈 풍자화로만 보인다.[13]

---

13 우리가 건강과 젊음을 동일시하는 경향이 있다며 반대하는 사람도 있을 것이다. 그러나 우리는 늙음이 생명의 정상적인 단계라는 사실을 잊는다. 예를 들어 골절된 대퇴골의 목이 단단하게 잘 유합되는 경우처럼 같은 나이에도 다른 사람에서는 일어나지 않는, 손상에 대한 적응이나 치유의 능력을 보이는 사람은 건강한 사람이다. 아름다운 노인은 단순히 시인의 창작물이 아니다.

5. 생리학과 병리학

그러므로 앞선 분석들에서 생리학을 정상적인 생명의 법칙이나 그 상수에 대한 과학으로 정의한 것은 엄밀히 말해 다음의 두 가지 이유에서 정확하지 않다. 먼저 정상의 개념은 자체로 객관적인 측정이 가능한 어떤 존재의 개념이 아니기 때문이다. 다음으로 병리적인 것은 정상적인 것의 일종으로 이해되어야 하기 때문이다. 비정상은 정상이 아닌 것이 아니라 또 다른 정상이다. 그렇다고 해서 생리학이 과학이 아니라는 말은 아니다. 생리학은 상수와 불변량에 대한 연구로, 그 측정 방식에서 전반적인 분석의 범위에 의해 정통적인 과학으로 규정된다. 그러나 연구 방법에 의해 생리학이 과학이라고 규정하기는 쉽지만, 그 대상에 의해 생리학이 무엇에 대한 과학인가를 규정하는 것은 그리 쉽지 않다. 우리는 그것을 건강의 조건에 대한 과학이라고 말해도 좋을까? 그편이 생명의 정상적인 기능에 대한 과학이라고 하는 것보다는 나을 것이라고 우리는 생각한다. 왜냐하면 우리는 정상 상태와 건강을 구별해야 한다고 생각했기 때문이다. 그러나 여전히 한 가지 어려움이 남아 있다. 어떤 과학의 대상에 대해 생각할 때 사람들은 자기동일적인 안정된 대상을 생각한다. 관성의 지배를 받는 물질과 운동은 이 점에서 보증을 준다. 그러나 생명은? 생명은 진화이고 형식의 변모이고 행동의 발명이 아닌가? 그 구조는 조직학적인만큼 역사적이기도 하지 않은가? 이 경우 생리학은 어떻게 보아도 자연과학이 아닌 역사학으로 기운다. 그러나 생명의 안정성에 놀라게 되는 것도 사실이다. 생리학에 대한 정의는 결국 건강에 대해 어떻게 생각하느냐에 좌우된다. 우리가 알기로 뒤부아Raphaël Dubois는 19세기에 생리학에 대해 단순히 어원적이거나 순수하게 동어반복적이 아닌 정의를 제시한 유일한 사람이다. 여기에서 그는 치유하는 자연에 대한 히포크라테스적 의미를 이끌어 냈다. "'natura medicatrix'의 역할은 어느 정도 직접적으로 보존적이고 방어적인 유기체의 정상적 기능과 동일시된다. 그런데 생리학은 생명체의 기능만을 연구한다. 달리 말해서 살아 있는 프로테온proteon이나 비오프로테온bioproteon의 정상적 현상만을 연구한다"[35, 10]. 그런데 만약 골드슈타인과 같이 질병에는 보수적 경향만이 존재하며, 건강한 유기체의 특징은 새로운 상황에 직면하거나 새로운 규범을 설정하려는 경향이라는 사실을 인정한다면 그러한 견해에는 만족할 수 없다.

지거리스트는 생리학을 시작한 최초의 발견인 혈액 순환에 대한 하비의 발견(1628)의 의미를 이해함으로써 생리학을 정의하고자 한다. 그는 자신의 통상적인 방식대로 이 발견을 문명의 지성사에 위치시킨다. 왜 생명의 기능에 대한 개념이 더 일찍도 더 늦게도 아닌 이때에 나타났는가? 지거리스트는 1628년에 태어난 생명에 대한 과학을 세계에 대한 당시 사람들의 다양한 태도 속에 표현된 생명에 대한 일반적인, 말하자면 철학적인 개념과 구별하지 않는다. 16세기 말과 17세기 초의 조형예술은 바로크 양식을 확립하였고, 어디서나 운동을 해방시켰다. 고전주의 예술가들과는 반대로 바로크 시대의 예술가들은 자연에서 완성되지 않고, 잠재적이며 아직 경계가 정해지지 않은 것만을 본다. "바로크의 인간은 그가 누구인가에 관심이 없고 그가 무엇이 될 것인가에 관심이 있다. 바로크는 예술 양식 이상의 것이다. 그것은 당시 정신의 모든 영역 — 문학, 음악, 유행, 국가, 생활 양식, 학문 — 을 지배하던 사유 양태의 표현이다"[107, 41]. 해부학을 정초한 16세기 초의 인간은 생명체의 양식에서 정적이고 경계가 분명한 측면을 우위로 삼았다. 뵐플린Wœlfflin이 그들은 눈을 보는 것이 아니라 시선을 본다고 바로크 예술가들에 대해 말한 것을 지거리스트는 17세기 초의 의사들에 대해 말한다. "그들은 근육을 보는 것이 아니라 그 수축과 수축에 의한 효과를 본다. 이리하여 생명 있는 해부학anatomia animata, 즉 생리학이 탄생하였다. 생리학의 최종 대상은 운동이다. 생리학은 무제한으로 가는 문을 열어 놓는다. 생리학의 각 문제들은 생명의 근원으로 인도하고 무한으로의 틈을 열어놓는다"[같은 책]. 하비는 해부학자였지만 육체에서 형태가 아니라 운동을 보았다. 그의 연구는 심장의 구조에 기초하는 것이 아니라 생명에 필수적인 두 가지 운동인 맥박과 호흡에 대한 관찰에 기초해 있다. 의학에서의 기능에 대한 관념은 미켈란젤로의 예술과 갈릴레이의 동역학과 연결되어 있다[107, 42].[14]

건강과 관련해 앞서 고찰한 바에 따르면, 막 태어나는 생리학의 '정신'은 말할 나위 없이 건강의 조건에 대한 과학으로서의 생리학의 정의 안에 포함되어야 한다. 우리는 여러 번에 걸쳐 생명의 과정allures de la vie에 대해 말했는데, 생명이 동적 극성이라는 사실을 보다 잘 느낄 수

---

14 하비에 대해 서술한 주목할 만한 저서에서 싱어는 하비가 전통적인 성격의 생물학적 개념을 갖고 있었다고 주장하였다. 하비의 학설은 잘못된 전제 위에 서 있었지만 성실한 방법론 덕분에 하비는 개혁자가 될 수 있었다[108].

있도록 행동이라는 용어보다는 이 표현을 선호했다. 우리가 생리학을 생명의 안정된 과정에 대한 과학으로 정의내릴 때, 우리는 앞선 우리의 입장에서 유래한 거의 모든 요구 조건들을 충족시킨 것이다. 한편으로 생리학 연구 대상의 자기동일성은 본성의 동일성이기보다는 관습적 동일성이라고 할 수 있다. 그러나 대상이 비교적 항상적이므로 생리학자들이 연구하는, 변화가 심한 현상들을 설명하는 데 보다 적합할 것이다. 다른 한편 우리는 생물학적 인식의 일정한 시점에서 이론화되거나 혹은 편의적으로 규범으로 간주된 생물학적 상수들이나 불변항을 생명이 넘어설 가능성을 유보하고 있다. 왜냐하면 생명의 과정은 앞선 안정성과의 단절을 통해 시험을 받은 이후에야 안정화될 수 있기 때문이다. 마지막으로 앞에서 제안된 정의에 따라서 생리학과 병리학의 관계를 보다 정확하게 경계 지을 수 있을 것으로 보인다.

겉으로 드러나지 않은 생명의 과정에는 두 가지 종류가 있다. 하나는 새로운 상수에서 안정화되는 과정이다. 그러나 그 안정성이 새로운 상수들을 다시 초월하는 데 장애가 되지 않는다. 그것은 추진 가치를 지닌 정상적인 상수들이다. 그것은 규범성이라는 점에서 진정한 정상이다. 두 번째는 상수의 형태 아래 안정화되는 과정이다. 생명체는 불안에서 기인하는 노력을 전부 기울여 가능한 모든 혼란으로부터 이 상수를 지키고자 한다. 이것 역시 정상적인 상수들이지만 반발 가치를 지녔으며, 그 상수들 안에서 규범성의 죽음이 표현된다. 그 안에서 규범성의 죽음이 표현된다는 점에서 상수들은 병리적이지만 그 상수에서 생명체가 살 수 있는 한 정상적이기도 하다. 결국 진화상의 위기가 일어나는 시기, 생리학적 안정성의 파국이 일어나는 순간에 생리학은 자신의 권리를 잃는다. 그럼에도 불구하고 생리학은 그 연결선을 잃지 않는다. 생리학은 새로운 생명의 질서가 생리학적일지 아닐지를 미리 알지 못한다. 그러나 결국 생리학은 자신을 위해 요구되는 상수들을 되찾는 수단을 얻게 될 것이다. 얻어진 상수들이 생존 조건의 변동으로 인한 파국을 맞지 않고 적응할 수 있을 것인가를 알기 위해 실험적으로 환경을 변화시켜 본다. 예를 들어 우리는 이 길잡이에 의해 면역성과 과민반응의 차이를 이해하게 된다. 항체는 양자의 반응에서 모두 공통적으로 혈액에 존재한다. 그러나 면역이 내부 환경으로 침입한 미생물이나 독소에 대해 유기체가 무감각하도록 만드는 반면, 과민반응은 내부 환경으로 특별한 물질, 특히 단백질 성분이 침입했을 때 얻어진 과도한 민감성이다[104]. 내적 환경에서 최초의 변화(감염, 주입, 중독에 의해)가 일어난 다음, 두 번째 침입은 면역된 유기체에 의해 무시된다. 그런데 이 동일한 변화가 과민반응에서는 극히 위중하며 흔히 치명적인 쇼크 반응을 유발한다. 이 반응은 너무도 급작스럽게 일어나기 때문에 이러한 반응을 유발하는 실험적 주사를 '격발'déchaînante(사슬chaîne을 풀어 젖힌다dé의 의미)이라고 하는데, 이는 전형적으로 파국적인 반응이다. 따라서 혈장 내 항체의 존재는 항상 정상적이다. 환경으로부터의 최초의 공격에 대해 상수들을 변화시킴으로써 반응하고 그것 위에서 스스로를 조절한다. 그러나 정상성은 면역 반응의 경우 생리학적이지만, 과민반응의 경우에는 병리적이다.

지거리스트에 따르면 피르호Rudolf Virchow는 병리학을 "장애물을 동
반한 생리학"[107, 137]으로 정의했다. 질병이 정상적 기능으로부터 파
생되며 정상적 기능을 변질시키지 않고 그 기능에 장애를 초래하는 외
부적 요인에 의한 방해라고 보는 이해 방식은 베르나르의 생각에 근접
한다. 그것은 다음과 같이 지극히 간단한 병인론적 원리로부터 시작한
다. 예를 들어 우리는 심장이나 신장이 어떻게 만들어져 있는지, 혈액이
나 소변이 그 장기들을 어떻게 통과하는지를 안다. 만약 심내막염으로
인한 심장 승모판의 궤양성 증식이나 신우의 결석을 머릿속에 그려 보
면, 사람들은 심장의 잡음이나 신장으로부터 방사되는 통증과 같은 증
상 발생의 원인을 이해할 수 있다. 그러나 이러한 사고 방식 안에는 교
육적 차원과 발견적 차원이 혼동되어 있다. 의학 교육은 정상적 인간
에 대한 해부학과 생리학으로부터 시작한다. 거기서 출발하여 때로는
너무도 손쉽게, 일종의 기계적인 유비를 인정하며 어떠한 병리적 상태
의 이유를 추론해 낼 수 있다. 예를 들어 순환 계통에서는 심장성간·복
수腹水·부종의 원인을, 감각운동계에서는 반맹半盲이나 양측 마비 등
의 원인을 추론해 낸다. 그런데 이러한 해부-생리학적 상응 관계의 획
득 순서가 역전된 것처럼 보인다. 어느 날 갑자기 "어디가 불편하다"고
말하는 사람은 환자이다. 환자가 형태학적 구조나 행동의 구조에 일어
난 급작스럽고 고통스러운 변화를 지적했다. 환자는 옳든 그르든 의사
들이 그러한 변모들에 관심을 가지게 만든다. 환자의 위급함을 알게 된

의사는 드러난 증상 뿐만 아니라 감추어진 증상에 대해서도 조직적으로 탐구해 들어간다. 환자가 죽으면 부검을 실시하는데, 모든 종류의 방법을 동원해 그러한 증상을 전혀 보이지 않고 죽은 사람들의 장기와 비교해 모든 장기에 나타난 특별한 점을 찾아낸다. 사람들은 임상적인 관찰과 법의학적 부검을 서로 맞추어 보았다. 이리하여 병리학은 해부병리학의 도움과 기능적 기전에 대한 가설이나 지식의 도움을 받아 장애물을 동반한 생리학이 되었다.

그런데 여기에 지적해야만 하는 직업적 망각이 있다. 이것은 아마도 실언이나 착각 행위에 대한 프로이트의 이론에 의해 설명될 수 있을 것이다. 의사들은 환자들이 자신들을 부른다는 사실을 잊어버리는 경향이 있다. 생리학자들은 임상의학과 치료의학이 생리학을 발전시켰다는 사실을 잊는 경향이 있는데, 그것은 그럴 수도 있는 일이다. 이러한 망각이 일단 교정되면 무엇보다도 구체적인 인간이 질병이라는 형태로 겪은 장애의 경험이 증상의 임상적 진단학과 그에 대한 생리학적 해석이라는 두 가지 측면의 형태로 병리학을 태어나게 하였다고 생각하게 된다. 병리학적 장애가 없다면 해결해야 할 생리학적 문제도 없을 것이기 때문에 생리학도 없을 것이다. 르리슈의 생각을 검토하는 동안 우리가 제시한 가설들을 요약한다면, 생물학적 측면에서 '로고스'logos를 조건 지우는 것은 '파토스'pathos라고 할 수 있다. 로고스는 파토스를 요구하기 때문이다. 정상적인 것에 대한 이론적 관심을 불러일으키는 것은 비정상적인 것이다. 규범은 위반에 의해서만 인식되고 기능은 고장에 의해서만 드러난다. 생명은 부적응, 실패, 통증에 의해서만 의식되고 생명 자체에 대한 과학으로 고양된다. 뒤마Georges Dumas가 쾌락에 대한 문헌들은 고통에 바쳐진 연구들의 풍부함에 비할 때 아주 미미하다는 점에 주목한 것처럼, 슈바르츠는 나빌Ernest Naville을 따라 인간의 삶에서 잠이 차지하는 위치와 생리학 연구에서 잠에 주어지는 위치 사이의 명백한 불균형에 주목했다[104]. 이러한 차이는 자는 것과 즐기는 것의 본질은 생명을 그대로 내버려 두는 것으로 거기에 설명을 요구하지 않기 때문일 것이다.

『정상생리학과 병리학적 생리학론』 *Traité de physiologie normale et pathologique*[1]에서 아벨루Abelous는 내분비학을 정초한 공을 브라운-세카르Brown-Séquard에게 돌렸는데, 그는 1856년 부신surrénales을 제거하면 동물이 죽는다는 사실을 증명하였다. 이것은 그 자체로 충분한 사실로 보인다. 사람들은 어떻게 해서 브라운-세카르에게 부신을 제거할 생각이 들게 되었는지를 묻지 않는다. 이것은 부신의 기능을 모르는 상태에서 추론에 의해서 취할 수 있는 결정이 아니다. 그러나 그것은 모방할 수 있는 우발적인 일이다. 사실 지거리스트는 내분비학에 추진력을 준 것은 임상이라는 사실을 보여 주었다. 1855년 아디슨Addison은 부신이 침범된 질병을 기술하였는데, 이 질병에는 지금까지 그의 이름이 붙어 있다[107, 57]. 이로부터 우리는 브라운-세카르의 실험적 연구를 이해하게 된다. 『생리학론』 *Traité de physiologie*[112, *1011*]에서 투나드Tournard는 브라운-세카르와 아디슨의 관계를 정확히 지적하고 인식론적으로 커다란 중요성을 지닌 다음과 같은 일화를 알려 준다. 1716년 보르도의 과학 아카데미는 다음과 같은 경선 논문 주제를 공고했다.

"부신에 있는 선腺들의 용도는 무엇인가?" 보고를 맡은 몽테스키외는 제출된 어떠한 논문도 아카데미의 호기심을 만족시켜 주지 못했다고 결론지으며 "이 모든 노력들이 이루지 못한 것은 어느 날 우연히 이루어질 것이다"라고 덧붙였다.

동일한 종류의 연구에서 예를 취한다면, 모든 생리학자들은 1889년 당 대사에서 췌장 호르몬의 역할을 밝힌 폰 메링과 밍코브스키에게로 거슬러 올라간다. 이 두 연구자들이 당뇨병을 유발시킨 개는 성인전聖人傳에서 성-로크Saint-Rosch의 개만큼이나 병리학에서 유명한 개인데, 이것은 전혀 의도하지 않았던 일임을 사람들은 흔히 잊는다. 그들은 원래 췌장의 외분비와 그것이 소화에서 수행하는 역할을 연구하기 위하여 췌장을 절제하였다. 이 실험이 이루어진 노닌Naunyn의 실험실에서 노닌은 어느 여름날 실험실에서 일하는 아이가 동물 우리에 수많은 파리가 달려드는 것을 보고 깜짝 놀랐다고 말했다. 설탕이 있는 곳에 파리가 모여든다는 원리 덕분에 노닌은 개의 오줌을 분석해 보도록 제안했다. 그리하여 폰 메링과 밍코브스키는 췌장을 절제하여 당뇨병과 유사한 현상을 유발시켰다[2]. 이처럼 인위적 수단이 분명하게 밝혀 주었지만 의도적으로 그렇게 된 것은 아니었다.

마찬가지로 어느 순간엔가는 다음과 같은 데제린Déjerine의 말에 대해 깊이 생각해 보아야 할 것이다.

설인신경의 마비로 인한 증상을 정확하게 묘사하기란 거의 불가능하다. 사실 생리학은 이 신경의 운동 분포가 어떠한지를 아직 정확히 밝히지 못했다. 한편 임상에서는 설인신경만 독립적으로 마비된 경우는 한번도 관찰된 적이 없었다. 사실상 설인신경은 항상 미주신경, 척수 등과 더불어 손상받는다[31, 587].

생리학이 설인신경의 운동지배 영역을 아직까지 정확하게 확립하지 못한 첫 번째 이유는 비록 그것이 유일한 이유는 아니더라도 이 신경이 독립적으로는 어떠한 병리적 증상도 일으키지 않는다는 데 있다. 생-틸레가 그 시대의 기형학에서 내장역위증hétérotaxies에 상응하는 것이 없는 이유를 모든 형태학적이나 기능적인 증상의 부재 탓으로 돌렸을 때, 그는 지극히 놀라운 통찰력을 보여 주고 있다.

생리학과 병리학의 관계에 대한 피르호의 개념은 불충분하다. 그것은 그 개념이 생리학과 병리학 사이의 논리적 종속 관계를 무시하기 때문만이 아니라, 질병은 그 자체로는 아무것도 창조하지 못한다는 생각을 함축하고 있기 때문이다. 우리는 이 두 번째 점에 대해서 이미 충분히 논의했기 때문에 거기에 대해 다시 언급하지는 않겠다. 그러나 두 개의 오류는 서로 연결된 것으로 보인다. 그것은 사람들이 질병에서 어떠한 생물학적 규범도 인정하지 않고, 따라서 생명의 규범에 대한 과학을 위해 질병에서는 아무것도 기대하지 않기 때문이다. 장애는 힘이나 흐름을 변질시키지 않고 저지시키거나, 멈추게 하거나 빗나가게 한다. 일단 장애가 제거되면 병리적인 것은 다시 생리적인 것, 즉 과거의 생리적인 것으로 되돌아간다. 그러나 우리가 르리슈나 골드슈타인의 의견을 따르더라도 이러한 생각은 받아들일 수 없다. 새로운 규범은 과거의 규범이 아니다. 규범의 가치를 지닌 새로운 상수들을 확립하는 능력이 생명체의 생리적 측면의 특성으로 나타나므로, 우리는 생리학이 병리학을 객관적으로 확립시키기 위해 병리학에 앞서서, 병리학과는 독립적으로 형성될 수 있다고 인정할 수 없다.

오늘날에는 면역성이나 알러지를 다룬 장이 정상 생리학에 대한 개론서에 반드시 포함되어야 한다고 생각한다. 알러지 현상에 대한 지식 덕분에 우리는 백인의 97% 정도가 투베르쿨린에 양성 피부반응을 보이지만 그들이 모두 결핵 환자는 아니라는 사실을 알게 되었다. 그러나 이 지식의 기원에는 유명한 코흐Koch의 실수가 있다. 건강한 사람에게는 아무렇지도 않은 투베르쿨린 주사가 결핵 환자에서는 심한 증상을 일으키는 것을 확인한 코흐는 투베르쿨린 반응이 틀림없는 진단 방법이라고 생각했다. 그러나 그릇되게도 거기에 치료적 가치를 부여했기에 유감스러운 기억을 남기는 결과를 초래했다. 그렇게 얻어진 결과들이 폰 피르케von Pirquet가 밝혀 낸 피부 반응에 의해 정확한 진단 수단과 예방적 조기 검진 방법으로 최종적으로 전환되고 나서야 그 유감스런 기억은 지워질 수 있었다. 사람의 생리학에 대해 이야기할 때마다 "오늘날 우리는 다음과 같은 사실을 안다"고 말한다. 우리가 아는 사실을 잘 조사해 보면 실험의 역할을 축소하지 않더라도 임상과 치료의학에 의해 문제가 제기되고 빈번히 환자의 희생을 대가로 그 해결책의 개략적 윤곽이 생물학적으로 나타남을 알게 될 것이다. 그리하여 1891년에 코흐가 그의 이름이 붙은 현상을 발견했고 그로부터 알러지 이론과 피부 반응의 기술이 유래했지만, 이미 1886년부터 마르판Marfan은 임상가의 관점에서 결핵으로 인한 어떠한 양상들은 다른 사람에게는 면역성을 유발할 수도 있고, 드물게 고관절통이나 포트씨병(결핵성 척추 골저)과 같은 국소적인 골결핵이 결핵과 병존할 수 있다는 사실을 직관적으로 알고 있었다. 즉 과민반응도 속하는 일반적 현상인 알러지에서 우리는 임상과 치료학의 방법을 통해 무지한 생리학으로부터 박식한 생리학으로 이행한다. 오늘날 객관적 병리학은 생리학으로부터 출발하지만 지난날의 생리학은 주관적이라고 해야 할 병리학으로부터 출발했다. 따라서 분명 경솔하기는 했지만 야심적이었고 그래서 전진할 수 있었다. 모든 병리학은 내일의 관점에서 본다면 주관적이다.

* * *

병리학은 내일의 관점에서만 주관적인가? 이러한 의미에서 본다면 고유의 방법과 대상을 지닌 모든 객관적인 과학은 내일의 관점에서는 주관적이다. 왜냐하면, 과학이 완성된 것으로 생각하지 않는다면 오늘의 많은 진리가 지난날의 오류가 될 것이기 때문이다. 베르나르는 기능적 조절이라는 병리학의 형태로, 피르호는 세포병리학의 형태로 객관적 병리학을 확립할 야심을 가졌을 때, 그들은 병리학을 자연과학에 편입시키고 결정론의 법칙 위에 병리학을 정초하려고 시도했다.[15] 우리는

---

15 M.-D. Grmek, "Opinion de Claude Bernard sur Virchow et la pathologie cellulaire", *Castalia*(Milan), janvier-juin 1965를 참조하라.

이러한 주장을 검토하고자 한다. 그런데 만약 정상에 대한 과학이라는 생리학에 대한 정의를 유지하는 것이 불가능하다면 질병에 대한 과학, 즉 순수하게 과학적인 병리학이 존재할 수 있다는 것을 인정하기도 어려워 보인다.

프랑스에서는 의학적 방법론에 대한 이러한 문제가 철학자들이나 의사들에게 많은 관심을 불러일으키지 못했다. 우리가 알기에 예전에 나온 『과학에서의 방법에 대하여』De la méthode dans les sciences[32]에 실린 델베Pierre Delbet의 논문 이후에 그와 같은 연구는 없었다. 이와는 대조적으로 외국, 특히 독일에서는 많은 사람들이 관심을 갖고 이 문제를 다루었다. 우리는 리케Ricker와 마데부르크Magdebourg의 개념들, 그리고 그들이 불러일으킨 논쟁에 대해 설명하기 위해 헤륵스하이머 Herxheimer의 책 『현대 병리학』Krankheitslehre der Gegenwart(1927)의 내용을 이용한다. 여기서는 의도적으로 헤륵스하이머의 책 6쪽에서 18쪽까지의 내용을 요약하고, 주석을 달고, 인용하는 형식으로 설명하였다 [55].[16]

리케는 자신의 생각을 『관계의 병리학』Pathologie des relations(1905), 『순수 자연과학으로 간주된 생리학의 논리적 기초』Eléments d'une logique de la physiologie considérée comme pure science de la nature(1912), 『생리학, 병리학, 의학』Physiologie, pathologie, médecine(1923), 『자연과학으로서의 병리학, 관계의 병리학』La pathologie comme science de la

16 사정상 리케의 책을 직접적으로 인용하지 못한다.

nature, pathologie des relations(1924) 등과 같은 책에서 연속적으로 설명하였다. 리케는 생리학, 병리학, 생물학, 의학의 경계를 정했다. 자연과학은 체계적 관찰과, 설명을 위해 이루어지는 관찰된 내용에 대한 숙고에 근거를 두고 있다. 여기서의 설명이란 인간의 환경—물리적 실체만이 아니라 인간 자신도 속하는 환경—에 주어진 물리적이고 감각적인 과정들 사이에 존재하는 잠정적인 관계들에 대한 진술이다. 이것은 자연과학의 대상에 대한 심리주의를 배격한다. 형태학적 대상을 묘사하는 해부학은 그 결과 자체로는 설명적인 가치가 없지만 독립된 과학인 생리학의 대상인 현상들을 설명하는 데 도움을 주며, 다른 방법에 의한 결과와 연결되어 설명적 가치를 획득한다.

> 생리학은 가장 흔히 일어나고 가장 규칙적이며, 따라서 정상적이라고 불리는 과정의 진행을 탐구하는 반면, 병리학(사람들이 인위적으로 생리학과 분리시킨)은 비정상이라고 부르는 보다 드문 형태를 연구한다. 따라서 병리학은 마찬가지로 과학적 방법의 지배를 받는다. 생리학과 병리학은 하나의 과학처럼 결합하는데, 이 하나의 과학은 생리학이라고만 명명될 수 있다. 이 과학들은 이론적이고 과학적 지식을 얻기 위하여 인간의 육체에서 일어나는 현상들을 분석한다(『자연과학으로서의 병리학』, p.321)[55, 7].

생리학-병리학은 육체적 현상들 사이의 인과 관계들을 결정해야 한다. 그러한 생명에 대한 과학적 개념이 존재하지 않으므로(순수하게 진단적인 개념은 제쳐 두고) 생리학-병리학은 생명에 관계된 목표나 목적과는 아무 상관도 없고, 따라서 생명에 관련된 가치와도 무관하다. 초월적이 아니라 내재적인 경우에도 모든 목적론은 유기체의 목적성 finalité에서 출발하거나, 그와 관련되거나 생명의 보존에 관련되므로 결국 가치 판단에 관련된다. 따라서 모든 목적론은 자연과학에, 따라서 무엇보다도 생리학-병리학에 속하지 않는다[55, 7].

그렇다고 해서 가치 판단의 정당성이나 그 실제적 적용이 배제되지는 않는다. 그러나 가치 판단은 자연철학의 일부로서, 따라서 철학의 일부로서 생물학에 위탁된다. 그리고 실제적 적용은 응용과학, 실용적이고 목적론적인 과학으로 간주되는 의학과 위생학에 속하게 된다. 이들은 목적에 따라 설명된 것을 이용할 임무를 지닌다. "의학의 목적론적 사유는 의학의 과학적 토대를 구성하는 생리학과 병리학의 인과 관계에 대한 판단에 기초하고 있다"[55, 8]. 병리학은 순수 자연과학이므로 인과적 지식을 제공해야 하며, 가치 판단을 내려서는 안 된다.

이러한 일반 논리적 주장에 대해 헤릭스하이머는 우선 리케처럼 생물학을 철학으로 분류하는 사람은 없다고 응수한다. 왜냐하면 빈델반트Windelband, 뮨스터베르그Münsterberg나 리케르트Rickert와 같은 가치철학의 대표자들을 믿는다면 우리는 생물학에서 규범적 가치를 사용할 권리를 인정할 수 없기 때문이다. 그러므로 생물학은 자연과학 가운데 들어가야 한다. 특히 운동, 영양, 생식 등과 같이 리케가 목적론적 의미를 인정하는 개념들은 병리학과 분리될 수 없다. 그것은 연구하는 주체에 고유한 심리적 이유와 연구 대상에 존재하는 이유 때문이다

[55, 8].

 한편으로 과학적 판단은 그것이 가치와 무관한 대상에 대한 것이라도 심리적 행위이므로 가치론적 판단으로 남아 있다. 리케 자신의 말에 따르면, 논리적이거나 과학적인 관점에서만 본다 하더라도 어떠한 규정이나 가설을 채택하는 것이 유리할 수도 있다. 이러한 의미에서 바이게르트Weigert나 페터스Peters와 같이 유기체적 구조의 목적성이나 생명체의 기능의 목적성을 인정할 수도 있다. 이러한 관점에서 활동, 적응, 조절, 자기 보존 등 리케가 과학에서 제거하고자 한 개념들은 생리학에 우선적으로 보존되어 있고, 따라서 병리학에도 보존되어 있다 [55, 9]. 리케가 제대로 본 것처럼 결국 과학적 사유에 있어 일상적인 언어, 과학적이지 않은 통속적인 언어는 불완전한 도구이다. 그러나 그렇다고 해서 "단순히 서술적인 각 용어 속에서 목적론적 속셈을 밝혀내려고" 애쓸 필요는 없다고 마샹Marchand은 말했다. 우리의 사유는 일상적인 언어에 상대적인 의미를 부여하므로 특히 전문용어가 절대적인 의미를 지니는 곳에서는 일상적인 언어로는 불충분하다. 예를 들어 종양은 자율적인 생명을 지닌다고 말했다고 가정해 보자. 이것은 종양이 실제로 다른 조직의 관들, 물질, 영양의 공급과 독립적이라는 것이 아니라, 종양이 다른 조직에 비해 상대적으로 독립적이란 의미이다. 물리학과 화학에서도 분명히 목적론적 의미를 지닌 용어나 표현이 사용된다. 그러나 그것이 실제로 심리적 행위에 상응한다고 생각하는 사람은 아무도 없다[55, 10]. 리케는 사람들이 자질이나 능력으로부터 생물학적 과정이나 관계를 추론해 내지 않기를 요구한다. 자질이나 능력은 부분적인 과정에서만 분석되어야 하고, 그 상호 작용은 증명되어야 한다. 그러나 신경의 흥분처럼 이러한 분석이 실패하는 곳에서는 자질의 관념이 불가피하며, 이것은 상응하는 과정의 연구에 대한 자극원으로 사용될 수 있다고 리케 자신이 인정하고 있다. 루Roux는 발생의 기전 Entwickelungsmechanik을 설명하면서 수정란의 어떤 성질이나 특성을 불가피하게 인정하고, 전성préformation이나 조절과 같은 용어를 불가피하게 사용했다. 그러나 루의 연구는 발생의 정상적이고 비정상적인 과정에 대한 인과론적 설명으로 방향을 전환했다[55, 11~12].

한편으로 만약 바로 그 연구 대상의 관점에 선다면 물리-화학적 기전에 대한 요구가 생물학에서만이 아니라 물리학과 화학에서조차도 후퇴했음을 인정해야 한다. 결국 생물학적 현상의 목적론적 측면이 억제되어야 하는가를 알고자 하는 물음에 대해 억제될 필요가 없다고 응답하는 병리학자들이 많은데, 그들은 아쇼프Ashoff, 루바슈Lubarsch, 치엔Ziehen, 비어Bier, 헤링Hering, 마이어Meyer, 바이츠케Beizke, 피셔Fischer, 획Hueck, 뢰슬레Roessle, 슈바르츠 등과 같은 이들이다. 예를 들어 치엔은 척수로tabès나 전신마비에서와 같이 뇌의 심한 병변에서 어떤 점이 파괴적인 과정이며 어떤 점이 일정한 목적 —목적이 없더라도— 에 부합하는, 방어하고 회복하는 과정인가를 질문한다[55, 12~13]. 여기서 "의학적 사유의 범주로서 의미에 대한 탐구"에 대한 슈바르츠의 논문을 언급할 필요가 있다. 그는 칸트적 의미의 범주를 물리학의 인과율로 제시한다. "물리학의 세계관은, 속성이 없으며 측정 가능하고 분산된 물질에 대해 인과성을 범주로서 적용시킴으로써 이루어진다." 그러한 입장은 부분으로의 분할이 불가능해지고 항상 보다 분명한 통일성, 개체성, 총체성에 의해 특징지어지는 생물학의 대상들에 적용될 때 한계에 부딪힌다. 생명체에게 가장 적합한 범주는 '감각'의 범주이다. "말하자면 우리는 감각이라는 도구를 통해 우리의 사유 안에서 구조, 즉 형태를 가지는 사상事象을 포착한다. 감각은 관찰자의 의식 속에 구조가 반영된 것이다." 슈바르츠는 가치의 다른 차원을 드러내는 목적의 개념을 감각의 개념에 덧붙인다. 그러나 목적과 감각은 의식과 생성의 두 영역에서 유사한 기능을 수행하며, 그로부터 공통적인 속성을 이끌어 낸다.

따라서 우리는 우리 자신의 신체 조직에 대한 감각을 자기를 보존하고자 하는 경향에서 포착한다. 그리고 감각을 포함하는 환경의 구조만이 우리로 하여금 거기서 목적을 보게 한다. 따라서 목적을 고려함으로써 감각의 추상적 범주는 현실적인 생명으로 채워진다. 그렇지만 목적에 대한 고려(발견을 돕는 방법으로서)는 우리가 대상의 추상적인 감각에 접근할 수 있기를 기대하면서 여전히 일시적으로, 말하자면 대용품으로 남아 있다.

결국 병리학에서 사물을 목적론적으로 바라보는 방식은 현재 대부분의 과학자들에 의해서 원칙적으로 더 이상 거부되지 않으며, 사람들은 여전히 자기도 모르는 사이에 목적론적인 내용을 지닌 용어들을 사용한다[55, 15~16]. 물론 생물학적 목적을 고려했다 하더라도 인과적 양식의 설명을 추구해야만 한다. 이러한 의미에서 목적성에 대한 칸트의 개념은 지금도 여전히 유효하다. 예를 들어 부신의 절제로 죽음에 이르는 것은 하나의 사실이다. 부신이 생명에 필수적이라고 주장하는 것은 생물학적 가치 판단이며, 그러한 가치 판단 때문에 생물학적으로 유용한 결과들이 얻어지는 원인들에 대한 면밀한 탐구를 하지 않아도 되는 것은 아니다. 그러나 부신의 기능을 완벽히 설명할 수 있다고 가정하더라도 그 실제적인 적용을 고려할 때 부신이 생명에 필수적이라는 사실을 인정하는 목적론적 판단은 여전히 그 독자적인 가치를 잃지 않는다. 분석과 합성은 서로 치환되지 않으면서 하나의 전체를 구성한다. 우리는 이 두 개념의 차이를 반드시 알아야 한다[55, 17]. 정확히 말해 "목적론"이란 용어는 적절하게 쓰이기에는 선험적인 의미가 지나치게 내포되어 있다. "최종적"final이라는 용어가 훨씬 낫다. 그러나 그것보다 아쇼프가 사용하는 "유기체적"organismique이란 말이 더욱 나을 것이다. 왜냐하면 이 말은 총체성에 관련된 사실을 표현하기 때문이다. 이러한 표현 방식은 다른 분야와 마찬가지로 병리학에서도 전체로서의 유기체와 그 행동을 전면에 내세우는 지금의 경향에도 잘 맞는다[55, 17].

물론 리케는 그러한 고려를 절대적으로 배격하지는 않는다. 다만 그는 그것들을 자연과학으로서의 병리학으로부터 완전히 제거하여 그가 생물학이라고 부르는 자연철학에, 그리고 실제적인 적용에서는 의학에 위탁시키고자 한다. 그런데 이러한 관점에서 그러한 구별 자체가 유용한가를 알고자 하는 질문이 제기된다. 그러한 구별은 전적으로 부정되었는데 그것은 당연한 것으로 보인다. 따라서 마샹은 다음과 같이 썼다. "사실 병리학은 그 연구 대상에만 관련되는 단순한 자연과학이 아니며, 병리학은 그 연구 결과를 임상의학에 이용할 의무를 가진다." 마샹을 참조하며 획은 리케가 거부한 과정에 대한 가치 부여와 목적론적 해석 없이 병리학은 성립될 수 없다고 말했다. 어떤 외과 의사를 생각해 보자. 만약 어떤 병리학자가 종양 조직을 생검한 후에 검사 소견을 보내면서 종양이 악성인지 양성인지를 아는 것은 철학적 물음이지 병리학적 물음은 아니라고 응답한다면, 그 외과 의사는 무엇이라고 말할 것인가? 리케가 권고한 분업에서 우리는 무엇을 얻게 될 것인가? 임상의학은 보다 넓은 차원에서 자신이 근거하는 견고한 과학적 영역을 얻지 못할 것이다. 따라서 병리학에 대한 리케의 생각에는 동의하면서도 임상가에 대한 생각은 거부하는 호니히만Honigmann을 우리는 따를 수 없다. 그는 생리학-병리학과 해부학을 의과대학에서 이과대학으로 옮겨놓아야 한다는 결론을 내렸다. 그러나 그 결과는 의학을 순수한 사변으로 전락시키고 생리학-병리학으로부터 가장 중요한 자극원을 탈취하게 될 것이다.

일반병리학과 병리해부학은 이들이 지나치게 일방적이고 지나치게 고립적이 될 때 위험에 처한다. 병리학이 아직 전문 분야가 되지 않았을 때 이들과 임상의학 사이에 존재했던 보다 밀접한 관계는 양측에 모두 큰 이익이 될 것임이 분명하다[55, 18].

흔한 것을 생리적 상태로 규정하고, 드물게 나타나는 기전과 구조를 병리적 상태로 규정한 리케는 분명 이들 두 상태가 이러한 상태의 발견을 돕고 설명하기도 하는 동일한 치료에 의존한다는 사실을 적절히 인식하고 있다. 우리는 통계적 질서에서 유래한 규범이 반드시 타당하다고는 생각지 않으므로, 병리학은 생리학에 완전히 따르며, 병리적인 것에 대한 학문으로 남아 있으면서 과학이 된다는 생각을 더 이상 받아들일수 없다. 사실 건강한 생물학적 현상과 병리적인 현상이 통계적 사실로환원될 수 있다고 생각하는 모든 사람들은 그러한 환원에 내포되어 있는 다음과 같은 가설을 골드슈타인이 인용한 마인츠Mainzer의 말에 따라 고백하기에 이른다. "건강한 생명과 병적인 생명 사이에 차이점은없다"[46, 267].

우리는 베르나르의 이론을 검토하면서 그러한 가설이 정확히 어떠한 의미에서 옹호될 수 있는지를 이미 살펴보았다. 물리학과 화학의 법칙은 건강이나 질병에 따라 변화하지는 않는다. 그러나 생명체가 자신의 여러 상태들을 구별한다는 생물학적 관점을 받아들이려 하지 않는것은 생명체가 음식물과 배설물을 구별할 수조차 없다고 말하는 것과마찬가지로 잘못된 것이다. 물론 어떤 생명체의 배설물은 다른 생명체에게 음식이 될 수도 있으나 자신의 먹이는 될 수 없다. 음식물과 배설물을 구별짓는 것은 물리-화학적인 실체가 아니라 생물학적 가치이다. 마찬가지로 생리적인 것과 병리적인 것을 구별짓는 것은 물리-화학적 양식의 객관적 실체가 아니라 생물학적 가치이다. 골드슈타인이 말한 것처럼 질병이 생물학적 범주가 아니라고 생각하게 된다면 우리는 우리가 출발한 전제들을 의심해 보아야 한다.

어떻게 질병과 건강이 생물학적 개념이 아닐 수 있겠는가! 만약 우리가 인간의 복잡한 조건들을 무시한다 하더라도, 이 진술은 분명 동물에게도 타당하지 않다. 왜냐하면 질병은 흔히 동물에서 개별적 유기체의 삶과 죽음을 결정하기 때문이다. 야생동물과 인간의 보호를 받지 못하는 동물들에서 질병이 수행하는 치명적인 역할을 생각해 보라. 만약 생명에 대한 과학이 병리적 현상을 이해하지 못한다면, 근본적인 범주들의 정당성을 아주 심각하게 의심해 보아야 할 것이다[46, 267].

물론 리케는 생물학적 가치를 인정하지만 그 가치를 과학의 대상에 편입시키기를 거부하면서 그러한 가치에 대한 연구를 철학의 일부로 만든다. 그런데 리케는 생물학을 철학에 끼워넣었기 때문에 비난을 받았는데, 헤륵스하이머와 마찬가지로 우리도 그러한 비난이 타당하다고 생각한다.

만약 엄격히 객관적 관점에 서면 생리학과 병리학 사이에 차이가 없어지고, 생물학적 가치들의 차이점을 추구하면 과학적 영역을 벗어나게 되는 모순적인 문제를 어떻게 해결할 것인가?

우리는 해결의 기본적 요소로서 다음과 같은 고찰을 제시한다.

1. 불어 용법에 따른 용어의 엄밀한 의미에서 과학은 측정과 인과적 설명만을, 즉 분석만을 허용하는 하나의 대상에 대한 학문이다. 모든 과학은 상수나 불변량들을 확립함으로써 계수적인 측정으로 나아간다.

2. 이러한 과학적 관점은 추상이란 관점이며, 이것은 하나의 선택을, 따라서 다른 것에 대한 무시를 나타낸다. 인간이 살아낸 경험이 실제로 무엇인가를 연구하는 것은 이 경험이 인간에 대해, 그리고 인간에 의해 어떤 가치를 받아들일 수 있는가를 무시하는 것이다. 과학에 앞서서 자연스럽게 인간의 생명에 가치를 부여하는 기술, 예술, 신화, 종교가 존재한다. 과학의 출현 이후에도 동일한 기능들이 여전히 존재하지만 그들이 과학과 일으키는 불가피한 갈등은 철학에 의해 조정되어야 한다. 이 철학은 명백히 가치의 철학이다.

3. 생명체는 인류를 통해 실재를 과학적으로 결정할 방법과 그에 대한 욕구를 손에 넣기에 이르렀다. 실재를 결정하고자 하는 야망은 필연적으로 생명 자체에까지 확장된다. 생명은 과학의 대상이 된다. 생명이 항상 과학의 대상이었던 것은 아니지만 실제로는 역사적으로 그와 같이 되었다. 생명에 대한 과학은 생명을 주체—생명은 살아 있는 인간의 활동이므로—이자 대상으로 가진다.

4. 생명 현상을 사실상 규정하는 상수과 불변량을 결정하기 위하여 생리학은 정통적인 과학적 작업을 수행한다. 그러나 이것은 정상이고 저것은 병리적이라고 평가하는 상수가 생명체에서 가지는 의미를 추구하면서 생리학자는 엄격한 과학적 작업 이상—조금도 부족하지 않은—의 일을 수행한다. 그는 생명체를 단순히 자기동일적인 실체로

보지 않고 극화된 운동으로 본다. 이제 생리학자는 더 이상 물질을 연구하는 물리학자의 무심한 눈으로 생명을 보지 않는다. 어떤 의미에서 그는 자신에게도 생명이 관통하고 있는 생명체의 자격으로 생명을 바라본다.

5. 생리학자가 자신이 수행하는 과학적 활동을 실험실에서의 독립적이고 자율적인 활동으로 인식하더라도 그것은 명백히 의학적 활동과 어느 정도 밀접한 관계를 맺는다. 생명은 좌절을 겪음으로써 사람들의 관심을 생명으로 이끌었다. 모든 (생리학적) 지식은 좌절된 생명에 대한 반성에 근원을 두고 있다. 이것은 과학이 단순히 작용 순서를 기재한 처방전이 아니며 반대로 과학의 발달은 작용에 대한 장애물을 전제로 함을 의미한다. 생명 자체가 그 추진적 행동과 반발적 행동 사이에 차이를 만듦으로써 인간의 의식에 건강과 질병이라는 범주를 도입한다. 이 범주들은 생물학적으로 본다면 기술적이고 주관적인 범주이고 비생물학적으로 본다면 과학적이고 객관적인 범주이다. 생명체는 질병보다는 건강을 선호한다. 의사는 분명 생명체의 편이며 생명을 위해 봉사한다. 의사는 정상과 병리적인 것에 대해 말할 때 생명의 동적 극성을 표현한다. 흔히 생리학자는 의사이며, 항상 살아 있는 생명체이다. 따라서 비록 생명체의 제반 기능이 과학자에 의해 전부 같은 방식으로 설명될 수 있는 과정을 취한다 하더라도, 그렇다고 해서 이들 기능이 생명체 자신에게 등가치가 아니라는 것을 생리학은 그 기본 개념 중에 포함하고 있다.

$$* \quad * \quad *$$

요약해 말하자면 생리학과 병리학의 구별은 임상의 범위 내에서만 의미를 가지고, 또 가지는 것이 가능하다. 그러한 이유 때문에 병든 장기나 조직, 병든 세포에 대해 말하는 것은 의학적으로 잘못이라고 주장한다. 물론 이러한 주장은 현재의 의학적 관행과는 상치되는 것이다.

질병은 환경과 더불어 극화된 활동 관계를 맺는 개별적이고 구체적인 생명체에게 부정적인 가치를 지니는 행동이다. 비록 병리적pathologique이나 질병maladie이라는 용어가 'pathos'나 'mal'과의 관계에 의해, 또 인간이 겪은 경험에서 출발하여 유추적으로 다른 모든 생명체에게 적용된다 하더라도 이런 의미에서 질병은 인간만이 아니라 모든 생명체에게, 즉 유기체들에게만 존재한다. 따라서 개의 질병과 꿀벌의 질병도 존재한다.

해부학적 분석과 생리학적 분석이 유기체를 기본적인 기관들과 기능들로 나누는 한, 그것은 질병을 전체적인 구조나 기능적 총체가 아니라 부분적인 해부학적 조건이나 부분적인 생리학적 조건의 수준에 위치시킨다. 분석이 점차 세밀해짐에 따라 사람들은 질병을 기관의 수준(모르가니)에, 조직의 수준(비샤)에, 세포의 수준(피르호)에 위치시킨다. 그러나 이렇게 하면서 우리는 역사적·논리적·조직학적으로 우리의 사유나 시선이 향해 있는 유기체에서 시작해서 거꾸로 세포에 이르렀다는 사실을 잊는다. 사람들은 유기체 전체에 의해서 처음에는 환자에게, 다음에는 임상의사에게 제기된 문제의 해결책을 조직이나 세포에서 찾았다. 세포 수준에서 질병을 탐구하는 것은 생물학적 극성이 건강과 질병의 차이를 만드는 구체적인 생명의 차원과 문제에 대한 해결책을 가지는 추상적인 과학의 차원을 혼동하는 것이다. 예를 들어 단세포생물에서처럼 세포가 생명체 전체를 의미하는 경우에 우리는 세포가병들 수 없다고 말하려는 것이 아니라, 어떤 생명체의 질병은 유기체의특정한 부분에 들어 있지 않다는 사실을 말하고자 한다. 백혈구를 세망내피계[백혈구가 만들어지는 곳—옮긴이]와 결합 조직과 분리시켜 생각할 수 있는 권리가 있는 한 병든 적혈구에 대해 말하는 것은 분명 정당하다. 그러나 이 경우 우리는 백혈구를 하나의 기관으로, 혹은 환경에대해 방어하고 반응하는 위치에 있는 유기체로 간주한다. 여기서는 개체성의 문제가 제기된다. 동일한 생물학적 사실이 부분으로도, 혹은 전체로도 간주될 수 있다. 그것이 병들었는가 아닌가를 말할 수 있는 것은 전체로 볼 때라고 우리는 제안한다.

오늘날 병원이나 진료소에 한번도 발을 들여놓은 적이 없는 해부-생리학자가 신장이나 폐, 비장의 실질parenchyme 세포가 병들었다거나어떤 질병에 걸렸다고 말할 수 있는 것은 이들 세포들이 어제 혹은 백년 전에(이것은 별로 중요하지 않다) 실습의사, 임상의사, 치료자가 시체나 살아 있는 사람의 장기를 잘라내어 이들 세포를 얻어 주었기 때문이거나, 그들의 세포가 이전에 적출한 장기의 세포와 유사하기 때문이다. 해부병리학의 정초자인 모르가니는 자신이 중요한 연구를 시작하던 무렵에 외과의사 트류Trew에게 보낸 편지에서 해부-병리학적 연구를 위해서는 정상적 생명체의 해부학과 특히 임상적 경험을 끊임없이 참조해야 한다고 말했다[85]. 암 요소의 특성에 대해 반대 의견을 가진 프랑스의 현미경 학자들과의 유명한 논쟁에서 벨포Velpeau를 도우러 온 피르호는 현미경이 임상에 이용될 수 있다면 임상은 현미경을 깨우쳐 주어야 한다고 주장했다[116]. 한편 피르호는 앞선 우리의 분석에서 논박하려 한 세분된 질병 이론을 지극히 명료하게 정식화하였다. 그는 1895년에 다음과 같이 말했다.

> 질병의 본질은 유기체의 변화된 부분이나 변화된 세포, 세포의 변화된 집합체(조직이건 장기이건)가 존재하는 것이라고 나는 생각한다. ……
> 사실 육체의 모든 병든 부분은 육체의 나머지 건강한 부분과 기생 관계를 이룬다. 병든 부분은 건강한 부분에 종속되고 유기체를 희생한 대가로 생존한다[23, 569].

오늘날 사람들은 이러한 원자론적 병리학에서 벗어났으며, 질병에서 요소 자체의 속성보다는 상궤를 벗어난 요소에 대한 유기체 전체의 반응을 보는 듯하다. 리케는 독일에서 피르호의 세포병리학을 가장 강력히 반대한 사람이다.[17] 그가 "관계의 병리학"이라고 부른 것은 질병이, 자율적인 것으로 상정되는 세포의 수준에 있지 않고, 세포가 혈액, 신경과 맺고 있는 관계에, 다시 말해서 내적 환경과 유기체의 기능작용

---

17 소련에서는 A.-D. Speransky, *Fondements de la théorie de la médecine*, 1934(영어 번역 1936년, 독일어 번역 1950년). "Jean Starobinski: Une théorie soviétique de l'origine nerveuse des maladies", *Critiques*, 47, avril 1951.

을 하나의 전체로 만드는 조절 기관 사이에 있다[55, 19]는 개념이다. 리케의 병리학 이론의 내용이 헤릅스하이머나 다른 누구에게 논란의 여지가 있는 것으로 보이는가는 중요하지 않다. 흥미 있는 것은 공격의 정신이다. 결국 객관적 병리학에 대해 이야기할 때, 해부학적·조직학적 관찰이, 생리학적·세균학적 검사가 과학적인 진단 방법을 수행할 수 있게 해준다고 생각할 때, 모든 임상적인 질문과 탐구가 없다면 사람들은 철학적으로 가장 심하고, 때로 치료적으로는 가장 위험한 혼동의 희생물이 된다. 현미경, 체온계, 배양액은 임상의사가 모르는 의학을 알지 못한다. 이 도구들은 결과를 낸다. 그러나 그 결과 자체로는 아무런 진단적 가치도 없다. 진단을 위해서는 환자의 행동을 관찰해야 한다. 인두에 뢰플러 간균bacille이 있음에도 불구하고 디프테리아가 아닌 경우가 있다. 반대로 면밀하고 아주 정확하게 수행된 임상적 검사에서는 호지킨씨병이라고 생각되었으나 해부--병리학적 조직 생검에서는 갑상선암이라는 결과가 나오기도 한다.

병리학에서는 역사적으로 말하는 최초의 말과 논리적으로 말하는 마지막 말은 결국 임상으로 돌아온다. 그런데 임상이 가장 과학적으로 보장된 효과적인 도구를 사용하더라도 임상은 과학이 아니며 결코 과학이 되지 않을 것이다. 임상은 치료학과 분리되지 않으며, 치료학은 정상 상태를 확립하거나 회복시키는 기술이다. 그 목적, 즉 어떤 규범이 설정되었다는 주관적 만족감은 객관적 지식의 관할 영역을 빠져나간다. 우리는 생명에 과학적인 기준을 강요할 수 없다. 그러나 생명은 환경과 더불어 투쟁하는 극화된 활동이다. 생명이 규범적인 위치에 있다고 느끼는가 아닌가에 따라 자신을 정상이라고 느끼거나 그 반대라고 느낀다. 의사는 생명의 편이다. 과학은 이 선택에서 생겨나는 임무를 수행함으로써 생명에 봉사한다. 환자는 의사를 부른다.[18] 이 비장한 부름의 반향은 생명을 구하기 위하여 의학적 기술이 사용하는 모든 과학을 병리학적 과학이라고 평가하게 만든다. 따라서 해부병리학, 병리생리학, 병리조직학, 병리발생학이 존재하게 된다. 그러나 그들은 소위 병리학적이란 명칭은 기술적인technique 기원에서, 따라서 주관적인 기원에서 유래했다고 할 수 있다. 객관적 병리학은 존재하지 않는다. 우리는 객관적으로 어떠한 구조나 행동들을 서술할 수는 있지만, 어떠한 순수한 객관적인 기준에 대한 확신 위에서 그것이 병리적이라고 말할 수는 없다. 객관적으로는 생명에 대한 긍정적이거나 부정적인 가치가 없는 변이나 차이점만을 규정할 수 있을 뿐이다.

---

18 여기서는 물론 정신질환을 다루지 않는다. 정신질환의 본질적 측면의 하나는 환자가 자신이 병든 상태라는 사실을 모른다는 것이다.

결론

우리는 이 책의 제1부에서 아직도 흔히 원용되고 있는 병리학의 원리의 역사적 원천을 탐구하고 그것의 논리적 함의를 분석했다. 거기에 따르면 생명체의 병적 상태는 생리적 현상이 단순히 양적으로 변화한 것에 불과한데, 이 생리적 현상은 그에 상응하는 정상적인 상태의 기능을 규정한다. 우리는 그러한 원리의 협소성과 불충분함을 분명히 밝혔다고 생각한다. 그리고 논의를 해나가는 도중에 몇 가지 사례의 도움을 받아 우리는 이 책 제2부의 내용이 된 방법과 학설의 명제를 지지하기 위한 몇몇 비판적 논점을 제시하였다고 생각한다. 그 내용을 요약하자면 다음과 같다.

우리는 생명의 동적인 극성을 참조함으로써 어떠한 유형이나 기능이 정상이라고 평가할 수 있다. 생명은 단순히 환경에 복종하는 것이 아니라 자신에게 적합한 환경을 구축하며, 그렇게 함으로써 환경뿐만 아니라 유기체 자신 안에도 어떠한 가치를 설정한다. 우리는 그것을 생물학적 규범성이라고 부른다.

병리적 상태는 생명의 규범성에 대한 관계를 나타내는 한 당연히 정상적이라고 말할 수 있다. 그러나 이 정상은 생리적인 정상과 동일하다고는 말할 수 없는데, 그것은 여기서는 다른 규범이 문제가 되기 때문이다. 비정상은 정상성의 결여가 아니다. 자신에 대한 규범이 없는 생명은 존재하지 않는다. 병적 상태는 살아가는 한 가지 방식이다.

생리적 상태는 정상 상태라기보다는 건강한 상태이다. 이것은 새로운 규범으로의 이행을 가능케 한다. 환경의 변동에 대해 규범을 정할 수 있는 한 인간은 건강하다. 생리적 상수들은 생명체에 가능한 다른 모든 상수들 가운데에서 추진적인 가치를 지닌다. 반대로 병리적 상태는 생명체가 받아들일 수 있는 생명 규범의 폭이 감소했음을, 즉 이미 성립된 정상이 질병에 의해 불안정해짐을 나타낸다. 병리적 항상성은 반발적이고 엄격하게 보수적인 가치를 지닌다.

치유는 생리적 규범이 안정된 상태를 회복하는 것이다. 이 안정성이, 일어날 수 있는 변화를 어느 정도까지 수용할 수 있느냐에 따라 질병에 가까운지 건강에 가까운지가 정해진다. 결국 어떠한 치유도 생물학적 순수성으로 환원되지 않는다. 치유된다는 것은 생명의 새로운 규범(때로는 예전 것보다 우월한)이 주어지는 것이다. 생물학적 규범성은 불가역적이다.

규범의 개념은 독자적 개념으로 생리학에서는 다른 분야 이상으로 과학적 방법에 의해 객관적으로 결정할 수 있는 개념으로 환원되지 않는다. 따라서 정확히 말해 정상적인 것에 대한 생물학적 과학은 존재하지 않는다. 다만 정상적이라고 '불리는' 생물학적 상황이나 조건에 대한 과학이 존재할 뿐이다. 그 과학이 생리학이다.

생리학은 상수들의 내용을 과학적으로 규정한다. '정상'이라는 가치가 상수들에 부여된다는 사실은 생명에 대한 과학과 생명의 규범적인 활동의 관계를 나타낸다. 또 인간의 생명을 연구하는 과학과 정상을 산출하고 확립하는 생물학적 기술, 보다 구체적으로 말해 의학과의 관계를 나타낸다.

의학도 다른 모든 기술과 사정은 동일하다. 의학은 생명체의 가치에 따라 환경을 지배하고 조직하고자 하는 생명체의 자발적인 노력에 뿌리박고 있는 활동이다. 이 자발적인 노력 안에서 의학은 그 의미를 발견한다. 그렇지 않다면 의학을 틀림없는 것으로 만드는 모든 비판적 명료함이 처음부터 존재했을 것이다. 따라서 의학은 자신이 과학이 되지 않으면서 생명의 규범에 봉사하는 모든 과학들의 성과를 이용한다.

무엇보다도 인간이 병들었다고 느끼기 때문에 의학이 존재한다. 의학의 존재로 인해 어떤 점에서 아픈가를 아는 것은 부차적인 문제이다.

질병에 대한 모든 경험적 개념은 질병에 대한 가치론적 개념과 관계가 있다. 따라서 객관적 방법이 지금 관찰하고 있는 어떤 생물학적 현상을 병리적이라고 평가하는 것은 아니다. 병리적이란 평가를 정당화시키는 것은 병에 걸린 개인과 임상을 매개로 맺는 관계이다. 병리학에서 객관적인 관찰과 분석 방법의 중요성을 모두 인정하더라도, 논리적으로 정확하게 "객관적 병리학"에 대해 말하는 것은 불가능하다. 병리학은 분명 체계적이고 비판적이며 실험적으로 무장할 수 있다. 그리고 병리학을 전공하는 의사는 병리학이 객관적이라고 말할 수도 있다. 그러나 병리학자의 의도는 자신의 대상을 주관성이 비워진 질료로 만

드는 것이 아니다. 어떠한 연구를 객관적으로, 다시 말해서 공정하게 수
행할 수 있다. 그러나 그 연구의 대상은 긍정적이고 부정적인 평가와는
무관하게 인식되고 구성될 수 없으며, 따라서 그 대상은 어떠한 사실이
라기보다는 가치이다.

2

/

정상적인 것과 병리적인 것에 대한

새로운 고찰(1963~1966)

20년 후……

1943년 클레르몽-페랑에 있는 스트라스부르 문과대학에서 가르치던 나는 '규범과 정상'이라는 제목의 강의를 하였는데, 같은 시기에 의학 박사학위 논문을 쓰고, 그해 6월에 스트라스부르 의과대학 교수들 앞에서 논문에 대한 공개 심사를 받았다. 1963년 나는 파리 문과대학의 교수로서 동일한 주제에 대한 강의를 하였다. 20년이 지난 이후에 나는 동일한 어려움에 대해 다른 방법으로 나 자신을 평가하고 싶었다.

동일한 물음을 정확히 되풀이하여 재검토하는 것이 문제는 아니었다. 나의 논문에서, 아마 단순히 표면적이긴 하나 역설적으로 보였기 때문에 확고하게 뒷받침하고자 했던 몇 가지 명제들은 그 이후로 내게 당연한 것으로 보였다. 그것은 내 논증의 위력 때문이라기보다는 내가 모르고 있었던 선구자들을 솜씨 좋게 찾아낸 몇몇 독자들의 재능 덕분이다. 칸트 전문가로 칸트 철학을 18세기의 생물학, 의학과 관련지어 연구하던 나의 한 젊은 동료[1]는 내게 어떤 텍스트를 알려 주었다. 그 텍스트는 멋진 만남에 대한 만족과 (자신의) 무지에 대한 혼란스러움을 동시에 가져다 주었다. 사람들은 자신이 몰랐다는 것을 핑계로 자신의 독창성을 어느 정도 주장할 수 있다고 믿는다. 1798년경 칸트는 다음과 같이 기록했다.

> 최근에 사람들은 시민의 권리보다는 신민sujet의 의무에서 출발하여 정치의 난맥상을 해결해야 한다고 강조했다. 이와 마찬가지로 질병은 생리학을 향해 나아가지만 의학을 전진시키는 것은 생리학이 아니라 병리학과 임상이다. 그 이유는 '안녕'bien-être은 사실 말해서 느껴지지 않기 때문이다. 건강은 살아 있음에 대한 단순한 의식이고 건강에 장애가 있을 때에만 저항력이 생겨나기 때문이다. 따라서 브라운이 질병의 분류로 시작한 것은 지극히 당연한 일이다.

이 사실로부터 임상과 병리학을 생리학이 뿌리박고 있는 토양으로, 질병에 대한 인간의 경험이 정상의 개념을 생리학자의 문제틀의 핵심부에까지 이끌고 들어가는 통로로서 제시하는 주장을 새롭게 정당화시키려고 노력할 필요는 없는 듯하다. 여기에 덧붙여서 1947년에 출판된 『실험의학의 원리』*Principes de médecine expérimentale*를 새롭게 읽음으로써 베르나르가 생리학과 병리학의 관계에 대해 가졌던 생각에 대해 내가 내렸던 엄격한 판단을 다소간 수정해야 했고,[2] 베르나르가

---

1 몽펠리에 대학 인문과학부 조교인 프랑시스 쿠르트 씨(M. Francis Courtès).
2 Claude Bernard, *Principes de médecine expérimentale*, pp. 42~48을 참조하라.

실험실 연구를 수행하는 데에 임상적 경험이 필요함을 무시하지 않았다는 사실을 알게 되었다.

> 의학에 처음 입문하는 사람들에게 나는 먼저 병원으로 가라, 그것이 맨 먼저 경험해야 할 일이라고 말할 것이다. 자신이 알지 못하는 질병을 어떻게 실험을 통해 분석할 수 있겠는가? 따라서 나는 병원을 실험실로 대체하라고 말하지 않는다. 나는 반대로 말한다. 우선 병원으로 가라. 그러나 그것으로는 과학적이거나 실험적인 의학에 도달하는 데 충분하지 않다. 임상적 관찰이 우리에게 확인시켜 준 것들을 실험실 안에서 실험적으로 분석해야 한다. 나는 왜 사람들이 내게 이와는 반대되는 의견을 제기하는지 모르겠다. 왜냐하면, 나는 여러 번에 걸쳐 의학은 항상 '임상적 관찰'(『실험의학 연구 입문』 p.242를 보라)로부터 시작해야 한다고 되풀이해 말했기 때문이다. 또한 고대에서도 의학은 그러한 식으로 시작되었다.[3]

> 내가 부분적으로 베르나르를 논박한 데서 진 빚을 갚았으므로, 르리슈에 대해서는 좀 더 엄격해져야 했다.[4]

이러한 모든 이유로 인해 1963년의 강의는 1943년의 강의와는 다른 방향에서 이 주제를 추적해 들어갔다. 다른 책들을 독서함으로써 나

---

3 Claude Bernard, *Principes de médecine expérimentale*, p.170.
4 Canguilhem, "La pensée de René Leriche", *Revue philosophique*, juillet-septembre 1956, pp.313~317을 참조하라.

의 사고는 다르게 자극되었다. 단순히 그동안(1943년에서 1963년 사이) 출판된 관련 문헌을 읽는 것만이 중요한 것이 아니라, 내가 당시에 읽을 수 있었고 읽었던 책들도 마찬가지로 중요하다. 어떠한 문제에 대한 참고문헌은 항상 다시 만들어져야 하며, 과거로 거슬러 올라가는 방향으로도 만들어져야 한다. 우리는 여기서 1966년과 1943년의 참고문헌을 비교해 보아도 그러한 사실을 이해할 것이다.

그러나 '규범과 정상'에 대한 두 강의는 앞의 논문에서 다루어진 의학적 주제의 범위를 넘어서는데, 여기에 대해서는 이 뒤에서 다시 검토하고자 한다. 사회학, 민족학, 경제학과 같은 사회과학에서 사용되는 규범과 정상이라는 개념의 의미는 결국 정상성과 일반성의 관계에 대한 문제로 나아간다. 이러한 연구에서는 사회 유형, 집단에 대한 부적응의 척도, 소비 욕구와 소비 행태, 기호도 분류가 중요하다. 처음에 내가 나름대로 정상성과 일반성의 관계에 대한 문제의 어떠한 측면을 검토한 강의에서 분석의 기본적 내용을 따온 것은 사회적 규범과 생명의 규범을 대립시킴으로써 후자의 특유한 의미를 밝히기 위해서이다. 나는 유기체의 관점을 통해 사회적인 문제를 바라본다.

1943년의 내 학위 논문 이후에 나온, 유사한 목표를 가진 연구들을 읽고도 당시 내가 문제를 잘못 제기하지 않았음을 확신한다고 고백해도 될까? 나처럼 정상이라는 개념의 의미를 확정하려 시도한 사람들은 모두 같은 당황스러움을 경험했으며, 용어의 다의성에 직면하여 의미론적 테두리를 요구하는 이론적이거나 실천적 계획에 가장 적합해 보이는 의미를 어떤 결심에 의해 확정할 수밖에 없었다. 그것은 결국 정상이라는 개념에 가장 엄격하게 사실의 가치만을 부여하려고 한 사람들도 단지 제한된 의미라는 그들의 요구를 가치화하고 있을 뿐임을 말해 준다. 따라서 나는 20년 전과 마찬가지로 오늘날에도 여전히 위험을 감수하면서 관성이나 무관심에 반대되는 활동으로 이해되는 생명에 대한 철학적 분석을 통해 정상적인 것의 근본적인 의미를 확립하려고 노력한다. 생명은 죽음을 이기려gagner 한다. '이긴다'gagner는 말이 가지는 모든 의미에서, 특히 승리gain(gagner의 명사형)가 경기에서 얻어지는 것을 의미하는 데서 그러하다. 생명은 증가하는 엔트로피에 대항하여 경기를 한다.

1. 사회적인 것에서 생명으로

칸트는 『순수이성비판』(선험적transcendantale 방법론: 순수이성의 구성론)에서 개념들을 그 기원과 타당성에 따라 스콜라적 개념과 우주적 개념으로 구별하는데, 후자는 전자의 토대가 된다.

우리는 규범과 정상적이라는 개념에서도 전자를 스콜라적 개념으로, 후자를 우주적 혹은 통속적 개념이라고 말할 수 있다. 정상적인 것은 대중적인 판단의 범주가 될 수 있다. 왜냐하면 사람들은 사회적 상황이 올바르지 않다는 사실을 혼란스럽기는 하지만 생생하게 감지하기 때문이다. 그러나 바로 그 정상이라는 용어는 다음과 같은 두 제도의 고유한 어휘로부터 출발하여 대중들의 언어에서 통용되고 정착된다. 그 중 하나는 교육 제도이고 다른 하나는 위생 제도인데, 이들 제도의 개혁은 동일한 원인의 영향하에 프랑스 혁명과 동시에 일어났다. 19세기에는 '정상'이 학교의 모범과 유기체의 건강 상태를 지칭하는 용어였다. 의학 이론의 개혁은 의학 실천의 개혁에 기반을 두고 있다. 오스트리아에서와 마찬가지로 프랑스에서 일어난 의학의 개혁은 병원의 개혁과 밀접한 관계를 맺고 있다. 합리화에 대한 요구가 막 태어나는 산업화 메커니즘의 효과에 의해 경제에 나타나는 것처럼 병원의 개혁과 교육 개혁은 정치에서도 나타난 합리화를 요구하며, 결국 그 이후로 사람들이 정상화라고 부른 것에 이르게 된다.

* * *

사범학교école normale가 교육하는 것을 교육하는 학교, 즉 교육 방법을 실험적으로 확립하는 장소인 것과 마찬가지로, 정상적인 점적기compte-gouttes normal는 수용성 물질의 약리학적 효력이 처방전에 따라 단계별로 증감될 수 있도록 증류수 1그램을 20방울로 나누어 떨어뜨릴 수 있게 조절된 기구이다. 또한 마찬가지로 정상 궤도 철로voie normale de chemin de fer는 과거로부터 현재까지 사용된 21가지의 간격을 가진 철도 선로 가운데서 양쪽 선로의 내측 간격이 1.44m로 규정된 철로를 말한다. 다시 말해서 그것은 유럽의 산업적·경제적 역사의 한 시점에서 처음에는 일치하지 않았던 여러 요구들, 즉 기계공학적·동력원적·상업적·군사적 및 정치적 요구들 사이에서 찾아진 최선의 타협에 가장 잘 부응할 수 있는 것으로 보였던 철로이다. 마지막으로 또한 생리학자에게 있어 성별, 나이, 신장을 고려한 정상적 인간의 체중은 "가장 오래 살 것이라고 예상되는 수명에 상응한다".[5]

처음 세 개의 예(사범학교, 점적기, 정상 궤도 철로)에서 정상적인 것은 정상적이란 명칭이 부여된qualifié 대상에 대해 외부에서 이루어진 선택과 결정의 결과로 보여지는 반면, 네 번째 예에서는 만약 개별적 유기체의 수명이, 건강이 유지된 상태에서 특정한 상수라는 것이 사실이라면, 기준과 명칭 부여qualification라는 용어는 명백히 대상에 내재적인 것으로 주어진다.

그러나 교육, 보건, 운송을 위한 기술적 수단의 정상화는 집단적인 요구의 표현이다. 개인적으로는 그것에 대한 인식이 없더라도 전체는 주어진 역사적 사회 안에서 그 사회가 자신의 구조나 구조들을 자신의 독특한 선bien으로 간주하는 것에 비추어 보는 방식을 규정한다.

모든 경우에서 외부적이거나 내재적 기준과 비교하여 정상적이라고 불리는 대상이나 사실의 본성은 정상적이라고 일컬어지기를 기대하는 대상이나 사실에 대한 준거로서 받아들여진다. 따라서 정상적인 것은 규범의 확장이자 과시이다. 그것은 규범을 지칭하는 동시에 규칙의 연장이다. 따라서 그것은 자신의 바깥에서, 자신의 곁에서 그리고 자신의 반대편에서 자신을 빠져나가는 모든 것을 요구한다. 규범은 자신의 바깥에서 자신의 요구를 충족시키지 못하는 것의 존재로부터 의미

---

5 Ch. Kayser, "Le maintien de l'équilibre pondéral", *Acta neurovegetativa*, Bd. XXIV, 1-4, Wien, Springer, 1963.

와 기능과 가치를 이끌어 낸다.

정상은 정적이거나 평화로운 개념이 아니라 동적이고 논쟁적인 개념이다. 우주적이거나 대중적 형태의 가치와 상상력의 축에 따른 가치 부여에 많은 관심을 가진 바슐라르Gaston Bachelard는 모든 가치는 반가치에 대해 얻어져야 한다는 사실을 잘 인식하고 있었다. 그는 "소탕하고자 하는 의지는 같은 정도의 반대 의지를 요구한다"[6]라고 말했다. 라틴어 'norma'가 T자형의 자를 말하고 'normalis'는 수직선을 의미함을 안다면, 다른 영역들의 엄청난 다양성 안으로 들어온 '기준'과 '정상적'이란 용어의 의미의 기원에 대해 알아야 할 내용을 거의 다 안다고 할 수 있다. 규범과 규칙은 바르게 하고, 설정하고, 바로잡는 데 사용된다. 규범을 설정normer하고 정상화normaliser하는 것은 어떠한 존재에, 어떠한 사실에 요구 조건을 부과하는 것이다. 요구 조건에 견주어 보아 나타나는 다양성과 부조화는 낯설기보다는 적대적인 미결항으로 나타난다. 사실 그것은 자신의 범주 안에 들어오는 것들은 더욱 강조하지만 자신의 영역 안에 들어오지 않는 어떠한 분야는 부정적으로 평가하는 논쟁적 개념이다. 'droit'[곧은, 오른쪽의, 옳은의 의미가 있음—옮긴이]라는 개념은 그것이 무엇(기하학, 도덕, 기술)에 관련된 것이냐에 따라 꼬인tordu, 꼬불꼬불한tortueux이나 좌측의gauche라는 개념들 중 어느 것의 반대 개념으로 사용되는지가 규정된다.[7]

---

6 Bachelard, *La terre et les rêveries du repos*, pp. 41~42.
7 정상과 비정상에 대한 통속적 개념의 유연 관계를 나타내는 개념들의 의미론적 가족 관계를 구성하는 것은 가능하고 얻는 것도 많을 것이다. 예를 들어 torve, torturé, retors 등

우리는 규범이라는 개념의 논쟁적인 목적과 용법의 이유를 정상-비정상 관계의 본질에서 찾아야 한다. 여기서는 모순이나 외재성의 관계가 아니라 역전과 극성의 관계가 중요하다. 규범은 자신과 대조하여 정상으로 간주되지 않는 모든 것들을 경시하며 자신으로부터 용어의 역전 가능성을 만들어 낸다. 규범은 다양성을 통합하고 차이를 흡수하며 분쟁을 해결하는 하나의 가능한 양식으로 제시된다. 그러나 제시되는 것se proposer은 부과되는 것s'imposer이 아니다. 규범은 자연의 법칙과는 달리 실현을 필요로 하지 않는다. 그것은 규범이 결코 유일하고 단순한 의미를 지니지 않음을 말한다. 규범이 제공하는 준거와 해결의 가능성은 가능성만이 문제가 되므로, 역전이 가능한 다른 가능성의 여지를 포함한다. 사실 어떤 규범은 그것이 어떤 것에 대한 선호의 표현으로, 불만스러운 상태를 만족스러운 상태로 대체하려는 의지의 도구로서 확립되고 선택될 때만 준거의 가능성이 된다. 따라서 있을 수 있는 어떠한 질서에 대한 모든 선호에는 있을 수 있는 역전된 질서에 대한 반감이 아주 암암리에 동반된다. 평가의 영역에서 선호되지 않는 것은 아무래도 좋은 것이 아니라 불쾌한 것, 보다 정확히 말해 배척된 것, 가증스러운 것이다. 미식가의 규범이 논리학의 규범과 가치론적으로 대립 관계에 있지 않음은 물론이다. 신실함은 위선보다 우위라는 윤리적 규범이 위선이 신실함보다 우위라는 규범으로 역전될 수 있는 것처

의 계열이나 oblique, dévié, travers 등의 계열이 그러하다. 그러나 여기서는 그런 일을 할 자리가 아니다.

럼, 거짓에 대한 진실의 우위라는 논리적 규범은 진실에 대한 거짓의 우위라는 규범으로 역전될 수 있다. 논리적 규범의 역전은 논리적 규범이 아니지만 미학적 규범은 될 수 있다. 마찬가지로 역전된 윤리적 규범은 윤리적 규범은 아니지만 정치적 규범은 될 수 있다. 요컨대 암시적이건 명시적이건 어떠한 형태하에서 규범은 긍정과 부정의 양극의 대립에 따라 현실을 가치에 비추어 보고 질의 차이를 표현한다. 이러한 규범화 경험, 즉 특별히 인류학적이거나 문화적인 ─자연이라는 말을 정상화의 과정이 없는 이상적 정상성으로만 이해해야 한다면─ 경험의 양극성을 고려하여 규범과 그 적용의 관계를 살펴보면 위반이 규범에 대해 우선함을 확인할 수 있다.

인류학적 경험에 따르면 규범은 선천적으로 존재하는 것이 아니다. 규칙은 규칙을 만들면서 시작되고, 규칙의 교정 기능은 위반에서부터 생겨난다. 황금 시대나 낙원은 자기충족적인 최초의 존재, 질서정연함이 규칙의 고정과는 무관해야 하는 삶의 양식, 몰랐다는 이유로 단죄받지 않고 금지가 없는 무죄함의 상태에 대한 신화적 표상이다. 이 두 신화는 소급성의 환상으로부터 생긴다. 이 환상에 따르면 최초의 선은 나중에는 악으로 여겨질 것이 억제되어 아직 드러나지 않고 있는 상태이다. 규칙의 부재는 기술의 부재와 맞물려 있다. 황금 시대의 인간, 낙원의 인간은 개척되지 않고, 부추겨지지 않고, 강요되지 않고, 길들여지지 않은 자연의 산물을 향유한다. 거기에는 노동도 문화도 존재하지 않는다. 그런 것은 총체적인 퇴행에 대한 욕구이다. 규범이 그 기능에서, 그리고 그 기능을 통하여 나타날 필요없이 규범에 부합하는 경험을 이처럼 소극적인 용어로 표현하는 것, 즉 규칙이 없는 질서정연함에 대한 순수한 꿈은 사실상 정상의 개념 자체가 규범적임을 의미하며, 그러한 꿈은 부재의 이야기를 하는 신화적 담론의 세계에서 규범의 역할을 수행한다. 이것은 왜 많은 신화에서 황금 시대의 도래가 혼돈의 종말을 가리키는가를 설명해 준다. 바슐라르는 다음과 같이 말했다. "다양성은 동요이다. 문학에서 움직이지 않는 혼돈은 하나도 존재하지 않는다."[8] 오비디우스의 『변신』*Métamorphoses*에서 혼돈의 대지는 소출을 내지 못하고, 혼돈의 바다는 항해할 수 없으며, 형상들은 자신과 동일하게 남아 있지 않는다. 처음의 비결정성은 부정된 나중의 결정성이다. 사물의 불안정성은 인간의 무력함과 관계가 있다. 황금 시대의 이미지가 야생의 질서정연함의 이미지인 것처럼 혼돈의 이미지는 부정된 질서정연함의 이미지이다. 혼돈과 황금 시대는 근본적으로 규범적인 관계, 둘 가운데 어떤 것도 다른 것으로 바뀔 수 없는 관계를 나타내는 신화적 용어이다. 혼돈의 역할은 혼돈의 중단을 요청하고 유발시켜 질서가 되는 것이다. 반대로 황금 시대의 질서는 지속될 수 없다. 왜냐하면 야생의 질서정연함은 평범성이고 거기에 대한 만족은 보잘것 없는 것이기aurea mediocritas 때문이다. 왜냐하면 그 만족은 한계의 장애물을 넘어 얻은 승리가 아니기 때문이다. 위반의 가능성이 의식되지 않고 규칙이 준수되는 곳에서의 모든 쾌락은 단순하다. 그렇다고 단순히 규칙 자체의 가치를 즐길 수 있겠는가? 규칙의 가치, 규정의 가치, 가치 부여의 가치를

8 Bachelard, *La terre et les rêveries du repos*, p.59.

진정으로 향유하기 위해서 규칙은 규칙에 대한 도전이라는 시험을 필요로 한다. 단순히 예외가 규칙을 규칙으로 확인시켜 주는 것은 아니다. 규칙을 만들면서 규칙이 될 계기를 부여하는 것은 위반이다. 이러한 의미에서 위반은 규칙의 기원이 아니라 통제régulation의 기원이다. 위반은 규범적 질서의 시작이다. 우리는 칸트의 표현을 되풀이하여 규칙에 대한 가능성의 조건은 규칙에 대한 경험 가능성의 한 조건일 뿐이라고 제시할 것이다. 규칙에 대한 경험은 불규칙한 상황 속에서 규칙의 통제적 기능을 시험하는 것이다.

　18세기의 철학자들이 자연 상태라고 부른 것은 우리가 이성적으로 상상한 황금 시대와 동일하다. 레비-스트로스Lévi-Strauss의 말처럼 루소는 디드로Diderot와는 달리 자연 상태가 지리학자의 탐사에 따라 민족학자가 관찰한 결과 얻어진 인류의 역사적 기원이라고는 결코 생각하지 않았다.[9] 다행스럽게도 장 스타로벵스키Jean Starobinski[10]는 루소가 묘사한 자연이 세계와 욕망의 가치 사이에 자발적으로 이루어진 평형 상태임을, 다시 말해서 용어의 절대적인 의미에서의 선사 시대(인류의 역사적인 시원이 아니라 관념상의 시원)에서 누리는 소박한 행복의 상태임을 보여 주었다. 왜냐하면 샘물이 흘러나오듯 역사는 돌이킬 수 없는 균열에서 흘러나오기 때문이다. 따라서 엄밀히 말해 규범이 그 실행에 반대하고자 하는 유혹과 결합되어 의식에 나타날 때에만 우리는

---

9 "Un petit verre de rhum", *Tristes tropiques*, XXXVIII.
10 "Aux origines de la pensée sociologique", *Les Temps modernes*, décembre 1962.

정확한 문법적 시제로 인간의 경험을 담론으로 구성할 수 있다. 그것은 사실이 법칙과 일치하여 인식되지 않을 경우(인식은 어긋남에서, 분열에서 발생하므로) 자연 상태는 무의식의 상태이며 어떠한 사건도 의식의 계기가 무의식에서 유래한다는 사실을 설명하지 못하기 때문이거나, 혹은 이러한 일치가 인식되는 경우에도 자연 상태는 아직 때묻지 않은 결백한 상태이기 때문이다. 그러나 이 상태는 대자pour-soi이자 동시에 즉자적 상태, 다시 말해서 정적인 규정이 될 수 없다. 참으로 순수한 사람은 자신이 순수하다는 사실을 의식하지 못한다. 왜냐하면 규칙에 일치한다는 의식을 가지는 것은 규칙의 요구로 귀결되는 규칙의 이유에 대한 의식을 가지는 것이기 때문이다. 흔히 인용되는 소크라테스의 격언, 즉 자신의 무지를 아는 사람은 무지하지 않다는 말을 자신이 착하다는 것을 아는 사람은 착하지 않다고 역전시켜 보는 것도 좋다. 마찬가지로 자신이 건강하다고 생각하는 사람은 건강하지 않다. "안녕bien-être은 느껴지지 않는다. 왜냐하면 안녕은 살아 있다는 단순한 의식이기 때문이다"[11]라는 칸트의 말에는 다음과 같은 르리슈의 반향이 느껴진다. "건강은 기관들의 침묵 속에 잠긴 생명이다." 그러나 결백함과 건강은 격렬한 죄의식과 고통의 소용돌이 속에서, 추구되지만 도달 불가능한, 퇴행의 종착점으로서 등장한다.

11 데카르트는 이미 다음과 같이 말했다. "신체에 관한 모든 선들 가운데 건강이 가장 중요하지만 우리는 거기에 대해 가장 적게 생각하고 그것을 가장 적게 느낀다. 진실에 대한 인식은 정신의 건강에 대한 것과 같다. 진리를 소유하게 되면 그것에 대해 더 이상 생각하지 않는다"(1649년 3월 31일 샤뉘Chanut에게 보낸 편지).

비정상anormal은 비-정상a-normal이므로 정상의 정의가 이루어진 다음에 오며, 정상의 논리적 부정 개념이다. 그러나 미래의 비정상이 가지는 역사적 선행성은 규범적 의도를 불러일으킨다. 정상적인 것은 규범적 기도를 실행에 옮김으로써 얻어진 효과이며, 사실들 속에 내보여진 규범이다. 따라서 사실과의 관계에서 본다면 정상과 비정상 사이에는 상호 배제의 관계가 성립한다. 그러나 이 부정은 부정의 작동, 비정상성에 의해 요청되는 수정에 종속된다. 따라서 논리적으로 뒤에 오는 비정상이 실존적으로는 선행한다고 하는 말이 결코 역설은 아니다.

* * *

어원에 따르면 '규범'과 '정상적'이라는 최초의 의미의 무게를 담아내고 있는 라틴어 'norma'는 그리스어 'orthos'에 해당한다. 철자법orthographe(이전에는 orthographie로 썼음), 정통성orthodoxie, 정형외과orthopédie 등은 아직은 미흡한 규범적 개념이다. 'orthologie'의 개념은 낯설지만 적어도 플라톤이 이 개념을 보증했으며,[12] 이 단어는 참고문헌의 인용 없이 리트레의『프랑스어 사전』에 수록되어 있다는 사실을 아는 것이 전혀 무용하지는 않다. 'orthologie'는 라틴의 작가들과 중세의 작가들이 부여한 의미에 따르면 문법, 즉 언어의 관용어법에 대한 규칙의 제정이다.

12 『소피스테스』, 239b.

정상화의 경험이 특별히 인류학적이거나 문화적인 경험이라면, 언어가 이 경험에 그 최초의 장 가운데 하나를 제시한 것은 정상적으로 보일 수도 있다. 문법은 규범들에 대해 숙고하는 데 필요한 일차적인 선택 자료를 제공한다. 프랑수아 1세François Ier가 빌레-코트레 칙령에서 프랑스 전역에서는 모든 사법관련 문서를 프랑스어로 작성할 것을 지시하였을 때 그것은 강제적 명령이었다.[13] 그러나 규범은 사법적 처벌의 위협하에서 이루어지는 실행 명령이 아니다. 동시대의 문법학자들이 프랑스어의 어법을 고정시키려고 노력할 때, 그들은 규범을 통해 준거를 결정하고 이로부터 벗어나는 차이들을 오류로 규정한다. 준거는 어법으로부터 차용된 것이다. 17세기 중반 보줄라Vaugelas는 다음과 같이 주장했다. "우리 모두는 우리 언어의 어법에 복종해야 한다."[14] 보줄라의 업적은 프랑스어를 아름답게 하기 위해 설립된 아카데미 프랑세즈의 업적의 연장선상에 있다. 사실 17세기의 문법적 기준은 교양 있는 파리 부르주아의 어법이었다. 따라서 이 기준은 정치적 기준, 즉 왕권을 위한 중앙집권화로 귀속된다. 정상화의 관점에서 보면 17세기 프랑스에서 문법이 탄생한 것과 18세기 말에 미터법이 확립된 것 사이에는 아무런 차이가 없다. 리슐리외Richelieu, 국민의회 의원, 나폴레옹 보나파르트는 동일한 집단적 요구를 실현시키는 연속되는 도구들이다. 그것은 문법의 기준으로 시작해서 산업의 규범과 위생의 규범을 거쳐

---

13 Pierre Guiraud, *La grammaire*, Presses Universitaires de France, 1958, p.109.
14 Vaugelas, *Remarques sur la langue française*, 1647의 서문.

국방을 위한 군인과 군마들의 형태적 규범으로 끝을 맺는다.[15]

산업의 규범들에 대한 정의는 설계도, 작업의 방향, 구성 재료의 용도가 일치할 것을 전제로 한다. 디드로와 달랑베르d'Alembert의 『백과사전』에 실린, 친위포병부대가 검토한 "포가"Affût라는 항목은 병기창에서 이루어진 규격화 작업의 동기를 놀라울 정도로 잘 보여 준다. 거기에는 노력의 혼란, 제각기 다른 크기, 부품 대체의 어려움과 지체, 불필요한 비용에 대한 처방이 들어 있다. 부품의 밑그림과 크기표를 통일하고 원형과 모델을 강제적으로 부과한 결과, 각 부품들이 정확해졌고 조립이 규칙적으로 일정하게 이루어질 수 있었다. "포가"라는 항목은 규범이라는 말이 없을 뿐, 규범화에 대한 현대의 논문에서 사용되는 거의 모든 개념을 포함하고 있다. 여기에 말(이름)이 없는 사물이 존재한다.

위생 기준의 규정은 정치적 관점에서 통계적으로 고려된 인구 집단의 건강, 위생적인 생활 조건, 의학이 수행하는 예방적·치료적 처치를 통일적으로 확장하는 일에 대한 관심을 전제로 한다. 오스트리아에서 마리-테레즈Marie-Thérèse와 요셉 2세Joseph II는 제국위생위원회Sanitäts-Hofdeputation를 창설함으로써(1753) 공중보건기구에 법적인 지위를 부여하였다. 또한 1770년에 '위생규범'Sanitäts-normativ으로 대체된 '대의료법규'Haupt-Medizinal Ordnung를 반포하였다. 이것은 의학, 수의학, 약학, 외과의 수련, 인구학적·의학적 통계와 관련된 40개의 규정을 둔 법령이었다. 기준과 규범화에 있어 우리는 이제 말과 사물을

---

15 징병국과 징병자 신체검사 기관; 국립 종마 사육기관과 보충 군마 마구간.

함께 갖게 되었다.

위의 두 예에서 규범은 규범적 결단에 따라 정상을 규정한다. 앞으로 보게 될 것처럼 이러저러한 규범에 대한 결정은 다른 규범들과의 맥락 속에서만 이해된다. 어떠한 순간에 있어서의 규범화의 경험은 적어도 계획상으로는 서로 나누어지지 않는다. 기로Pierre Guiraud는 문법의 경우에서 이러한 사실을 잘 인식하고 있었다.

1635년 리슐리외가 설립한 아카데미 프랑세즈는 프랑스 혁명, 제국, 공화국이 계승한 중앙집중화라는 일반적 정책의 틀에 들어간다. 생산 수단을 독점한 시기에 부르주아지가 언어를 독점했다는 생각은 잘못된 것이 아니다.[16]

여기서 지배 계급이라는 마르크스주의자의 개념을 다른 개념으로 대체하여 다르게 말할 수도 있을 것이다. '정상적'이란 단어가 출현한 1759년과 '규격화된'normalisé이라는 말이 출현한 1834년 사이에 규범적 계급은 사회적 규범의 기능과 자신들의 어법을 일치시킬 ─이데올로기적 환상의 좋은 예─ 권력을 획득한다. 기능은 자신이 그 내용을 결정하는 규범들로부터 어법을 만들어 낸다.

기술적 규범과 사법적 규범의 관계를 검토해 보면 어떠한 사회, 어떠한 시대에서 규범적 의도는 서로 분리되어 있지 않다는 사실이 드

16 Guiraud, *La grammaire*, p.109.

러난다. 현재 쓰이고 있는 그 용어의 엄밀한 의미에서 기술적 규격화는 어떤 상품의 재료, 형태와 크기를 선택하고 결정하는 것이다. 이제부터 상품의 특성은 표준적 상품 제작의 의무 조건이 된다. 노동의 분화는 기업가들로 하여금 국가적·국제적 단계에서 그 규모가 계속적으로 커나가는 기술적-경제적 총체 안에서 동질적 기준을 만들도록 요구한다. 그러나 기술은 한 사회의 경제 안에서 발전해 나간다. 단순화의 요구는 기술적 관점에서는 긴급한 것으로 보일 수 있지만 산업적·경제적 관점에서 임박한 순간과 미래와 관련해서 생각해 본다면 성급한 것으로 보일 수도 있다. 기술의 논리와 경제적 이익은 절충되어야 한다. 적어도 다른 관계에서 기술의 표준화는 과도한 경직성을 두려워해야 한다. 제작되는 것은 결국 소비되어야 한다. 우리가 정상화의 논리를 광고의 부추김을 통해 욕망의 정상화로까지 밀고 갈 수 있음은 분명하다. 우리는 욕망이 표준화시킬 수 있는 대상인지, 아니면 기준을 만드는 책임을 진 주체인지를 알고자 하는 의문을 깔끔하게 해결해야만 하는가? 이 두 가정 중 욕망은 표준화의 대상이라는 첫 번째 가정이 진실이라고 상정한다면, 표준화가 이루어질 때 기준과 비교하여 대상들의 특징을 결정하는 것처럼 욕망에서도 기준에서 벗어나는 것들이 있음을 예상해야 한다. 그러나 이 경우에는 그러한 벗어남을 수량화할 수는 없다. 소비와 기술의 관계는 여러 방법과 모델과 공정과 품질시험을 상대적으로 유연하게 단일화시켰다. 이러한 유연성은 1930년대 프랑스에서 전국적 규모의 기업을 맡고 있는 경영 조직을 지칭하기 위해 표준화standardisation라는 용어보다 규격화란 용어가 선호된 사실을 상기시킨다.[17] 규격화의 개념은 불변성의 개념을 배제하고 가능한 유연성에 대한 기대를 내포한다. 따라서 우리는 어떻게 기술적 규범이 점차 사회와 사회적 가치의 서열에 대한 관념에 접근하게 되며, 규격화의 결정이 어떻게 서로 관련되어 있고 보충적이거나 상보적인 결정들의 가능한 전체를 전제로 하게 되는가를 잘 알 수 있다. 이 전체는 미리 완성되어야 하며, 그렇지 않다면 폐쇄되어야 한다. 서로 관련되어 있는 규범의 총체를 표상하는 것이 계획화이다. 엄밀히 말해 어떤 계획의 통일성은 어떤 단일 사상의 통일성이 될 것이다. 관료주의의 신화이자 기술관료의 신화인 계획은 신의 섭리의 현대적 외피이다. 위원들의 회합과 기계의 결합에 사유에서와 같은 통일성이 있다고 주장하기 어렵다는 사실은 너무도 자명하므로, 라 퐁텐이 신의 섭리에 대해 다음과 같이 한 말을 계획에 대해 말하기는 주저될 것이다. "신은 우리에게 필요한 것을 우리보다 더 잘 알고 있다."[18] 그러나 규격화와 계획화가 전쟁 경제와 전체주의 체제의 경제와 밀접히 연관되어 있음을 아는 우리는 무엇보다도 계획화의 시도 속에서 기관organe을 설치하려는 노력을 보아야 한다. 한 사회는 그 자신의 욕망들을 대차대조표에 기록하고 확인하는 대신 그러한 기관을 통해 자신의 욕망을 추정하고 예상하고 떠맡은 것

---

17 Jacques Maily, *La normalisation*, Paris, Dunod, 1946, p.157 이하. 여기서 이루어진 표준화에 대한 짧막한 논의는 이 책에서 많은 도움을 받았다. 이 책은 분석이 명료하고 역사적인 정보를 많이 담고 있을 뿐만 아니라 헬미히(Hellmich) 박사의 『표준화의 본질』(*Vom Wesen der Normung*, 1927)의 내용을 참고로 인용하고 있어 아주 유용하다.
18 Lafontaine, "Jupiter et le Métayer", *Fables*, VI, 4.

이다. 따라서 합리화——이것은 자유주의의 신봉자들에 의해 기꺼이 선동되는 허수아비이자 자연주의naturisme의 경제적 변종이다.——이름 아래 이루어지는 모든 것들이 사회적 생활의 기계화로 고발된다는 사실은 그 반대로 사회가 유기체적 주체가 되고자 하는 욕구를 희미하게나마 느끼고 있다는 사실을 나타낸다.

기술적 활동과 규격화가 경제와의 관계를 통해 어떻게 사법질서와의 관계에 들어가게 되었는지를 인식하는 것은 쉬운 일이다. 산업적 소유권, 즉 특허나 의장등록의 법률적 보호가 존재한다. 의장등록을 규격화하는 일은 산업적 수용을 실행하는 것이다. 많은 국가들이 그러한 조항을 법률에 도입하기 위해 국방에 대한 필요성을 이유로 내세운다. 여기서 기술적 규범의 세계는 사법적 규범의 세계로 열린다. 수용expropriation은 법률의 기준에 따라 이루어진다. 그 기준에 따라 결정을 내리는 판사들과 판결을 실행할 책임을 진 집행관huissier은 규범에 따른 그들의 기능과 동일시되는 사람들이다. 그들은 권한을 위임받아 그들의 기능을 수행한다. 여기서 정상적인 것은 서열화된 위임에 의해 상위의 규범으로부터 내려온다. 켈젠Kelsen은 『법의 순수이론』*Théorie pure du droit*에서 사법적 규범의 유효성은 일관성 있는 체계, 서열화된 규범들의 질서에 편입될 때 발생하며, 그 강제력은 근본적인 규범을 직접적 혹은 간접적으로 참조함으로써 생긴다고 주장한다. 그러나 서로 환원될 수 없는 여러 개의 근본적인 규범들이 존재하므로 서로 다른 법률적 질서들이 존재한다. 그의 이러한 법철학에 대해 그것이 자부하는 것처럼 정치적 사실을 법적 사실 안에 흡수시킬 힘이 없다며 이의를 제기할 수는 있다. 그러나 적어도 그 철학이 일관성 있는 질서 안에서 서열화된 법률 규범들의 상대성을 뚜렷이 밝힌 공적은 일반적으로 인정된다. 따라서 켈젠에 대한 가장 단호한 비판자 중 한 사람은 다음과 같이 쓸 수 있었다. "법률은 모든 행위가 일정한 방식으로 어떠한 집단의 내부로 향하도록 만들어진 규약과 규범의 체계이다."[19] 비록 법률이 (사법이나 공법 모두) 정치적 기원만을 가진다는 것을 인정하더라도, 법률 제정의 계기는 다수가 공유하는 관습에 의해 입법 권력에 주어진다. 이 관습을 잠재적인 법의 전체 안에 제도화하는 것이 권력의 권한이다. 켈젠에게 중요한 법률적 질서라는 개념이 없더라도 법률적 규범들의 상호 관련성은 정당화될 수 있다. 이러한 상관성은 다소간 엄격할 수도 있다. 비-상관성도 허용되지만, 이것은 상관성의 결여를 의미하지는 않는다. 사실 규범들에 대한 규범은 수렴한다. 만약 법이 "사회적 활동에 대한 통제"일 뿐이라면 어떻게 수렴하지 않을 수 있겠는가?[20]

요컨대 기술의 규격화라는 가장 인공적인 규격화의 예를 의도적으로 선택함으로써 우리는 정상성의 불변적인 특성을 파악할 수 있다. 규범들은 하나의 체계 안에서는 적어도 그 효력에 있어 서로 연관되어 있다. 어떤 사회 체제 내에서 그 규범들이 가지는 상관성은 이 체제를 하나의 조직체, 다시 말해서 그것에 의해서는 아니더라도 그 자체로 하나의 통일체로 만든다. 적어도 한 철학자만은 도덕적 규범의 유기체적 특

---

19 Julien Freund, *L'essence du politique*, Paris, Sirey, 1965, p.332.
20 *Ibid.*, p.293.

성을 인식하고 그것을 명백히 하였다. 물론 그 규범은 우선적으로는 사회적 규범이다. 베르그송Bergson은 『도덕과 종교의 두 원천』에서 그가 "의무의 총체"le tout de l'obligation라고 부르는 것을 분석한다.

＊　＊　＊

사회적 규범들(기술적·경제적·법률적)의 상호 연관성은 그들의 잠재적 단위를 하나의 조직체organization로 만드는 경향이 있다. 유기체와 조직체의 개념상의 차이를 말하기는 쉽지 않다. 그것은 유기체보다 더욱 형식적이고 풍부하며 일반적인 구조를 가진 조직체에 대해 말할 경우나, 기본 구조형으로 간주되는 유기체에 비해 제한 조건이 너무 많아 은유 수준의 일관성밖에는 유지하지 못하는 특수한 모델의 조직체에 대해 말할 때에도 마찬가지이다.

　우선 어떠한 사회적 조직체를 구성하는 부분들을 어느 정도 분명한 목적을 가진 하나의 집단성에 맞추는 규칙들은——그 부분들이 개인이든 집단이든, 아니면 일정한 목적을 가진 기업이든——그 조직체에 동화되어 있지 않다. 그 규칙들은 표현되어야 하고 습득되어야 하며 다시 기억되고 적용되어야 한다. 반면 살아 있는 유기체에서는 부분들 사이의 적응 규칙은 내재적이며, 바깥으로 드러나지 않고도 현전하며, 특별한 의도나 계산 없이도 효력을 나타낸다. 여기서는 규칙règle과 조절régulation 사이에 어떠한 차이나 거리, 지연도 존재하지 않는다. 사회적 질서는 섬기는 자나 섬김을 받는 자, 즉 지배자가 모두 주의를 기울여야 하는 규칙들의 총체이다. 그에 비하여 생명의 질서는 별 문제 없이 자연스럽게 체험되는 규칙들의 총체로부터 만들어진다.[21]

　'사회학'이란 용어와 개념을 처음으로 만든 콩트는 『실증철학 강의』에서 당시 그가 사회물리학이라고 부른 것을 다루었다. 그는 이 책에서 사회를 히포크라테스의 의학 전통으로부터 빌려온 상승 작용synergie과 교감sympathie이란 두 가지 관계에 따라 조절되는 부분들의 통일체로 정의하였으며 그러한 사회를 지칭하는 데 사회적 유기체란 용어를 주저 없이 사용했다. 콩트는 조직체, 유기체, 체계, 통일체라는 말을 사회의 상태를 지칭하는 데 구별 없이 사용하였다.[22] 이 시기부터 콩트는 사회와 권력을 구별하는데, 그는 권력이란 말을 자발적으로 일어나는 공통적인 작용을 하는 기관 및 조정자의 의미로 이해한다.[23] 그것은 사회집단과는 구별되지만 분리되지 않는 기관이며, "사회 체제의 전체와 부분 사이에 항상 틀림없이 존재함이 명백한 자발적 조화"[24]의 합리적이고 인위적이지만 자의적이지는 않은 기관이다. 따라서 사회와 정부의 관계 또한 상관 관계이다. 정치적 질서는 "자연적이고 무의식적 질서"의 의도적이고 인위적인 연장으로 보이며, "다양한 인간

---

21 Bergson, *Les deux sources de la morale et de la religion*, Paris, Alcan, 1937, p.22. "인간의 사회이건 동물의 사회이건 사회는 하나의 조직체이다. 그것은 각 요소들의 조정과 종속 관계를 포함한다. 따라서 그것은 단순히 겪은 것이든 드러난 것이든 규칙이나 법칙의 총체를 제공한다".

22 Comte, *Cours de philosophie positive*, 48ᵉ Leçon, Paris, Scleicher, 1908, t. IV, p.170.

23 *Ibid.*, p.177.

24 *Ibid.*, p.176.

사회는 어떠한 관계하에서는 필연적으로 끊임없이 이 자연적 질서를 지향한다".[25]

콩트가 『강의』에서 수용한 유비의 범위를 제한하고, 유기체의 구조와 사회조직체 구조의 차이점을 강조하는 것을 보기 위해서는 『실증정치학의 체계』*Système de politique positive*의 출현을 기다려야 한다. 『사회정역학』*Statique sociale*(1852)의 5장 "사회적 유기체에 대한 실증적 이론"에서 콩트는 집단적(사회적) 유기체의 합성적 본성은 분할 불가능한(생물학적) 유기체의 구성과는 본질적으로 다르다고 주장했다. 비록 기능적으로 경쟁하기는 하지만 사회적 몸체의 구성 요소는 분리된 실체로서 존재할 수 있다. 이러한 점에서 사회적 유기체는 그 내부에 몇 가지 기구적 특성을 지닌다. 더욱이 동일한 점에서 "그 합성적 본성에 따라 집단이라는 유기체는 개개의 유기체가 초기 상태에서만 나타내는 뛰어난 적응력과 새롭고 본질적인 기관을 습득할 수 있는 고도의 능력을 소유한다".[26] 따라서 조정, 즉 연속적으로 관련되어 있는 모든 부분들을 전체로 통합하는 것은 특정한 사회적 요구 사항이 된다. 가정생활이건 도시생활이건 하나의 사회생활을 조정한다는 것은 보다 일반적인 동시에, 보다 고귀한 사회에 그것을 삽입하는 것이다. 왜냐하면 그것은 사회의 유일한 구체적 현실인 '인간성', 즉 '위대한 존재'에 한층 가깝기 때문이다. 사회적 조정, 그것이 곧 종교가 하는 일이다. 실증

25 *Ibid.*, p.183.
26 Comte, *Système de politique positive*, II, p.304.

적 종교는 철학이고 영적인 힘이며 인간이 자신에게 행하는 행위에 대한 일반적 기술이다. 이러한 사회 조정 기능에서 개별적 기관과 일시적인 권력은 보조적인 사제권을 가질 따름이다. 사회적으로 조정한다는 것은 정신 전체를 지배하는 것이다. 따라서 위대한 존재보다 열등한 차원에서 유래한 모든 사회적 유기체는 외부와 위로부터 조정받는다. 조정자는 그가 조정하는 것보다 나중에 온다. "인간이 권력들을 규정함에 따라 권력이 만들어졌다고 믿는 형이상학적 착각의 경우를 제외하고는 사실상 미리 존재하는 권력만을 조정할 수 있다."[27]

썩 잘 표현하는 것은 아니지만 달리 말해 본다면 사회는 기계인 동시에 유기체라고 할 수도 있을 것이다. 집단의 목표가 단순히 엄격하게 계획화될 뿐만 아니라 어떠한 프로그램에 따라서도 실행될 수 있다면 그 사회는 단지 기계에 불과할 것이다. 이러한 관점에서 본다면 현대의 사회주의 경제 체제를 가지는 몇몇 사회는 자동적 기능 양식을 지향한다고 말할 수 있다. 그러나 이러한 경향은 아직도 단순히 회의적인 실행자의 악의에서만이 아니라 여전히 현실들에서 장애물을 만난다는 사실을 인정해야 한다. 이 장애물은 조직자로 하여금 즉흥적인 수단에 도움을 청하게 만든다. 또한 우리는 어떠한 사회가 자신의 목적을 분명하게 확정하는 동시에 효과적으로 그 수단을 사용할 수 있는가를 자문할 수도 있다. 결국 모든 사회적 조직체의 임무 중 하나가 자신에게 가능한 목표들을 밝히는 데 있다는 사실은 정확히 말해 그 조직체가 내재

27 *Ibid.*, p.335.

적인 목적성을 갖고 있지 않다는 사실을 잘 보여 주는 듯하다. 다만 동물의 행동이 타고난 모델에서 주어지는 것처럼 사회의 목적이 의식과 전통에서 주어지는 소위 원시 사회나 고대 사회는 여기서 제외될 것이다. 사회에서 이루어지는 조절은 그것을 실행할 기관과 규범들을 따로 찾아내기를 요구한다.

반면 유기체에 욕구가 있다는 사실은 조절의 기구가 이미 존재함을 나타낸다. 음식, 에너지, 운동, 휴식에 대한 욕구가 불안과 추구 행위의 모습으로 나타나는 이유는, 유기체가 주어진 상황에서 어떤 상수의 형태로 결정되는 최적 상태의 기능을 준거로서 참조해야만 하기 때문이다. 유기체의 조절이나 항상성은 환경에 대한 관계가 변하여 유기체가 그로부터 벗어날 때 유기체가 원래의 일정함으로 돌아갈 수 있게 보장해 준다. 욕구는 어떤 기관을 통하여 표현되고 충족되지만 총체적인 유기체를 근거지로 하는 것처럼, 조절은 신경 계통과 내분비 계통을 통해 작용을 나타내지만 부분들이 전체로 통합되는 것을 표현한다. 이러한 이유로 유기체의 내부에는 엄밀히 말해 기관들 사이의 거리나 부분들 간의 외재성extériorité이 존재하지 않는다. 해부학자는 일종의 공간적인 펼쳐짐으로 유기체를 인식한다. 그러나 유기체는 그것이 인식되는 공간적 양태로만 살아가지 않는다. 어떤 생명체의 생명은 그 각각의 요소들에 대해 동시에 전체적으로 공현존coprésence한다.

사회적 조직체에서 나타나는 현상은 예술은 자연의 모방이라는 아리스토텔레스 말의 의미에서 생명이 있는 조직체를 모방한 것과 같다. 여기서 모방한다imiter는 말은 베낀다copier는 말이 아니라 생산의 의미를 재발견하려는 것이다. 무엇보다도 사회적 조직체는 기관들을 발명한다. 즉 탐구와 정보 수용의 기관, 계산과 결정의 기관을. 규격화는 현대 산업 사회에서 아직은 아주 간략하게 합리적인 형태를 취하지만 계획화를 필요로 하고, 이 계획화는 각종 통계를 구축할 것과 전자계산기를 통해 그 통계를 활용할 것을 요구한다. 대뇌피질 신경회로의 작동을 은유가 아니라 컴퓨터의 작동모델을 이용하여 설명할 수 있다면, 컴퓨터가 기술적-경제적 조직체 내에서 인간의 뇌가 수행하는 기능 중 가장 하위의 지성 작용을 수행할 수 있다는 생각은 적당하지는 않더라도 매력적이다. 이미 오래전부터 통계학을 통해 얻어진 사회적 정보와 감각 수용기를 통해 얻어진 생명체의 정보를 동일시하였다. 1890년 타르드Gabriel Tarde는 『모방의 법칙』*Les lois de l'imitation*에서 그것을 최초로 시도했다.[28] 그에 따르면 통계는 동일한 사회적 요소들의 총합이다. 유포된 결과는 현재 이루어지고 있는 사회 현상들에 대한 정보를 알려 준다. 따라서 통계국과 그 역할을 하나의 사회적 감각기관으로 생각할 수 있다. 그러나 아직 당시로서는 태아 상태의 눈에 불과하다고 타르드는 말했다. 타르드가 제시하는 유비는 심리생리학은 눈이나 귀와 같은 감각 수용기의 작용으로부터 만들어진다는 당시의 관념에 기초하고 있는데, 이 관념에 따르면 색이나 소리 같은 감각적 성질들은 물리학자가 진동수로 계산하는 자극의 구성 요소들을 특정한 통일체 안에서 종

---

28 Tarde, *Les lois de l'imitation*, pp.148~155. 19세기 후반 난처하게 드레퓌스 사건에 연루된 프랑스 군대의 정보 소관 기관이 통계국이란 명칭을 가졌음을 상기하는 것은 흥미롭지 않은가?

합한다. 따라서 타르드는 다음과 같이 쓸 수 있었다. "우리의 감각은 각자가 독자적으로, 그리고 고유의 관점에 따라 우리에게 외부 세계에 대한 통계 자료를 만들어 준다."

그러나 정보를 수용하고 가공하는 사회의 기관과 생명체의 기관의 차이는 여전히 존속하며, 이들이 인간의 역사와 생명의 진화에서 완성되는 과정은 정반대의 양식으로 일어난다. 유기체의 생물학적 진화는 기관들과 기능을 외부 환경과 긴밀하게 통합시키고 유기체와 그 조직을 구성하는 요소들이 존재하는 조건(베르나르가 내적 환경이라고 명명한)을 가장 자율적으로 내재화시킴으로써 일어났다. 반면 인간 사회의 역사적 진화는 간단한 도구에는 기계가, 재고품은 예비품에, 전승에는 문서가 더해지며 종보다는 하위 집단들의 확장이 배가되었고, 따라서 그 활동 수단을 외부 공간으로, 제도들을 행정적 외재성에 펼쳐 놓으며 이루어졌다. 사회의 경우, 정보와 조절에 관련된 새로운 문제들은 조직체나 제도를 만들어내는 것으로 해결된다. 그 조직체나 제도의 불완전함은 경화와 인습에 의해 어느 순간에 터져 나온다. 따라서 사회는 항상 해결책이 없는 문제들, 평행하는 해결책들을 수렴시켜야 하는 문제를 해결해야 한다. 르루아 구랑Leroi-Gourhan은 이것에 대해 다음과 같이 썼다.

동물에서 인간으로의 이행은 마치 뇌를 뇌 위에 덧붙이듯이 간단하게 이루어진다. 가장 마지막에 발달한 구성물은 계속해서 그들의 역할을 수행하는 모든 선행하는 구성물들을 빈틈없이 결합시킨다.[29]

반대로 이 저자는 "인간에서 일어난 모든 진화는 다른 동물의 세계에서는 특화된 적응에 해당하는 것을 인간 외부에 위치시키는 일을 돕는다"[30]는 사실을 보여 주는데, 그것은 전문적 성격을 지닌 기관들을 외재화시키는 것은 오직 인간에게만 해당되는 현상임을 말해 준다.[31] 따라서 우리는 인간이 사용하는 집단적인 기술적 수단인 사회적 기관들 사이의 거리를 인간 사회의 독특한 특징으로 간주할 수 있다. 사회가 기관들이 외재된 것인 한에서 인간은 대표représentation와 선택에 의해 그것을 마음대로 처분할 수 있다. 따라서 계속해서 보다 많은 조직체를 추구하는 가운데 인간 사회에 유기체의 모델을 제시하는 것은 사실상 고대 사회가 아니라 동물의 사회로 돌아가기를 꿈꾸는 것이다.

따라서 사회적 기관들이 전체 사회 안에서 상호 간에 목적과 수단이 된다 하더라도, 이들이 서로에 의해서, 전체를 구성하는 인과 관계의 망에 의해 존재하지 않는다는 사실을 주장할 필요는 거의 없다. 왜냐하면, 조직체 안에 있는 사회적 기계의 외재성은 기계를 구성하는 부분들의 외재성과 본질적으로 다르지 않기 때문이다.

따라서 사회적 조절은 유기체적인 조절을 지향하고 그것을 모방하지만 끊임없이 기계적으로 구성된다. 용어의 고유한 의미에서 사회적 구성체와 사회적 유기체를 동일시할 수 있기 위해서는 어떤 사회의 욕구와 규범을 생명의 욕구와 규범을 말하듯이 애매함을 남겨두지 않고

29 Gourhan, *Le geste et la parole: Technique et langage*, Paris, 1964, p.114.
30 Gourhan, *Le geste et la parole: La mémoire et les rythmes*, Paris, 1965, p.34.
31 *Ibid.*, p.63.

말할 수 있어야 한다. 자연의 서식처에 있는 가시고기나 도마뱀의 생명이 가지는 욕구와 규범은 이 동물들이 그들의 서식처에서 지극히 자연스럽게 살아 있다는 사실에서 표현된다. 어떤 점에서 사회적 욕구가 내재적immanent이 아니며, 어떤 점에서 사회적 규범이 내부적intérieure이 아닌지, 그리고 결국은 내재된 분열과 잠재적 대립의 자리인 사회가 어떤 점에서 하나의 전체로 나타나지 못하는가를 알기 위해서는 한 개인이 어떤 사회 안에서 그 사회의 욕구와 규범이 무엇인가를 묻고 거기에 의문을 제기한다는 사실을 아는 것으로 충분하다. 그것은 규범들이 사회 전체의 것이 아님을 나타낸다. 만약 누군가가 사회의 목적성에 대한 질문을 제기한다면, 그것은 그 사회의 수단들이 제대로 결합되어 있지 않고, 그 사회가 허용하는 집단적 활동이 동일시할 목적이 없음을 말하는 것이 아닌가? 이것을 지지하기 위하여 문화적 규범들의 체계가 가지는 다양성에 민감한 인류학자들의 분석을 원용할 수도 있을 것이다. 레비-스트로스는 다음과 같이 말했다.

> 어떠한 사회도 근본적으로 선하지 않지만 절대적으로 악한 사회도 없다. 모든 사회는 불공평이란 불순물을 고려하더라도 모든 구성원들에게 어떠한 이점을 제공해 준다. 그러한 불공평함의 비중은 거의 변함이 없어 보인다. 불공평은 사회적 생활 차원에서 이루어지는 조직적인 노력을 방해하는 특수한 형태의 타성에 해당된다.[32]

32 Lévi-Strauss, *Tristes tropiques*, chap. XXXVIII.

2. 인간에서의 유기체적 규범에 대하여

건강과 질병의 관계에서, 따라서 사고의 보상과 장애의 교정, 혹은 보다 통속적으로 말해 병에 대한 약의 관계에서 보면 유기체와 사회와의 사이에는 다음과 같은 차이점이 있다. 즉 유기체의 경우 질병의 치료자는 회복시켜야 할 정상 상태가 어떤 것인가를 사전에 즉시 알지만 사회의 경우에서는 그것을 모른다.

체스터턴G. K. Chesterton은 『이 세상에 무엇이 잘못되었나』[33]라는 작은 책에서 처방을 제시하기 전에 어떤 사회를 병든 상태라고 규정하는 정치 평론가들이나 개혁자들의 경향을 "의학적 오류"라는 이름으로 고발했다. 그가 'sophisme'이라고 부르는 예민하고, 총명하며, 역설적인 반박은 다음과 같은 금언에 근거하고 있다.

사람의 몸이 상하는 방식에는 의문이 있을 수 있지만 그 몸을 어떤 형태로 회복시켜야 하는가에는 의문이 있을 수 없다. 의학은 정상적 인간의 몸에 만족하고 그것을 회복시키기를 추구할 뿐이다.[34]

의학적 치료의 목적에는 어떠한 주저함도 있을 수 없지만 사회 문제에서는 전혀 다르다. 왜냐하면 사회적으로 병든 상태라고 규정하기

---

33 1910년에 출판된 이 책 『이 세상에 무엇이 잘못되었나』(*What is wrong with the world*) 의 프랑스어 번역판은 1948년 갈리마르에서 출판되었다.
34 Chesterton, *Ce qui cloche dans le monde*, Paris, Gallimard, 1948, pp.10~11.

위해서는 정상적인 사회의 상태에 대한 선행하는 정의가 전제로서 필요하기 때문이며, 정상적인 사회를 어떻게 규정하느냐에 따라 그것을 추구하는 사람들이 나누어지기 때문이다. "사회적 문제는 의학적 문제와는 정반대이다. 우리는 질병의 정확한 본성에 대해서 의사와 의견을 달리하지 않으며, 건강의 본질에 대해서도 일치된 의견을 가진다."[35] 그러나 사람들은 사회 안에서의 사회적 선에 대해서는 서로 의견을 달리한다. 어떤 사람이 건강이라고 추구하는 것을 다른 사람은 악으로 간주한다![36]

"어떠한 의사도 눈이나 팔다리가 새롭게 배열된 신종의 인간을 만들어 내려고 하지는 않는다"[37]는 유머에는 깊은 의미가 담겨 있다. 그것은 유기체가 가진 생명의 규범은 유기체 자신에 의해 주어지고 유기체와 하나를 이룬다는 사실을 인정하는 것이다. 어떤 의사도 환자를 질병으로부터 원래의 만족스런 상태로 복귀시키는 것 이상을 보장하지는 못한다.

그러나 유머 작가보다도 현실에 더 많은 유머가 있다. 유기체가 의사들에게 회복 활동의 기준을 제공해 준다는 사실을 의사들이 받아들이기 때문에 체스터턴이 의사들을 칭찬하는 바로 그 순간, 일단의 생물

---

35 *Ibid.*, p.12.
36 우리는 '유기체와 사회에서의 조절에 대한 문제'란 주제의 학회에서 체스터턴의 생각에 대해 보다 상세하게 논의하였다. *Cahiers de l'Alliance Israélite Universelle*, n° 92, sept.-oct. 1955.
37 Chesterton, *Ce qui cloche dans le monde*, p.11.

학자들은 인류에 대한 기준을 변모시키는 데 유전학을 이용할 수 있다는 가능성을 인식하기 시작했다. 돌연변이 유발실험으로 유명한 유전학자 멀러H. J. Muller는 1910년 인간의 일반적인 지능 수준을 최고로 높이기 위해 인간에게 개입하는 것, 말하자면 우생학eugénique의 방법을 통해 사람들을 모두 천재로 만들 사회적·도덕적 의무가 우리에게 있다고 처음으로 주장했다. 그것은 개인적인 바람의 문제가 아니라 사회적인 프로그램의 문제이다. 그 프로그램이 겪은 운명은 자신의 역설에 대한 가장 완벽한 확증으로 체스터턴에게 나타났을 것이다. 멀러는『밤을 넘어서』Out of the night[38]란 책에서 계급도 사회적 불평등도 없는 집단을 실현해야 할 이상적인 사회로 제시했다. 그 사회의 여성들은 정액을 보관하고 인공 수정을 시키는 기술을 통해 레닌이나 다윈 같은 천재아를 등에 업고 키울 수 있게 되고, 합리적인 교육을 통해 그러한 영광을 가지는 것을 자랑스럽게 생각할 것이다.[39] 멀러의 책은 그가 그 책을 쓴, 그리고 그 책이 높은 평가를 받으리라고 생각한 바로 소련에서 통렬한 비판을 받았으며, 이에 관여한 러시아 유전학자는 오명을 썼다.[40] 인간의 불평등을 확증하고 그것을 교정하는 기술을 만들어 내는 유전학과 같은 유전의 이론에 근거한 사회적 이상은 계급 없는 사회에는 적합하지 않다.

---

38 H. J. Muller, *Hors de la nuit*, J. Rostand trad. Gallimard, 1938.

39 *Ibid.*, p.176.

40 Julian Huxley, *La génétique soviétique et la science mondiale*, Paris, Stock, 1950, p.206.

따라서 유전학은 생물학자에게 새로운 형성의 생물학을 인식하고 적용할 가능성을 제공해 주고, 그 결과 다른 규범에 따라 실험적 생명체를 만들어 내면서 생명의 경험적 형식을 초월하게 해준다. 지금까지는 자신과 일치하는 것이 인간이라는 유기체의 규범이었지만 그것이 우생유전학의 계산과 일치할 날이 있을 것이다.

* * *

만약 사회적 규범이 유기체의 규범처럼 분명하게 지각된다면, 거기에 따르지 않는 인간은 바보가 될 것이다. 보통 사람들은 바보도 아니고 현자도 아니므로 사회적 규범은 관찰해야 하는 것이 아니라 만들어 내어야 하는 것이다. 지혜의 개념은 그리스 철학자들에게 의미 있는 말이었다. 왜냐하면 그들은 사회를 내재적인 기준, 고유한 건강 상태, 측정과 평형과 보상의 규칙, 인간적 차원에서 존재들의 총체를 우주cosmos로 만드는 보편적인 법칙의 복제이자 모방물을 가지는 유기체적 유형의 실체로 이해했기 때문이다. 현대의 생물학자인 캐넌Walter Bradford Cannon(1871~1945)이 유기체의 조절, 즉 항상성homéostasie의 이론을 설명한 자신의 책 제목을 『육체의 지혜』*The Wisdom of the Body*라고 명명했을 때, 거기에는[41] 법적 개념과 의학적 개념이 일치한다는 고대 그

---

[41] 캐넌은 이 제목을 유명한 영국 생리학자인 스탈링(Ernest Starling)으로부터 빌려 왔다. 프랑스어 번역판은 *La sagesse du corps*, trad. Z. M. Bacq, Editions de la Nouvelle Critique, 1946으로 출판되었다.

리스 사상의 반향이 느껴진다. 육체의 지혜에 대해 말한다는 것은 살아 있는 육체가 조절하는 영구적 평형 상태에 대해, 생겨나기가 무섭게 저항을 받는 불평형 상태에 대해, 외부에서 기원하며 혼란을 가중시키는 영향들에 대항해 유지되는 안정성에 대해 말하는 것이다. 요컨대 유기체의 생명은 일시적이고 위협받는 기능의 질서이지만 조절 기관에 의해 항상 회복된다. 스탈링Starling과 캐넌은 육체가 지혜를 가진 것으로 여기며 의학이 과거에 정치로 수출한 개념을 생리학으로 송환시킨다. 그러나 캐넌은 사회적 현상을 밝히는 능력을 항상성의 개념에 부여하기 위해 그 개념을 확장시키지 않을 수 없었다. 따라서 자기 책의 마지막 장의 제목을 생물학적 항상성과 사회적 항상성의 관계라고 붙였다. 그러나 이 관계에 대한 분석에는 보수주의와 개혁주의 간의 교대(캐넌은 여기서 보상 장치의 효과를 본다)와 관련되어 있는 자유주의적 사회학과 의회정치학이 함께 얽혀 있다. 이러한 교대는 원초적 상태를 포함해 모든 사회 구조에 내재한 어떤 장치의 효과는 결코 아니다. 이러한 교대는 사회적 적대 관계를 소통시키고 완화시키기 위해 고안된 제도가 비교적 유효함을 표현한다. 이러한 제도는 혼란 상태가 위기로 이행하는 것을 끝내 막지는 못하지만 어느 정도 연기시키기 위하여 현대 사회가 획득한 정치기구이다. 산업 사회를 관찰해 보면 변함 없이 지속되는 그들의 현 상태가 위기가 되지 않을 것인지, 그것이 자기조절력의 부재로 인한 증상이 아닌가 하고 자문하게 된다.

캐넌이 일반적인 용어로 고안한, 조절을 의미하는 '항상성'homéo-stasie[42]은 베르나르가 내적 환경의 일정성constantes du milieu intérieur이란 이름 아래 모아 놓은 조절 기능들의 질서이다. 이것은 혈액에 용해되어 있는 탄산 비율에 의해 호흡 운동이 조절되거나 항온 동물에서 체온이 조절되는 것과 같이 유기체의 작용에 관련된 규범이다. 오늘날 우리는 유기체의 구조와 그 구조의 발생을 연구하는 데 다른 형태의 조절을 고려해야만 한다는 사실을 알고 있다. 베르나르는 그것을 단지 어렴풋이 느끼기만 하였다. 오늘날 실험발생학에서 탐구하는 근본적인 문제는 발생 과정에서 특정한 형태의 통일성을 보존하거나 회복시키고, 절단된 기관의 회복 과정에서 일어나는 기관 형성 작용을 연장시키는 형태학적 조절 현상이다. 그 결과 우리는 전체 규범을 구성의 규범, 재구성의 규범, 작동의 규범으로 분류할 수 있다. 그리고 생명체들은 이 규범에 따라서 분명한 세계를 형성한다.

이 다른 규범들은 생물학자들에게 규범과 개별 사례의 관계라는 동일한 문제를 제기한다. 개별 사례에서는 표준적 형질에 대해 이러저러한 생물학적 특성, 즉 키, 기관의 구조, 화학적 조성, 행동 등의 차이나 일탈이 나타나기 때문이다. 만약 개별 유기체가 기형이나 사고가 일어났을 때 회복의 기준을 스스로 제시한다면, 무엇이 개체에서만 발현되는 특정한 구조와 기능의 기준을 제시하는가? 집토끼와 황새, 말과 낙타의 체온 조절은 다르다. 그러나 토끼를 예로 들자면 개체에게 단독성을 부여하는 미미하고 단편적인 차이점을 무시해야만 각 종에 고유한 규범을 설명할 수 있다.

42 Cannon, *La sagesse du corps*, p.19.

생물학에서 정상의 개념은 정상적이란 평가를 받은 특성들의 빈도에 따라 객관적으로 규정된다. 어떤 종에서 나이와 성별에 부합하는 몸무게, 키, 반사 작용의 성숙 등은 자연 상태의 인구 집단에 속하는 개인들이 이루는 집단 중에서 가장 많이 나타나는 측정치로 대표된다. 1843년경 케틀레는 사람 키의 분포는 제한된 이항 법칙의 형태로 가우스Gauss가 확립한 오차의 법칙에 의해 표현될 수 있음을 관찰하였다[사람들의 키가 정규분포함을 말함—옮긴이]. 그는 평균적 인간에 대한 이론에서는 혼동되고 있는 가우스 평균(진평균)과 산술 평균 개념의 차이를 처음으로 구별하였다. 여러 곳에서 측정한 평균치 결과의 분포는 가우스 평균이 진정한 평균임을 확인해 준다. 편차는 측정 집단이 클수록 작아진다.

우리는 이 책 제2부의 2절에서 케틀레가 진평균을 발견한 이후 자신의 평균적 인간 이론에 부여한 표준형 개념의 의미와 유사한 의미를 규범의 개념에 담으려고 하였다. 유사한 의미란 말하자면 기능은 비슷하지만 근거는 다르다는 뜻이다. 케틀레는 생명체가 복종하는 신적 기원의 법칙과 같은 의미를 평균에, 즉 통계학적 최빈수로 표현된 규칙성에 부여했다. 우리는 초자연적 법칙에 복종하지 않고 그와는 완전히 다른 질서를 통해 빈도를 설명할 수 있음을 증명하려 노력하였다. 우리는 빈도를 적응이라는 해결책을 가진 생명력에 대한 현실적이거나 가능적인 기준으로 해석하였다.[43] 우리의 시도가 목표를 이루지 못한 이

43 이 책 164~167쪽 참조.

유는 우리의 목표가 분명하지 않으며, 최빈수가 최상의 적응이라는 부당한 결론을 내렸기 때문이라고 사람들은 비판한다.[44] 사실 여러 종류의 적응이 존재한다. 나의 연구에 이의를 제기하는 사람은 내가 적응에 부여한 의미와는 다른 의미로 적응을 이해한다. 안정된 환경에서 주어지는 임무에만 특화된 적응의 형태가 존재한다. 그러나 이 적응은 이 환경에 변화를 초래하는 모든 우발적 사태에 의해 위협받는다. 반면 안정된 환경의 속박에 구애받지 않는 적응의 또 다른 형태가 존재한다. 따라서 이 적응에는 환경의 변화에서 생겨나는 생존의 어려움을 극복할 능력도 존재한다. 그런데 우리는 어떤 종의 정상성을 변이를 일으킬 수 있는 경향, 즉 "가역성과 유연성이 없는 과도하게 특화된 적응에 대한 일종의 보험(이것은 성공적 적응의 증거이다)"으로 규정했다. 완전하거나 완결된 적응은 종의 종말의 시작이다. 우리는 생물학자 방델Albert Vandel의 논문에서 영감을 얻는다. 그는 자신의 저서 『인간과 진화』*L'homme et l'évolution*에서 동일한 생각을 전개하였다.[45] 그것을 다시 한번 분석해 보자.

정상적인 것을 가장 흔한 것으로 규정한다면, 유전학자들이 돌연변이라는 명칭을 부여한 이상의 생물학적 의미를 파악하는 데에는 상당한 어려움이 뒤따른다. 사실 식물이나 동물계에서 어떤 돌연변이가

---

44 Duyckaerts, *La notion de normal en psychologie clinique*, Vrin, 1954, p.157.
45 갈리마르에서 초판 1949년, 2판 1958년 출간. 이분법(동물의 집단을 새로워지는 계열과 보존적인 계열로 나누는 것)에 의한 진화론은 그가 샤르댕(Teilhard de Chardin)의 진화 사상에 대해 쓴 논문에서 되풀이된다. *Etudes philosophiques*, n° 4, 1965, p.459.

새로운 종의 기원이 될 수 있는 한, 우리는 어떤 규범에 대한 이탈로부터 새로운 규범이 탄생한다는 사실을 안다. 규범이란 자연 선택이 보유하고 있는 벗어남의 한 형식이다. 파괴와 죽음은 규범을 우연에 양보한다. 그러나 우리는 거의 대부분의 경우 돌연변이가 건설적이기보다는 제한적이고, 지속되더라도 표면적인 영향만을 미치고, 돌연변이가 두드러질 때에는 유기체가 약해져서 저항력이 감소된다는 사실을 잘 안다. 따라서 사람들은 돌연변이를 종의 탄생을 설명하는 능력으로 보기보다는 종들을 변종으로 다양화시키는 능력으로 본다.

엄밀히 말하자면 종의 생성을 돌연변이로 설명하는 이론은 일시적으로 생존하는 것만을 정상적인 것으로 규정할 수 있다. 그러나 생명체를 죽음이 유예된 존재로만 간주하기 때문에 생명의 연속성 속에서 고려되는 생명체 전체의 적응 방향이 간과되고, 진화는 모든 빈자리를 차지하기 위한 생활 양식의 변화라는 측면이 과소평가된다.[46] 따라서 적응에는 일정한 시점에서 어떤 종과 그 변종을, 즉 도태되어 가는 생명체와 진화해 나가는 생명체를 구별할 수 있게 해준다는 의미가 있다. 동물성이란 이동성과 포식성을 특징으로 하는 생명의 한 형식이다. 이러한 관점에서 본다면 시각은 밝은 곳에서 이동하는 데 필요한 기능이라고 할 수 있다. 동굴에 사는 눈이 먼 동물은 어둠에 적응되어 있다고

---

46 "다윈의 용어에 따르면 어떤 장소에서 빈자리는 자유로운 공간이라기보다는 이론적으로는 가능하지만 아직 실행되지는 않은 생명의 조직 체계(서식처, 음식 섭취, 공격, 방어의 양식)이다"(Canguilhem, Lapassade, Piquemal, et Ulmann, *Du développement à l'évolution au XIXe siècle*, PUF, 1960, p.31).

말할 수 있을 것이다. 이 종은 처음 시각을 가진 동물로부터 돌연변이에 의해 출현했고, 적합하지는 않더라도 적어도 치명적이지는 않은 환경을 만나 그곳을 점유함으로써 유지된다고 생각할 수 있다. 여기서 실명은 드물다는 의미에서 이상anomalie으로 간주되는 것이 아니라, 실명한 생명체를 퇴화시키고 막다른 궁지로 몰아넣는다는 의미에서 이상으로 간주된다.

1954년 집단 유전학에서 레르너Lerner에 의해 유전적 항상성이란 개념이 등장한 사실은[47] 한편으로는 생물학적 인과계열, 다른 한편으로는 지리학적 인과계열이라는 서로 무관한 두 인과계열의 단순한 만남으로 생물학의 특정한 규범을 설명해야 할 때의 어려움이 표현된 것이다. 유전자의 배열과 자연적 인구 집단에 속한 개인들에서, 그리고 실험 집단의 개체들에서 나타나는 돌연변이를 자연 선택의 영향에 대한 연구와 관련시켜 연구해 보면 다음과 같은 결론을 얻을 수 있다. 즉 어떤 유전자나 유전자들의 배열의 영향은 일정하지 않으며, 그 영향은 환경의 조건뿐만 아니라 집단으로 대표되는 유전적 총체성이 어떠한 개체에 가하는 일종의 압력에 좌우된다. 예를 들어 쿨리씨 빈혈과 같은 인간의 질병에서 지중해 연안, 특히 시칠리아와 사르디니아에서 흔히 이형접합체인 개인이 동형접합체인 개인에 대해 선택적인 우성을 가진다는 사실이 관찰되었다. 아마 사육하는 동물들에서 이러한 우성이 실

---

47 유전적 항상성에 대한 중요한 정보를 다음의 뛰어난 연구에서 빌려 왔다. Ernest Bösiger, "Tendances actuelles de la génétique des populations", *La biologie, acquisitions récentes. XXVIᵉ Semaine de Synthèse*, Paris, Aubier, 1965.

험적으로 측정될 수 있을 것이다. 이것은 이종교잡에 의해 번식을 활성화시킨 사육자들의 오랜 관찰과 일치한다. 이형접합체가 더욱 잘 번식한다. 치사하는 특성을 가진 돌연변이 유전자에서 이형접합체는 돌연변이된 동형접합체에 대해서만이 아니라 정상적인 동형접합체에 대해서도 선택적인 우위를 점한다. 이로부터 유전적 항상성의 개념이 나온다. 어떤 집단의 생존이 이형접합체의 빈도가 많아짐에 따라 용이하게 되므로 우리는 번식력과 이형접합의 비례적 관계를 조절로 간주할 수 있다. 홀데인J. B. S. Haldane의 설명에 의하면 기생충에 저항을 보이는 어떤 종에서도 마찬가지이다. 생화학적 돌연변이는 돌연변이가 일어난 개체에게 보다 우월한 저항 능력을 갖추어 줄 수 있다. 어떤 종 내부의 생화학적 개체 차이는 형태학적·생리학적으로 자연 선택의 효과를 나타내는 개조를 대신하여 그 종을 생존에 보다 적합하게 만든다. 인류는 자신이 해결할 수 있는 문제만을 제기한다는 마르크스의 말과는 달리, 생명은 제기될 수 있는 적응의 문제에 대한 해답들을 미리 만들어 둔다.[48]

요컨대 1943년의 논문을 출판한 이래 많은 독서와 사색을 하였지만, 생체계측의 생물학적 토대에 대해 당시에 제시한 해석은 오늘날에도 타당하다.

---

48 르워프(A. Lwoff)처럼 다음과 같이 말할 수도 있다. "살아 있는 유기체에는 문제가 없다. 자연에도 문제가 존재하지 않는다. 해결책만이 존재한다"("Le concept d'information dans la biologie moléculaire", *Le concept d'information dans la science contemporaine*, Les Editions de Minuit, 1965, p.198).

* * *

통계학적 기준을 결정하는 일과 정상성이나 이상성(이러저러한 개별적 편차를 지닌)에 대한 평가의 관계에 대한 우리의 분석을 근본적으로 변경해야 할 필요는 없을 것 같다. 1943년의 논문에서 나는 마이어_{André} Mayer와 로지에_{Henri Laugier}의 연구에 많이 의존했다. 같은 주제에 대해 그 이후로 출판된 많은 논문들 가운데서 다음의 두 연구가 주목을 끌었다.

그 중 첫 번째는 아이비_{A. C. Ivy}의 「정상 혹은 정상성이란 무엇인가」(1944)라는 논문이다.[49] 이 저자는 정상 개념의 네 가지 의미를 구별한다. 1) 유기체적 사실이 결단에 의해 어떤 요구의 상한과 하한을 결정하는 이상_{idéal}과 일치하는 것. 2) 개체에서 측정한 구조, 기능, 화학적 구성과 같은 특성들의 값이 편의상 나이와 성 등에서 동질적인 집단의 중앙값에 집중되어 있는 것. 3) 각 형질에 대한 분포 곡선을 그리거나 표준편차를 계산할 때, 또는 표준편차의 수치가 결정될 때 개체가 그 평균에 위치하는 상황. 4) 핸디캡이 없다는 의식. 정상이라는 개념을 사용할 때에는 우선 의미하고자 하는 바를 정확히 해야 한다. 저자는 3)과 4)의 의미를 취하는데, 4)는 3)에 종속된다. 그는 많은 사람들에 대해, 특히 결과의 편차가 클 때 구조, 기능, 생화학적 성분에 대한 측

---

49 *Quaterly Bull. Northwestern Univ. Med. School*, Chicago, 1944, 18, 22-32, Spring-Quarter. 샤를 케제(Charles Kayser)와 버나드 메츠(Bernard Metz)가 이 논문의 존재를 알려 주었고 이 논문을 구해 주었다.

정치의 표준 편차를 확립하는 것이 어떤 점에서 좋은지, 검사된 집단에서 68.26%로 나타나는 수치를 정상으로 간주하는 것에 어떠한 이점이 있는가를 보여 주고자 한다. 이 수치는 평균에 대한 아래위의 표준 편차에 해당하는 수치이다. 측정치가 68%를 벗어나는 피측정자들은 기준에 대한 평가라는 어려운 문제를 제기한다. 예를 들어 보자. 학생 1만 명의 체온을 재면서 열이 있다고 느끼는가를 묻는다. 그에 따라 체온의 분포를 그리고, 체온이 동일한 사람들의 집단에서 그 집단의 사람 수와 열이 있다고 말한 사람들의 수 사이의 상관관계를 계산한다. 상관계수가 1에 가까워질수록 피측정자들은 감염에 의한 병리적 상태에 있을 가능성이 높다. 체온이 100°F(37.8°C)인 사람들 50명 중 주관적으로 정상이라고 느끼는 사람(열이 없다고 느끼는 사람들)이 실제로 세균 감염이 없이 정상적인 경우는 14%에 지나지 않는다.

아이비의 연구에서 흥미로운 점은 고전적인 통계학의 이러한 지적에 있는 것이 아니라 생리학적 정상과 통계학적 정상 개념이 일치하기는 어렵다고 분명하게 인정한 점에 있다. 생리적으로 건강한 상태the healthful condition는 통합된 기능들 간의 평형 상태로 규정된다. 따라서 이들 제반 기능들은 위급한 상황이나 힘든 상황에 있는 사람이 충분한 안전 영역과 저항력을 갖추도록 도와준다. 어떤 기능의 정상 상태는 다른 기능과 간섭을 일으키지 않는다. 그러나 대부분의 기능들이 통합되어 있으므로 서로 간섭을 일으킨다는 주장에는 이의를 제기할 수 없다. 어떤 기능이 다른 기능을 이상으로 이끌지 않는 한 정상이라고 이해해야 한다면 문제점을 바꾸어 놓은 것이 아닌가? 결국 생리학적 개념들과 통계학적으로 정의된 즉, 동질적 집단에서 68%의 상태란 규범을 대조해 보면, 이 규범이 구체적인 질병의 문제를 해결할 능력이 없음이 드러난다. 생리학적 정상을 기능의 발휘에서 나타나는 안전의 영역으로 규정한다면, 어떤 노인이 자기 나이에 해당하는 사람들의 68% 안에 드는 기능을 보인다고 해서 그를 정상이라고 간주하기는 어렵다. 노화는 이 영역이 감소함으로써 나타난다. 결국 아이비가 한 분석은 어떤 개인에서 누가 정상이고 아닌지를 결정할 때마다 그 이전에 알려진 다른 예들을 참고하여 통계학적 관점만으로 결정하는 것이 불충분하다는 사실을 확인해 준다.

생리학자는 기능의 변이성을 경험함으로써 통계적 정상의 개념을 수정하고 그것을 유연하게 만들 필요성에 직면한다. 이는 라일John A. Ryle의 논문 「정상의 의미」The Meaning of Normal(1947)에서는 생리학자가 기능의 변이성으로부터 얻은 실험에 의해 통계학적 정상 개념을 교정하고 융통성 있게 만들 필요성이 마찬가지로 분명히 나타난다.[50] 옥스포드 대학의 사회의학 교수인 저자는 생리적 기준에 대한 개인적 편차는 그 자체로 병리적 지표는 아니라는 사실을 확립하고자 한다. 변이성이 존재하는 것은 정상이고, 변이성은 적응에 필수적이며 따라서 생존에 필수적이다. 라일은 소화 불량이 없는 건강한 학생 100명의 위산도를 측정하였다. 학생들 중 10%는 십이지장 궤양에서 관찰되는 정

---

50 *The Lancet*, 1947, I, 1. 이 논문은 Brandon Lush ed., *Concepts of medicine*, Pergamon Press, 1961에 다시 수록되었다.

도의 병적인 위산과다 상태를 나타내었고, 4%는 당시까지 진행성 악성 빈혈anémie pernicieuse의 표지로 알려진 무위산증achlorhydrie을 나타내었다. 라일은 측정 가능한 모든 생리학적 활동은 이와 유사한 변이성을 나타내며, 이런 변이성은 가우스 곡선으로 나타낼 수 있으며, 정상적인 것은 중간값médiane의 아래 위 표준 편차에 의해 결정되는 한계치 안에 들어가야 한다고 생각한다. 그러나 건강 상태에 해당하는 선천적 변이와 질병의 증상으로서 얻어지는 변이를 명확하게 구분하는 선은 존재하지 않는다. 엄밀히 말해 평균에 대해 극단적으로 벗어난 생리적 편차는 어떠한 질병에 걸리기 쉬운 체질을 이루거나 그것을 이루는 데 기여한다고 말할 수 있다.

라일은 여러 의학적 활동을 열거하는데, 그 활동에 있어 '분명히 이해된 정상의' 개념은 바로 다음과 같은 필요에 부응한다. 1) 병리적인 것에 대한 정의, 2) 치료나 재활 훈련rééducation에서 목표로 하는 기능 수준의 정의, 3) 산업에서 고용되는 사람의 선택, 4) 질병 소인의 조기 발견. 이 열거에서 뒤쪽 3개의 요구는 평가, 능력, 무능력, 사망의 위험 등의 기준에 관련된다는 점에 주의를 기울이자. 이것은 중요한 일이다.

라일은 최종적으로 기준에 비교하여 두 종류의 변이를 구별한다. 실제적인 차원에서 뭔가 해결을 하기 위해 이들 변이에 관련하여 이상성을 결정해야 하는 일이 일어났을 수도 있다. 두 종류의 변이란 시간에 따라 동일한 개체에 영향을 미치는 변이와, 하나의 종 내에서 주어진 순간에 개체마다 달라지는 변이를 말한다. 이 두 종류의 변이는 생존에 필수적이다. 적응성은 변이성에 좌우된다. 그러나 적응성에 대한 연구는 항상 자세히 진술되어야 한다. 실험실에서 측정하고 시험하는 것으로는 충분하지 않다. 물리적 환경과 사회적 환경, 영양, 작업의 양식과 조건, 서로 다른 계급의 경제적 상황과 교육도 연구해야 한다. 왜냐하면 정상적인 것은 적성이나 적응성의 지표로 간주되므로 무엇에 대해, 무엇을 위하여 적응력과 적성을 결정해야 하는가를 항상 자문해야 하기 때문이다. 예를 들어 보자. 라일은 음용수의 요오드 함유량이 일정한 지역에 사는 11세에서 15세 사이의 어린이를 대상으로 갑상선의 크기를 측정한 결과를 보고한다. 이 경우 갑상선이 바깥으로 불거지지 않는 것이 정상이다. 외견상 불거진 갑상선은 특정 무기물의 결핍을 나타내는 것으로 보인다. 그러나 갑상선이 튀어나온 아이들 중에서도 갑상선종인 경우는 거의 없으므로, 임상적으로 발견 가능한 세포 증식은 질병의 첫 단계라기보다는 진행된 적응의 정도를 표현한다고 주장할 수 있다. 아이슬란드 사람들의 갑상선은 항상 작고, 이와는 반대로 중국의 어떤 지역에서는 주민의 60%에게 갑상선종이 있으므로 민족에 따라 다른 정상성의 기준이 있다고 말할 수 있을 것이다. 요약컨대 정상적인 것을 정의하기 위해서는 균형과 적응성의 개념을 준거로 해야 한다. 외부 환경과 유기체, 혹은 유기체의 각 부분들이 수행해야 하는 일들도 고려해야 한다.

우리가 방금 요약한 연구는 방법론의 면에서 대략 본다면 흥미롭다. 그것은 용어의 엄밀한 의미에서 측정에 대한 관심보다 감정expertise이나 평가évaluation에 대한 관심이 우위를 점하기 때문이다.

인간의 규범들은 물리적 환경과 결합된 기계 장치로 간주되는 유기체의 기능으로서 정해지기보다는 사회적 상황에 처한 유기체의 행동 가능성으로 정해진다는 사실이 여기서 인정된다. 인간 육체의 형태와 기능은 환경에 의해 생명에 가해진 조건들의 단순한 표현이 아니라, 환경 내에서 사회적으로 채택된 생활 양식의 표현이기도 하다. 1943년의 논문에서 우리는 인간의 유기체적 규범을 결정하는 데 있어 심신 상관 관계에 근거하여 자연과 문화의 뒤얽힘을 가능한 일로 받아들일 수 있게 해주는 관찰들을 존중했다.[51] 당시 우리의 결론은 성급한 것으로 보일 수 있었다. 그러나 오늘날 영미 국가들에서 발달된 심신psychosomatique 의학과 신체사회적 의학에 대한 연구는 그러한 결론을 확인해 주는 것으로 생각된다. 저명한 사회심리학자 클라인버그Otto Klineberg는 민족 간의 혈압에 대한 연구에서[52] 유기체의 상수에 명백히 지속적인 변용을 야기하는 다양한 반응과 장해에 대해 그 정신신체적 원인과 심리사회적 원인을 지적했다. 중국인, 인도인, 필리핀인들은 평균 수축기 혈압이 미국인들보다 15에서 30이 낮았다. 그러나 수년간 중국에 거주한 미국인의 평균 수축기 혈압은 이 기간 동안 118에서 109로 떨어졌다. 마찬가지로 우리는 1920~1930년대 중국에서 고혈압이 매우 드물었음을 알 수 있었다. 너무 단순한 사람이라고 평하면서도 클라인버그는 1929년경 어떤 미국 의사가 한 말을 인용한다. "우

---

51 이 책 189~197쪽을 참조하라.
52 Klineberg, *Tensions affecting international understanding. A survey of research*, New York, Social Science Research Council, 1950, pp.46~48. 로버트 페이지(M. Robert Pagès)가 이 연구의 존재를 우리에게 알려 주었다.

리가 아주 오랫동안 중국에 머무르면 우리는 사물을 받아들이는 법을 배우게 되고, 따라서 우리의 혈압은 떨어진다. 미국에 사는 중국인들은 항의하고 거부하는 것을 배우며 그 결과 혈압은 올라간다." 마오쩌둥이 모든 것을 바꾸었다고 가정하는 것은 빈정거리는 것이 아니라 심리사회적 현상에 대한 동일한 해석 방법을 다른 정치적·사회적 현실에 적용하는 것이다.

클라인버그는 인간에서 적응과 심신 관계의 개념을 분석한다. 이들 개념은 근거가 되는 관찰은 다르지만 정신에서는 일치하는 병리학 이론에 따라 수정할 수 있다. 인간의 생리적 규범을 문화적 규범에서 생기는 반응과 다양한 행동 양식에 연결시키는 일은 특별히 인간에게 발생하는 질병을 일으키는 상황에 대한 연구로 자연스럽게 연장된다. 실험실의 동물과는 다르게 인간에게 자극이나 병원체는 결코 자연 그대로의 물리적 사실로 받아들여지지 않고, 의식에 의해 과제나 시험의 표지로 경험된다.

한스 셀리에는 다음과 같은 연구에 몰두한 최초의 인물들——프랑스에서는 라일리Reilly와 동시에——중 한 사람이다. 그것은 비특이적인 병리적 증후군에 대한 연구, 즉 모든 질병의 초기에 "아프다고 느끼는"[53] 일반적 사실에 특징적인 반응과 행동에 대한 연구이다. 무슨 자

---

53 Selye, "D'une révolution en pathologie", *La nouvelle nouvelle revue française*, 1er mars 1954, p.409를 참조하라. 셀리에의 주저는 『스트레스』(*Stress*, Montréal, 1950)다. 그 이전에 나온 연구로는 Selye, "Le syndrome général d'adaptation et les maladies de l'adaptation", *Annales d'endocrinologie*, nos 5 et 6, 1946이 있다.

극원(이물체, 정제된 호르몬, 외상, 통증, 반복되는 감정, 피로의 가중 등)에 의해 유발되었건 비특이적인 공격(급작스런 자극)은 역시 비특이적인 경고 반응을 일으킨다. 그 경고 반응은 교감신경계 전체를 흥분시켜 아드레날린과 노르아드레날린을 분비시킨다. 경고는 결국 유기체를 위급 상태에, 불확정적인 회피 상태에 둔다. 이러한 경고 반응 이후에 특이적인 저항 상태가 이어진다. 이는 공격의 본질을 확인한 유기체가 공격에 대해 반격을 가하고 침범에 대한 처음의 민감성을 둔화시킨 것처럼 보인다. 그리고, 공격의 강도와 연속성이 반응의 능력을 넘어설 때 탈진 상태가 이어진다. 이상이 셀리에가 말하는 일반적 적응 증상의 세 가지 계기이다. 따라서 여기서 적응은 가장 뛰어난 생리적 기능으로 간주된다. 우리는 적응을 환경 ——그 환경이 우주적(물리화학적 인자들의 작용)이건 인간적(감정)이건 상관없이 ——의 무분별한 개입이나 도발에 대한 유기체의 초조함으로 정의하기를 제안한다. 만약 생리학을 정상적 인간의 기능에 대한 과학으로 이해한다면, 이 과학은 정상적 인간은 자연인이라는 가정을 인정해야 한다. 생리학자 바크M. Bacq는 다음과 같이 썼다. "평온, 게으름, 심리적 무관심은 정상 생리학을 유지하는 데 중요한 수단이다."[54] 그러나 아마도 인간의 생리학은 항상 다소간의 응용 생리학, 즉 노동 생리학, 스포츠 생리학, 여가 생리학, 고지에서의 생활에 대한 생리학이다. 다시 말해서 다양한 공격을 만들어 내는 문화

---

[54] Bacq, *Principes de physiopathologie et de thérapeutique générale*, 3ᵉ éd., Paris, Masson, 1963, p.232.

적 상황에 처한 인간에 대한 생물학적 연구이다.[55] 이러한 의미에서 우리는 셀리에의 이론을 통해 규범은 벗어남에 의해서 인식된다는 사실을 확인한다.

혼란에 대한 저항 기능에 생긴 모든 종류의 장애와 해로움에 저항하는 기능에 생긴 질병을 모두 적응의 질병이란 명칭으로 이해해야 한다. 또한 목표를 넘어서는 반응, 공격이 끝났음에도 여세를 몰아 내달리고 계속되는 반응도 적응의 질병이라고 이해하자. 이러한 경우에 대해 다고네F. Dagognet는 다음과 같이 말했다.

환자는 과잉 방어에 의해서도 질병을 만들 수 있고, 자신을 소진시키고 균형을 잃게 만드는 것이 아니라 보호하는 반응의 위력에 의해서도 질병을 만든다. 이러한 경우 질병을 무화시키고 안정화시키는 치료약remède이 자극하고, 돕고, 지지하는 모든 약제보다 우선한다.[56]

셀리에의 관찰과 라일리와 그들 학파의 관찰이 동일한지, 셀리에가 내세우는 체액의 기전과 라일리가 내세우는 자율신경의 기전이 상보적인지 아닌지와 같은 문제를 결정하는 것은 우리 능력 밖의 일이

---

55 "높은 지대에서와 노동 중에 일어나는 과호흡은 호흡조절에서 반사기전의 중요성에 대한 우리의 개념을 크게 바꾸었다. 혈액순환 기전에서 심장의 혈액량이 가지는 중요성은 힘을 쓰는 운동 선수나 가만히 앉아 있는 사람을 연구할 때에만 분명하게 나타난다. 운동과 노동은 밝혀야만 할 순수하게 생리적인 문제 전체를 제기한다"(Charles Kayser, *Physiologie du travail et du sport*, Paris, Hermann, 1947, p.233).

56 Dagognet, *La raison et les remèdes*, Paris, PUF, 1964, p.310.

다.[57] 우리는 다만 이들의 주장이 다음과 같은 점에 수렴하는 것을 기억할 뿐이다. 병원체의 개념에 대한 병적인 증상 개념의 우위, 기능의 혼란 개념에 대한 병변 개념의 종속. 아브라미P. Abrami는 라일리와 셀리에의 처음 연구와 같은 시기에 반향을 불러일으킨 강의에서 기능적 장애의 수와 중요성에 주의를 환기시켰다. 그것은 기능적 장애가 임상적 증상학의 관점에서 동일한 병변을 다양하게 만들 수 있고, 때로는 기질적organique 병변을 일으킬 수도 있다는 사실이다.[58]

여기에는 육체의 지혜가 존재하지 않는다. 우리는 적응에 관한 질병들과 모든 과민 반응과 알러지 현상, 다시 말해서 감작된 공격에 대해 유기체가 나타내는 활동항진 현상을 비교하면서 육체의 지혜에 대해 의심을 품게 된다. 이러한 경우 질병은 잘못 겨냥하고 잘못 계산한 것처럼 정상을 벗어난 유기체의 대응, 방어에 대한 열광과 집착이다. "실수"erreur라는 용어는 질병의 기원을 외부 인자가 아니라 생리적 기능 자체에서 찾을 경우의 장애를 나타내기 위한 용어로 병리학자에게 자연스럽게 떠올랐다. 헨리 데일 경Sir Henry Dale은 히스타민을 확인해내며 그것을 "유기체의 자가약리학이 만들어 낸" 산물로 간주했다. 이제부터 바크가 "자신의 조직 안에 저장하고 있는 독성물질에 의한 유기

---

57 Philippe Decourt, *Phénomènes de Reilly et syndrome général d'adaptation de Selye* (*Etudes et Documents* I), Tanger, Hesperis, 1951을 참조하라.

58 "Les troubles fonctionnels en pathologie(Leçon d'ouverture du cours de pathologie médicale)", *La Presse médicale*, n° 103, 23 décembre 1936. 다고네 씨가 이 텍스트를 알려 주었다.

체의 진정한 자살"[59]이라고 부르는 생리적 현상을 실수가 아닌 다른 말로 부를 수 있는가?

3. 병리학의 새로운 개념: 실수

우리는 1943년의 논문에서 건강과는 질적으로 대립되는 존재론적 질병 개념과 정상 상태로부터 양적으로 벗어남을 질병으로 보는 실증주의적 개념을 대비시켰다. 질병이 악으로 간주된다면 치료는 가치의 회복으로서 주어진다. 질병이 결핍이나 과잉으로 간주된다면 그것을 보충하는 것이 치료이다. 우리는 질병에 대한 베르나르식 개념에 알캅톤뇨증과 같은 질환의 존재를 대비시켰다. 알캅톤뇨증의 경우 증상은 결코 정상 상태로부터 이끌어 낼 수 있는 것이 아니며, 질병의 진행 과정(타이로신의 불완전한 대사)은 정상적 과정과 양적으로 아무런 관련성도 없다.[60] 우리의 주장은 당시 뿐 아니라 오늘날에도 백색증albinisme과 시스테인뇨증cystinurie과 같은 많은 예들에 의해 더욱 확고하게 지지받을 수 있다.

중간 단계의 반응이 차단되어 생기는 대사성 질병은 1909년부터 아치볼드 개로드 경Sir Archibald Garrod에 의해 선천성 대사 이상erreurs innées du métabolisme이라는 놀라운 이름을 부여받았다.[61] 유

---

59 Bacq, *Principes de physiopathologie et de thérapeutique générale*, p.202.
60 이 책 99쪽.
61 Garrod, *Inborn errors of metabolism*, London, H. Frowde, 1909.

전적인 생화학적 장애와 같은 유전성 질병은 출생시부터 나타나지 않을 수도 있다. 인간이라는 유기체에서 전분효소glucose-6-phosphatase déshydrogénase의 결핍으로 인한 증상은 환자가 잠두fève를 음식물로 먹지 않거나 말라리아 치료를 위해 항말라리아약primaquine을 복용하지 않는다면 끝내 나타나지 않을 수도 있다. 반세기 전의 의학에는 아주 드문 질병으로 통하는 이러한 질병이 5, 6개 정도만 알려져 있었다. 이것은 우리가 의학 공부를 시작할 당시에는 선천성 대사 이상이라는 개념이 병리학에서 통상적으로 쓰이는 개념이 아니었음을 말해 준다. 오늘날 유전적·생화학적 질병의 수는 백여 개를 헤아리게 되었다. 이들 질병들 중 페닐케톤뇨증phénylcétonurie이나 페닐피루브 정신박약idiotie phénylpyruvique과 같이 특별히 심한 질병들에 대한 진단과 치료는 질병에 대한 유전학적 설명을 확장시키는 데 큰 희망을 주었다. 갑상선종과 같이 산발성sporadique이거나 지역성endémique 질병의 원인은 유전적 특성을 지닌 생화학적 이상을 연구해 나감에 따라 바뀌어 간다.[62] 엄밀히 말해 오늘날 우리는 선천성 대상 이상이라는 개념이 통속적 개념은 아니더라도 일반적 개념이 되었음을 인식하고 있다. 그리고 형태학적 병리학으로부터 차용한 이상이나 병변과 같은 용어들이 생화학적 현상의 영역에 도입되었다.[63]

---

62 M. Tubiana, "Le goitre, conception moderne", *Revue française d'études cliniques et biologiques*, mai 1962, pp. 469~476.

63 유전성 질환의 분류에 대해서는 P. Bugard, *L'état de maladie*, Paris, Masson, 1964, IVᵉ partie.

유전적 생화학 이상erreur은 처음에는 정교한 은유에 근거를 두었으나 오늘날에는 확고한 유비analogie에 근거를 둔다. 아미노산과 거대분자의 생화학에 대한 기본적인 개념들은 코드나 메시지와 같은 정보 이론의 개념으로부터 빌려 왔다. 생명체를 구성하는 물질의 구조는 선형 구조이므로 이 질서의 부정은 전도intervion이고, 순서의 부정은 혼란이며, 어떤 배열을 다른 것으로 대체하는 것은 실수erreur이다. 건강은 이것을 유전적으로, 효소학적으로 교정시키는 것이다. 질병에 걸린다는 것은 잘못faux되어짐을 뜻한다. 잘못된다는 것être faux은 위조 지폐faux billet나 배신자faux frère란 의미에서의 잘못이 아니라 잘못 잡힌 주름faux pli이나 파격시vers faux, 破格時의 의미에서의 잘못이다. 유전자는 효소를 매개체로 하여 세포 내에서 단백질 합성을 지휘하므로, 또 이 지휘와 감시 기능에 필수적인 정보는 염색체 수준에서 DNA 분자에 기재되어 있으므로, 이 정보는 합성할 단백질을 구성하는 아미노산 서열을 재생산하고 재복제하기 위해서 핵으로부터 세포질로 가는 전언message처럼 전달되어야 하고 거기서 해석되어야 한다. 그러나 그것이 어떤 양식으로 이루어지든 이 해석에서 무언가를 착각할 가능성은 있다. 명령을 잘못 이해하여 어떤 아미노산을 다른 아미노산의 자리에 치환하면 이상이 초래된다. 예를 들어 산소분압이 떨어지면 적혈구가 수축되기 때문에 적혈구의 형태가 낫 모양으로 변형되는 겸상적혈구성빈혈anémie à hématies falciformes은 글로불린을 이루는 아미노산의 체인에서 글루타민산이 발린valine으로 치환되어 생기는 헤모글로빈의 이상이다.

실수의 개념이 병리학에 도입된 것은 커다란 중요성을 가진다. 그것은 실수의 개념이 질병에 대한 인간의 태도에 가져오는 변화에 의해서도 그러하고, 그 개념이 인식과 대상의 관계에서 설정하는 새로운 상태에 의해서도 그러하다. 여기서 우리는 사유와 자연이 일치함을 보여주고, 사유의 한계는 자연에서 유래하며, 실수는 판단의 본질이며, 자연은 증인은 될 수 있을지언정 결코 판관은 될 수 없다고 외치고 싶은 강한 유혹을 받는다. 마치 유전적 유산을 구성하는 요소들이 생화학자와 유전학자가 화학자와 유전학자로서 가진 지식을 알고 있는 것처럼, 효소는 화학이 분석하는 효소의 반응을 알고 있다고 추정되거나 반드시 알아야 한다고 생각되며, 효소가 어떤 경우나 어떤 순간에 그들 가운데 하나를 무시하거나 전언을 잘못 읽을 수 있는 것처럼 모든 일(생명체가 실수하는 과정)은 이루어진다. 그러나 정보 이론은 나누어지지 않으며, 인식의 대상뿐만 아니라 인식 자신, 물질이나 생명에 모두 관련된다는 사실을 잊어서는 안 된다. 이러한 의미에서 인식한다는 것은 알아보고 판독하고 해독하는 것을 배우는 것이다. 따라서 생명의 실수와 사유의 실수, 제공하는 정보의 오류와 제공받는 정보의 오류 사이에는 차이가 없다. 전자는 후자에게 열쇠를 준다. 아리스토텔레스적 심리생물학과 현대의 (정보) 전달 기술을 동일시하지 않는다는 조건하에 철학적인 관점에서 보자면 이것은 새로운 아리스토텔레스주의이다.[64]

---

64 이 점에 대해서는 R. Ruyer, *La cybernétique et l'origine de l'information*, 1954와 G. Simondon, *L'individu et sa genèse physicobiologique*, 1964, pp. 22~24를 참조하라.

유기체를 구성하는 이러저러한 생화학적 구성의 실수라는 이 개념이 어느 측면에서는 아리스토텔레스적이기도 하다. 아리스토텔레스에 의하면 괴물은 질료를 잘못 선택한 자연의 실수이다. 만약 오늘날의 분자병리학에서 실수가 형태상의 이상을 가져 온다면, 유전적인 생화학적 이상은 항상 미소이상microanomalie이나 미소괴물성micromonstruosité으로 간주된다. 어떤 선천적인 형태학적 이상이, 정상적이라면 통과해야 할 어떤 발생 단계에 배자가 고착된 것으로 해석되는 것과 마찬가지로, 대사상의 오류는 일련의 연속적인 화학 반응이 중단되거나 정지된 것으로 해석된다.

질병에 대한 이러한 개념에서 해악은 실제로 근본적이다. 해악이 환경과 더불어 전체적으로 고려되는 유기체 수준에서 나타난다면, 해악은 조직체가 아직 선형적 구조인 수준에서, 생명체의 지배가 아니라 생명체의 질서가 시작되는 지점에서 조직체의 뿌리에 붙어 있다. 질병은 사람들이 만드는 추락이 아니고, 사람들이 복종하는 공격이 아니다. 그것은 거대 분자의 형태에 고유한 악이다. 만약 조직체가 원칙적으로 언어와 같은 종류라면, 유전적으로 결정되는 질병은 저주malédiction가 아니라 오해malentendu이다. 원고에 대한 오독이 있는 것처럼 헤모글로빈에 대한 오독도 있다. 그러나 여기서는 어떤 입에도 귀속되지 않는 말과 어떤 손에도 귀속되지 않는 글쓰기가 문제이다. 따라서 서투른 솜씨 뒤에 악의는 없다. 병에 걸린다는 것은 나쁘게 되는 것être mauvais이다. 그것은 못된 아이mauvais garçon가 아니라 나쁜 체질mauvais terrain과 같은 것이다. 질병은 개인의 책임과는 아무런 관계도 없다. 그것은 유행성 질환의 경우처럼 조심성 없음이나 비난할 만한 지나침, 심지어는 집단적인 책임과도 무관하다. 우리와 같은 생명체들은 생명의 번식 법칙의 결과이고, 우리와 같은 환자들은 잡혼 번식, 사랑, 우연의 결과이다. 이 모든 것들이 우리를 독특한 것으로 만든다. 멘델Mendel의 유전이라는 투표함에서 추첨하여 뽑은 표와 같이 만들어진 우리를 위로하기 위해서 우리가 독특한 존재라고들 말한다. 독특한 것은 분명하다. 그러나 때로는 잘못된 것일 수도 있다. 간에서 알돌라제가 결핍되어 과당fructose 대사에만 오류가 발생한다면 그리 심각하지 않다.[65] 글로불린 합성이 이루어지지 않는 혈우병에서는 문제가 훨씬 심각하다. 르준J. Lejeune이 말한 몽고증을 일으키는 트립토판 대사의 이상을 다루는 경우 더 심각하지 않은가?

* * *

실수erreur라는 용어는 질병maladie이나 해악mal이라는 말보다는 부정적 감정을 덜 불러일으킨다. 그런데 만약 실수가 실패échec의 근원임이 사실이라면 이는 잘못된 것이다. 따라서 병리학의 용어에 이론적 환상을 도입함으로써 어떤 이들은 생명의 부정적인 가치가 합리성으로 진보해 나가기를 바랄 수도 있을 것이다. 사실 실수가 완전히 제거되면

---

65 S. Bonnefoy, *L'intolérance héréditaire au fructose*, thèse méd., Lyon, 1961을 참조하라.

원래의 상태로 돌이킬 수 없다. 어떤 질병의 치유는 때로 다른 질병에 대해 열린 문이 된다. 여기서 "치유시키기에 위험한 질병"이란 역설이 생겨난다.[66]

그래도 기관의 선천적 실수라는 관념은 우리를 안심시킨다고 주장할 수 있다. 질병을 설명함에 있어 개인적 죄책감이 아니라 질병의 인과관계를 가족의 유전체 안으로, 즉 유산과 상속자가 하나이므로 상속자가 거부할 수 없는 유산 안으로 흩뿌리는 그런 질병관을 받아들이기 위해서는 큰 용기와 결합된 명료함이 필요하다. 병리학의 개념으로서 실수라는 개념은 다의적임을 인정해야 한다. 만약 실수의 개념이 원칙으로서 처방의 혼동, 즉 진실로 착각된 거짓으로 이루어진다 하더라도 그것은 생존의 어려움이나 고통, 누군가의 죽음에 의해 유발된 탐구의 결론으로서 실수로 인정된다. 효소가 저지르는 오독은 죽음·고통·생존의 어려움에 대한 거부에, 다시 말해서 의학의 존재 이유에 결부되어 있지만, 인간은 효소가 저지르는 오독을 행위자의 잘못 없는 행위의 잘못처럼 감내한다. 요컨대 논리적 오류를 지칭하는 용어의 사용이 불안의 흔적을 의학적 용어의 의미론으로부터 완전히 몰아내지 못한다. 그 불안은 우리가 선천적 이상을 고려에 넣어야 한다는 생각에서 느껴지는 불안이다.

유전적인 잘못에 대해 의학적 응답을 하는 것이 좋다는 생각은 그

---

66 Dominique Raymond, *Traité des maladies qu'il est dangereux de guérir*, 1757. 주석이 추가된 신판은 지로디 씨(M. Giraudy)에 의해 1808년 파리에서 나왔다.

것이 희망이 아니라 사상으로 만들어질 때에도 사람을 안심시키기에는 아직 충분치 않다. 정의상 치료는 우연적 사고의 결과가 아닌 것을 해결할 수 없다. 유전이란 실체substance의 현대적 명칭이다. 불완전한 연쇄반응으로 인해 어떤 기능이 결여되었을 때, 그 기능을 발휘하는 데 필수불가결한 반응의 산물을 유기체에게 계속적으로 공급함으로써 대사 장애의 효과를 중화시킬 수도 있으리라 생각된다. 페닐피루브 정신박약의 경우에서 그것이 성공했다. 그러나 어떤 유기체의 결핍을 보충해 주는 것은 힘든 해결책을 지속시키는 일일 뿐이다. 이단hérésie에 대한 진정한 해결책은 근절시키는 것이다. 그렇다면 왜 이단적인 유전자를 찾아내어 유전적인 종교재판을 하지 않는가? 그리고 그것을 기다리는 동안 왜 그 의심스러운 녀석이 마음대로 여기저기 씨를 뿌리고 다니는 것을 막지 못하는가? 이러한 꿈은 아주 다른 철학적 신념을 지닌 일부 생물학자들에게 꿈만은 아니라는 사실을 우리는 안다. 그러나 사람들은 이러한 꿈을 꾸며, 아픈 환자와 그들이 앓는 질병, 그리고 의사가 없어진 헉슬리Aldous Huxley의 신세계에 근접한, 별세계에 들어간다. 자연적 개체군의 생명은 복권 주머니와 같은 것으로 상정된다. 생명 과학이 파견한 관리들은 놀이꾼들이 자신의 카드를 채우기 위해 주머니로부터 번호를 뽑아내기 이전에 주머니에 들어 있는 번호의 규칙성을 확인한다. 이러한 꿈의 기원에는 잘못도 없고 힘도 없는 생명체로 하여금 생명의 오류가 구현하는 무거운 짐을 면하게 해주려는 고상한 야망이 존재한다. 결국 유전학자의 과학으로 무장한 유전자의 경찰이 존재한다. 그렇다 하더라도 유전적인 "자유방임이나 통행허가"가 존중되어야 한다는 결론을 내려서는 안 되며, 절대적인 치료법을 꿈꾸는 것은 흔히 최악의 치료법을 꿈꾸는 것이 될 수 있음을 의학적 양심에 환기시켜야 한다.

*　*　*

선천성 대사 이상으로 인한 질병은 다양하고 종류도 많지만 그들 각각은 드문 질병이다. 만약 그렇지 않다면 육체의 지혜라는 개념은 아주 부적절해 보일 수 있을 것이다. 한편 그에 대해 유기체의 조직화 organisation에서 발생하는 오류는 유기체의 지혜, 다시 말해 성공적인 유기체의 조직화와 모순되지 않는다고 응수할 수 있다. 과거 목적론에 대해 이루어진 논란이 오늘날 조직화에 대해 동일하게 이루어지고 있다. 목적론에 반대하는 사람들은 항상 거시적이거나 미시적 차원에서 발생하는 생명의 부실, 유기체의 부조화나 종들espèces 간의 경쟁을 그 증거로 내세웠다. 그러나 이러한 사실들이 실재적·존재론적 목적론과 상반되더라도 그것은 가능적·조작적 목적론을 지지하는 논거가 된다. 완벽하고 완성된 목적론, 유기적으로 적절한 관계를 유지하는 완전한 체계가 실제로 존재한다면 목적론의 개념은 생명을 사유하기 위한 개념으로서, 계획으로서, 모델로서 아무런 의미도 지니지 못한다. 그것은 가능적 조직화와 현실적 조직화 사이에 아무런 간극이 없을 경우에는 사유의 근거가 없고 사유할 필요가 없다는 단순한 이유 때문이다. 목적론에 대한 사유는 생명의 목적론에 대한 한계를 표현한다. 만약 목적론의 개념이 의미를 가진다면 그것은 이것이 어떤 방향에 대한 개념, 가능한 조직화에 대한 개념, 따라서 보증되지 않는 개념이기 때문이다.

생화학적 질병이 상대적으로 드문 사실에 대한 설명은 유전적 대사 장애가 흔히 잠재된 채로, 활성화되지 않은 소질로 남아 있다는 사실과 관련되어 있다. 이러한 장애를 가진 사람들은 생명의 환경을 구성하는 요소들과 생명체들의 경쟁의 효과를 우연히 만나지 않는다면 장애의 존재를 모르고 있을 수도 있다. 모든 병원체가 모든 숙주와 모든 상황에서 항상 감염을 유발하지는 않는 것과 마찬가지로 모든 생화학적 이상이 곧 질병은 아니다. 모든 병변은 어떠한 생태학적 맥락에서 그 병변을 가진 사람들에게 우선권을 양보한다. 예를 들어 글루코스-6-인산-탈수소효소glucose-6-phosphate-déshydrogénase의 결핍은 미국의 흑인 집단 가운데서도 항말라리아약primaquine을 투여한 경우에만 진단되었다. 페퀴노 박사Dr. Henri Péquignot는 다음과 같이 말한다.

유전적 이상인 효소의 이상이 어떻게 흑인 집단에서 유지될 수 있었는가를 연구하면서, 특히 이러한 이상이 있는 환자는 말라리아에 더욱 저항력이 있기 때문에 그러한 이상이 유지된다는 사실을 알게 되었다. 그들의 아프리카 선조는 적응되지 않은 사람들에 비해 "정상적"이었다. 왜냐하면 적응되지 못한 다른 사람들이 말라리아로 죽는 데 반해 그들은 그에 저항력을 가졌기 때문이었다.[67]

67 *L'inadaptation phénomène social* (Recherches et débats du C. C. I. F.), Fayard,

프로이트에 따르면 어떤 실수나 잘못된 행위는 어떤 상황에 대한 관계에서 증상의 가치를 부여받는다. 마찬가지로 선천성 생화학적 장애는 유기체와 환경의 관계로부터 가능적으로 병리학적 가치를 부여받는다. 이러한 사실을 인정하지만 우리는 정상과 병리를 적응이라는 단순한 관계에 따라 규정하는 것을 피하고자 한다. 사반세기 이전부터 이 개념은 심리학과 사회학에서 적절하지 않게 의미가 확장되어 사용되는 경우가 많았다. 따라서 이 개념은 생물학에서조차도 가장 비판적인 사람들만이 사용할 수 있다. 정상을 적응으로 규정한 사회심리학적 정의는 정상적인 것을 환경, 다시 말해서 하나의 결정론적 체계에 슬그머니 부당하게 동화시키는 사회 개념을 내포하고 있다. 그러나 사회는 개인과 사회 사이에 온갖 종류의 관계가 형성되기 이전에 이러한 관계의 성격을 평가하는 집단적 기준을 가진 구속의 체계이다. 비정상성을 사회적 부적응으로 규정하는 것은 개인이 어떠한 사회에 찬동해야 한다는 생각, 따라서 현실인 동시에 선인 그 사회에 순응해야 한다는 생각을 어느 정도 받아들이는 것이다. 이 글 1절에서 내린 결론에 따라 무정부주의라는 비난을 받지 않고 이러한 정의를 거부할 수도 있다. 만약 사회가 잘못 결합된 수단들의 총체라면, 사회가 적응이라는 이름하에 높이 평가하는 도구적 복종의 태도를 정상성으로 규정하는 권리를 거부할 수도 있다. 사실 심리학과 사회학의 영역에 옮겨진다면 이 적응이

1964, p.39. 전술한 부적응에 대한 논쟁에 관련된 페쿼노의 논문에서 그는 이상과 부적응을 동일시하지 않으며, 다음에 나오는 비판적인 단서들은 이와는 무관하다.

란 개념은 원래의 의미로 돌아온 것이다. 이것은 기술적 활동을 묘사하기 위한 통속적 개념이다. 인간은 자신의 도구를, 그리고 간접적으로는 자신의 기관과 활동을 어떠한 질료와 상황에 적응시킨다. 19세기 생물학에 도입된 정상성의 개념은 그 수입영역으로부터 외재성의 관계, 즉 기관의 형태와 거기에 맞서는 환경의 대립이라는 의미를 보존하였다. 이 개념은 두 가지 상반되는 원리, 즉 목적론적 원리와 기계론적 원리에 따라 이론화되었다. 목적론적 원리에 따르면 생명체는 기능적인 만족을 추구하도록 적응하고, 기계론적 원리에 따르면 기계적, 물리-화학적, 혹은 생물학적(생물계에서는 다른 생명체들) 질서에 적응한다. 첫번째 해석에서 적응은 환경이라는 현상을 이루는 조건들과 생명체가 요구하는 적정 수준의 문제를 해결하는 것이다. 두 번째 해석에서 적응은 평형 상태를 표현하는데, 그 아래쪽 한계는 유기체에게 최악의 것으로, 죽음의 위험으로 규정된다. 그러나 이 두 이론에서 환경은 물리적 사실로 간주되지 생물학적 사실로 간주되지 않으며, 이미 성립된 사실로 간주되지 앞으로 성립되어야 할 사실로 간주되지 않는다. 유기체-환경의 관계를 고유한 생물학적 활동으로, 생명체가 거기에 복종하는 것이 아니라 생명체의 요구를 충족시키는 영향과 성질을 받아들이는 상황에 대한 연구로 간주한다면, 생명체가 위치하는 환경은 생명체에 의해 분할되고 생명체에게 집중된다. 이러한 의미에서 유기체는 자신이 복종해야만 하는 환경으로 내던져지지 않으며, 유기체로서 자신의 능력을 발전시킴과 동시에 자신의 환경을 틀지운다.[68]

이것은 주어진 지리적 환경에서 그들에게 부과되는 활동이 아니라 그들이 선택하는 활동을 특징으로 하는 기술-경제적 집단들에 특히 해당된다. 그 안에서 인간은 자신에게 고유한 생명의 환경과 양식을 만든다. 이러한 조건에서 정상과 비정상은 유기체와 환경이라는 두 개의 독립적인 인과 계열의 마주침으로 결정되기보다는 유기체적 작인이 환경이라고 불리는 경험과 기획의 장의 경계를 정하고 그것을 틀지우기 위해서 사용하는 에너지의 양에 의해 결정된다. 그러나 이 에너지의 척도는 어디에 있는가? 그것은 우리들 각자의 개인사에서만 찾을 수 있다. 우리들 각자는 실행의 모델을 선택함으로써 자신의 기준을 설정한다. 장거리 육상 선수의 기준이 단거리 선수의 기준이 될 수 없다. 우리 각자는 자신의 나이와 이전의 기준에 따라 자신의 기준을 변화시킨다. 과거에 육상 선수였던 사람이 지금 가지는 기준은 더 이상 챔피언의 기준이 아니다. 안전 영역이 점차적으로 감소함에 따라 환경의 공격에 대한 저항 문턱이 낮아지는 것은 정상적인, 다시 말해서 노화의 생물학적 법칙에 부합하는 현상이다. 노인의 기준은 같은 사람이 청년이었을 때에는 모자란 것으로 간주되었을 것이다. 개인과 나이에 따라 기준의 상대성을 인정하는 것은 다수성의 앞에서 보이는 회의주의가 아니라 다양성에 대한 관용이다. 우리는 1943년의 논문에서 위기 상황에 처했을 때 일상적인 기준을 의문시할 수 있는 생물학적 능력을 '정상성'이라 불렀고, 유기체가 얼마만큼 위중한 위기를 극복하여 새로운 생리적 질

---

68 나의 책 『생명에 대한 인식』(*La Connaissance de la vie*)에 실린 「생명체와 그 환경」(Le vivant et son milieu)을 참조하라.

서를 회복할 수 있는가에 따라 건강 상태를 측정하자고 제안했다.[69]

＊　＊　＊

『임상의학의 탄생』*Naissance de la clinique*의 경탄할 만하고 감동적인 대목에서 미셸 푸코는 생명에 대한 설명을 죽음에게 요구하기 위해 비샤가 어떻게 "의학적 시선의 방향을 자신에게로 돌렸는가"를 보여 주었다.[70] 그러나 그와 마찬가지 방식으로 우리가 (이 책에서) 건강에 대한 설명을 질병에서 구했다고 믿을 만한 자신감이 생리학자가 아닌 우리에게는 없다. 우리는 우리가 그렇게 하기를 원했던 과거 우리의 야심을 합리화시켜 줄 근거를 페퀴노 박사에게서 발견한 기쁨을 감추지 않고 표현한다.

> 과거에 정상적인 것에 대한 과학을 구축하고자 시도한 사람들은 모두 직접적 사실로 간주된 병리적인 것을 관찰하는 것으로 시작하지 않았기 때문에 때로 우스꽝스러운 실패에 도달했다.[71]

위에서 분석한 것처럼 생명에 대한 인식은 사회에 대한 인식과 마찬가지로 규칙성에 대한 위반의 우위를 전제로 한다는 사실을 우리는

---

69 이 책 227쪽.
70 Foucault, *Naissance de la clinique*, p.148.
71 Péquignot, *Initiation à la médecine*, Paris, Masson, 1961, p.26.

잘 알고 있다. 우리는 정상과 병리에 대한 새로운 고찰을 정상적 인간의 역설적 병리학을 묘사하면서 마무리하고자 한다. 내가 보여 주고자 하는 것은 생물학적 정상성에 대한 의식은 질병에 대한 관계, 다시 말해 질병에 대한 도움 요청을 시금석으로, 그것도 이 의식이 인정하고 따라서 필요로 하는 유일한 시금석으로 포함하고 있다는 사실이다.

정상적 인간의 질병을 어떤 의미로 이해해야 하는가? 그것은 무식한 자만이 지혜롭게 될 수 있다는 말처럼 정상적 사람만이 환자가 될 수 있다는 의미는 아니다. 또한 그것은 가벼운 사고들은 평형 상태와 균형 상태를 변질시키지 않고 약간 혼란만 일으킬 뿐이라는 의미도 아니다. 여기서 말하는 가벼운 사고는 감기, 두통, 가려움증, 복통 등과 같이 증상의 가치가 없는 모든 사고, 경고할 가치가 없는 위험을 의미한다. 정상적 인간의 질병이란 말은 시간이 흐름에 따라, 정상적 상태의 지속으로부터, 즉 정상적인 것이 부패하지 않는 불변성에서 생겨나는 장애이며, 질병의 박탈로부터, 즉 질병과 거의 양립할 수 없는 존재로부터 생겨나는 질병이라고 이해해야 한다. 정상적 인간은 모든 사람이 정상적이지 않은 세계에서만 자신이 정상임을 안다. 따라서 훌륭한 항해자가 자기 배를 침몰시킬 수 있고 점잖은 사람이 실수를 저지를 수 있는 것처럼 건강한 사람이어야 질병에 걸릴 수 있다. 정상적 인간은 자신의 육체를 상하게 할 수 있다고 느끼지만, 그러한 가능성을 확실히 거부한다. 다른 사람들에서는 질병이 진행되고 심해지는 경우에도 정상적인 사람은 자신에게 질병의 진행을 멈출 능력이 있다고 확신한다. 따라서 정상적인 사람이 자신이 건강하다고 믿고 그렇다고 말할 수 있기 위해서 필요한 것은 질병에 대한 예감이 아니라 자신이 투사된 그림자이다.

환자들이 있는 세상에서 아프지 않으면 결국 불안함이 생겨난다. 질병에 걸리지 않는 것이 질병보다 강하거나 다른 사람들보다 강해서가 아니라, 질병에 걸릴 기회가 주어지지 않았기 때문이라면? 그래서 마침내 그러한 기회가 왔을 때 다른 사람과 마찬가지로 약하고 저항력이 없다면, 아니 그들보다 더욱 약함을 보이게 된다면? 이리하여 정상적 인간이 정상으로 남아 있는 것에 대한 불안이 건강에 대한 시험으로서, 다시 말해서 건강의 증거로서 질병에 대한 욕구가, 질병에 대한 무의식적 추구가, 질병에 대한 도발이 생겨난다. 정상적 인간에게 생긴 질병은 자신에 대해 품고 있던 생물학적 확신이 무너졌음을 말해 준다.

병리학에 대한 우리의 묘사는 분명 하나의 허구이다. 허구로 대체된 분석은 플라톤의 도움으로 즉시 회복될 수 있다.

우리가 의사가 실수를 저질렀다든가 또는 계산 전문가나 문법가가 실수를 저질렀다고 말하고 있다고 저는 생각합니다. 그러니까 엄밀한 뜻에 따라 말한다면, 더구나 선생께서도 엄밀한 표현을 하시려는 터이니 말씀입니다만, 그 어떤 전문가도 실수를 하지 않습니다. 실수를 하는 사람은 그의 지식이 달릴 때 실수를 하므로, 이 실수와 관련해서 그는 전문가가 아닙니다.[72]

72 플라톤, 『국가』, 340d. [플라톤, 『국가』, 박종현 옮김, 서광사, 1997, 88쪽 ― 옮긴이]

위에서 의사에 대해 한 말을 환자에게 적용시켜 보자. 건강한 사람은 그가 건강한 이상 환자가 되지 않는다고 우리는 말한다. 어떤 건강한 사람도 환자가 되지 않는다. 왜냐하면 건강이 그를 저버릴 때에만 그는 환자이고, 그렇게 됨으로써 그는 건강하지 않기 때문이다. 따라서 소위 건강한 사람은 건강하지 않다. 건강은 처음의 균열을 메꾸어 되찾는 평형이다. 질병의 위협은 건강의 구성 요소 중 하나이다.

에필로그

정상에 대한 우리의 개념은 의심할 여지 없이 아주 오래된 것이다. 그러나 그 개념은 1943년에 분명히 지적되었던 바와 같이, 젊었을 때 형성될 수 있는 생명에 대한 개념이다. 우리를 향하지 않은 판단이 우리를 기쁘게 하며, 그 판단을 우리에게 적용할 것을 우리는 요청한다. "정상이라는 이상idéal에 대한 관념은 방금 병에 걸린 환자가 이전에 누렸던 행복한(건강한) 상태와 혼동된다 …… 그때 인정된 유일한 병리학은 젊은 환자들에 대한 병리학이었다."[1] 그리고 분명 의학에서의 규범과 정상에 대한 철학적 연구를 할 능력이 내게 있다고 믿기 위해서는 젊은이의 무모함이 필요했다. 그러한 시도의 어려움은 우리를 전율시킨다.

이 글을 마무리하며 오늘 나는 그것을 인식하게 되었다. 이러한 고백에 대해 독자들은 규범에 대해 우리가 논의한 바에 따라서, 시간의

1 Péquignot, *Initiation à la médecine*, p.20.

흐름에 따라 우리가 얼마나 우리 자신의 규범들을 완화시켰는가를 판단할 수 있을 것이다.

옮긴이 후기······ 20년 후

이 책의 초판이 나온 지도 어느새 20여 년이 지났다. 초판의 절판 이후 주위에서 책을 구할 수 없냐며 물어 오시는 분들이 적지 않았다. 학생들과 같이 읽는데 책을 구하기 어려워 어쩔 수 없이 제본해서 본다고 양해를 구해 오는 분들도 있었다. 그런 요청을 받을 때마다 나오도록 해야지요, 라고 대답은 하면서도 그다지 적극적으로 행동을 취하지는 않았다.

　몇 해 전 우연한 기회에 그린비출판사에 이 책의 재출판 가능성을 타진해 보았는데, 고맙게도 흔쾌히 응낙을 해주었다. 20년이나 지났고 더구나 출판사를 옮겨 책을 내는 관계로 원래의 파일을 구할 수 없었지만, 그린비에서 번역서 전체를 새롭게 입력하는 수고를 기꺼이 맡아 주었다. 그럼에도 불구하고 나의 게으름 때문에 또 몇 년을 흘려보냈다. 그러던 중 올해 초 편집부로부터 출판을 본격적으로 진행했으면 좋겠다는 연락을 받고 다시 일이 진행되기 시작하여 책이 빛을 보기에 이르렀다.

처음에는 도착한 교정지를 보면서 오탈자 수정 정도만 하면 될 것이라고 생각했다. 그러나 다시 번역 원고를 꼼꼼히 읽어 보니 얼굴이 화끈거리는 오역이 한두 군데가 아니었다. 또 번역자인 내가 읽어도 무슨 말인지 이해가 가지 않는 문장도 적지 않았다. 그래서 처음부터 원문과 영어 및 일본어 번역본을 펼쳐 놓고 대조하면서 교정을 봐 나갔다. 일본어 번역본은 초판 번역 시에는 참고하지 못했는데 이번 교정 과정에 참고하면서 큰 도움을 받았다. 사실 영어 번역본의 경우 프랑스어와 같은 계통의 언어이다 보니 영어 단어로 치환만 한 경우가 많아 정작 까다로운 문장이나 용어 번역에는 그다지 도움이 되지 않았다. 반면 일본어 번역본의 경우 용어 번역만이 아니라 어순이 한국어와 같은 일본어의 특성상 자연스런 어순의 한국어 문장을 만드는 데 큰 도움이 되었다. 또 초판 번역 시에는 원문의 구조를 살린답시고 원문의 길고 복잡한 문장을 그대로 하나의 길고 복잡한 한국어 문장으로 옮겼다. 그러나 이런 문장들은 이해하기가 어려워 일본어 번역을 따라 한 번 읽어 이해 가능한 의미 단위로 문장을 끊어 옮겼다.

새롭게 번역본을 내는 데 도움을 주신 분들이 많다. 황수영 선생님은 대학원 학생들과 이 책으로 수업을 하고, 학기 후에 오역이나 이상한 표현들을 꼼꼼히 기록한 수정본을 건네주셨다. 그 내용은 이 번역본에 그대로 반영되어 있다. 또 황임경 선생님도 학생들과 이 책을 읽고 오탈자와 용어 관련 제안을 표로 만들어 주셨다. 두 분 선생님께 깊이 감사드린다.

그밖에도 이 책의 재출간을 독촉해 주신 한국의철학회의 여러 선생님들께도 감사드린다. 아직도 부족한 점이 많지만 그나마 초판보다는 읽을 만한 책이 되었다는 것으로 위안을 삼으며 다시금 이 책을 조심스레 세상에 내민다.

2018년 12월

신촌에서

참고문헌

1_ 정상적인 것과 병리적인 것에 관련된 몇 가지 문제에 대한 논고(1943)

[1] Abelous (J.-E.), Introduction à l'étude des sécrétions internes, *Traité de physiologie normale et pathologique*, t. IV, Paris, Masson, 1939, 2ᵉ éd.

[2] Ambard (L.), La biologie, *Histoire du monde*, publiée sous la direction de E. Cavaignac, t. XIII, Vᵉ partie, Paris, de Boccard, 1930.

[3] Bégin (L.-J.), *Principes généraux de physiologie pathologique coordonnés d'après la doctrine de M. Broussais*, Paris, Méquignon-Marvis, 1821.

[4] Bernard (Cl.), *Leçons de physiologie expérimentale appliquée à la médecine*, 2 vol., Paris, J.-B. Baillière, 1855-56.

[5] _____ , *Leçons sur les propriétés physiologiques et les altérations pathologiques des liquides de l'organisme*, 2 vol., Paris, J.-B. Baillière, 1859.

[6] _____ , *Introduction à l'étude de la médecine expérimentale*, Paris, J.-B. Baillière, 1865.

[7] _____ , *Rapport sur les progrès et la marche de la physiologie générale en France*, Paris, Imprimerie impériale, 1867.

[8] _____ , *Leçons sur la chaleur animale*, Paris, J.-B. Baillière, 1876.

[9] _____ , *Leçons sur le diabète et la glycogenèse animale*, Paris, J.-B. Baillière, 1877.

[10] _____ , *Leçons sur les phénomènes de la vie communs aux animaux et*

aux végétaux, 2 vol. Paris, J.-B. Baillière, 1878-79.

[11] _____ , *Philosophie*(Manuscrit inédit), Paris, Boivin, 1938.

[12] Bichat (X.), *Recherches sur la vie et la mort*, Paris, Béchet, 1800. 4ᵉ éd., augmentée de notes par Magendie, 1822.

[13] _____ , *Anatomie générale appliquée à la physiologie et à la médecine*, Paris, Brosson&Chaudé, 1801, nouv. éd. par Béclard, 1821.

[13 bis] De Blainville (C.), *Histoire des Sciences de l'organisation et de leurs progrès comme base de la philosophie*, Paris, Périssé, 1845.(Dans le t. II voir Haller; dans le t. III, voir Pinel, Bichat, Broussais.)

[14] Boinet (E.), *Les doctrines médicales. Leur évolution*, Paris, Flammarion, s. d.

[15] Bordet (J.), La résistance aux maladies, *Encyclopédie française*, t. VI, 1936.

[16] Bounoure (L.), *L'origine des cellules reproductrices et le problème de la lignée germinale*, Paris, Gauthier-Villars, 1939.

[17] Brosse (Th.), L'énergie consciente, facteur de régulation psychophysiologique, dans *l'Evolution psychiatrique*, 1938, n° 1. (Voir aussi à Laubry et Brosse [70].)

[18] Broussais (F.-J.-V.), *Traité de physiologie appliquée à la pathologie*, 2 vol., Paris, Mlle Delaunay, 1822-23.

[19] _____ , *Catéchisme de la médecine physiologique*, Paris, Mlle Delaunay, 1824.

[20] _____ , *De l'irritation et de la folie*, Paris, Mlle Delaunay, 1828.

[21] Brown (J.), *Eléments de médecine*, 1780, trad. fr. Fouquier, comprenant la Table de Lynch, Paris, Demonville-Gabon, 1805.

[22] Cassirer (E.), Pathologie de la Conscience symbolique, dans *Journal de psychologie*, 1929, p.289 et 523.

[23] Castiglioni (A.) *Histoire de la Médecine*, trad. fr., Paris, Payot, 1931.

[24] Caullery (M.), *Le problème de l'Evolution*, Paris, Payot, 1931.

[25] Chabanier (H.), et Lobo-Onell (C.), *Précis du diabète*, Paris, Masson, 1931.

[26] Comte (A.), *Examen du Traité de Broussais sur l'irritation*, 1828, appendice au *Système de politique positive*(cf. [28]), t. IV, p.216.

[27] _____ , Cours de philosophie positive: 40ᵉ leçon. *Considérations philosophiques sur l'ensemble de la science biologique*, 1838, Paris, éd.

Schleicher, t. III, 1908.

[28] _____ , *Système de politique positive*, 4 vols., Paris, Crès, 1851-54, 4e éd., 1912.

[29] Daremberg (Ch.), *La médecine, histoire et doctrines*, Paris, J.-B. Baillière, 2ᵉ éd., 1865, "De la maladie", p.305.

[30] _____ , *Histoire des sciences médicales*, 2 vol., Paris, J.-B. Baillière, 1870.

[31] Déjerine (J.), *Sémiologie des affections du système nerveux*, Paris, Masson, 1914.

[32] Delbet (P.), Sciences médicales, dans *De la méthode dans les sciences*, I, par Bouasse, Delbet, etc., Paris, Alcan, 1909.

[33] Delmas-Marsalet (P.), *L'électrochoc thérapeutique et la dissolution-reconstruction*, Paris, J.-B. Baillière, 1943.

[34] Donald C. King (M.), *Influence de la physiologie sur la littérature française de 1670 à 1870*, thèse lettres, Paris, 1929.

[35] Dubois (R.), *Physiologie générale et comparée*, Paris, Carré&Naud, 1898.

[36] Duclaux (J.), *L'analyse physico-chimique des fonctions vitales*, Paris, Hermann, 1934.

[37] Dugas (L.), *Le philosophe Théodule Ribot*, Paris, Payot, 1924.

[38] Ey (H.) et Rouart (J.), *Essai d'application des principes de Jackson à une conception dynamique de la neuropsychiatrie*, dans *l'Encéphale*, mai-août 1936.

[39] Flourens (P.), *De la longévité humaine et de la quantité de vie sur le globe*, Paris, Garnier, 1854, 2ᵉ éd., 1855.

[40] Frédéricq (H.), *Traité élémentaire de physiologie humaine*, Paris, Masson, 1942.

[41] Gallais, (F.), Alcaptonurie, dans *Maladies de la nutrition, Encyclopédie médico-chirurgicale*, 1936, Iʳᵉ éd.

[42] Genty (V.), *Un grand bilogiste: Charles Robin, sa vie, ses amitiés philosophiques et littéraires*, thèse médecine, Lyon, 1931.

[43] Geoffroy Saint-Hilaire (I.), *Histoire générale et particulière des anomalies de l'organisation chez l'homme et les animaux*, 3 vol. et 1 atlas, Paris, J.-B. Baillière, 1832.

[44] Gley (E.), Influence du positivisme sur le développement des sciences biologiques en France, dans *Annales internationales d'histoire*, Paris, Colin, 1901.

[45] Goldstein (K.), L'analyse de l'aphasie et l'étude de l'essence du langage, dans *Journal de Psychologie*, 1933, p.430.

[46] _____, *Der Aufbau des Organismus*, La Haye, Nijhoff, 1934.

[47] Gouhier (H.), *La jeunesse d'A. Comte et la formation du positivisme: III, A. Comte et Saint-Simon*, Paris, Vrin, 1941.

[48] Guardia (J.-M.), *Histoire de la médecine d'Hippocrate à Broussais et ses successeurs*, Paris, Doin, 1884.

[49] Gurwitsch (A.), Le fonctionnement de l'organisme d'après K. Goldstein, dans *Journal de Psychologie*, 1939, p.107.

[50] _____, La science biologique d'après K. Goldstein, dans *Revue philosophique*, 1940, p.244.

[51] Guyénot (E.), *La variation et l'évolution*, 2 vol., Paris, Doin, 1930.

[52] _____, La vie comme invention, dans *L'Invention*, 9e semaine internationale de synthèse, Paris, Alcan, 1938.

[53] Halbwachs (M.), *La théorie de l'homme moyen: essai sur Quêtelet et la statisitique morale*, thèse lettres, Paris, 1912.

[53 bis] Hallion (L.) et Gayet (R.), La régulation neuro-hormonale de la glycémie, dans *Les Régulations hormonales en biologie, clinique et thérapeutique*, Paris, J.-B. Baillière, 1937.

[54] Hédon (L.), et Loubatières (A.), Le diabète expérimental de Young et la rôle de l'hypophyse dans la pathogénie du diabète sucré, dans *Biologie médicale*, mars-avril 1942.

[55] Herxheimer (G.), *Krankheitslehre der Gegenwart. Strœmungen und Forschungen in der Pathologie seit 1914*, Dresde-Leipzig, Steinkopff, 1927.

[56] Hovasse (R.), Transformisme et fixisme: Comment concevoir l'évolution?, dans *Revue médicale de France*, janvier-février 1943.

[57] Jaccoud (S.), *Leçons de clinique médicale faites à l'Hôpital de la Charité*, Paris, Delahaye, 1867.

[58] _____, *Traité de pathologie interne*, t. III, Paris, Delahaye, 1883, 7e éd.

[59] Jaspers (K.), *Psychopathologie générale*, trad. fr., nouv. éd., Paris, Alcan, 1933.

[60] Kayser (Ch.), (avec Ginglinger A.), Etablissement de la thermorégulation chez les homéothermes au cours du développement, dans *Annales de Physiologie*, 1929, t. V, n° 4.

[61] _____ , (avec Burckardt E. et Hontcheff L.), Le rythme nycthéméral chez le Pigeon, dans *Annales de Physiologie*, 1933, t. IX, n° 2.

[62] _____ , (avec Dontcheff L.), Le rythme saisonnier du métabolisme de base chez le pigeon en fonction de la température moyenne du milieu, dans *Annales de Physiologie*, 1934, t. X, n° 2.

[63] _____ , (avec Dontcheff L. et Reiss P.), Le rythme nycthéméral de la production de chaleur chez le pigeon et ses rapports avec l'excitabilité des centres thermorégulateurs, dans *Annales de Physiologie*, 1935, t. XI, n° 5.

[63 bis] _____ , Les réflexes, dans *Conférences de physiologie médicale sur des sujets d'actualité*, Paris, Masson, 1933.

[64] Klein (M.), *Histoire des origines de la théorie cellulaire*, Paris, Hermann, 1936. (Voir aussi à Weiss et Klein [119].)

[65] Labbé (M.), Etiologie des maladies de la nutrition, dans Maladies de la nutrition, *Encyclopédie médico-chirurgicale*, 1936, 1re éd.

[66] Lagache (D.), La méthode pathologique, *Encyclopédie française*, t. VIII, 1938.

[67] Lalande (A.), *Vocabulaire technique et critique de la philosophie*, 2 vol. et 1 suppl., Paris, Alcan, 1938, 4e éd.

[68] Lamy (P.), *L'Introduction à l'étude de la Médecine expérimentale. Claude Bernard, le Naturalisme et le Positivisme*, Thèse lettres, Paris, 1928.

[69] _____ , *Claude Bernard et le matérialisme*, Paris, Alcan, 1939.

[70] Laubry (Ch.) et Brosse (Th.) Documents recueillis aux Indes sur les "Yoguis" par l'enregistrement simultané du pouls, de la respiration et de l'électrocardiogramme, dans *La Presse médicale*, 14 oct. 1936.

[71] Laugier (H.), L'homme normal, *Encyclopédie française*, t. IV, 1937.

[72] Leriche (R.), Recherches et réflexions critiques sur la douleur, dans *La Presse médicale*, 3 janv. 1931.

[73] _____ , Introduction générale; De la Santé à la Maladie; La douleur dans les maladies; Où va la médecine? *Encyclopédie française*, t. VI, 1936.

[74] _____ , *La chirurgie de la douleur*, Paris, Masson, 1937, 2ᵉ éd., 1940.

[75] _____ , Neurochirurgie de la douleur, dans *Revue neurologique*, juillet 1937.

[76] _____ , *Physiologie et pathologie du tissu osseux*, Paris, Masson, 1939.

[76 bis] Lefrou (G.), *Le Noir d'Afrique*, Paris, Payot, 1943.

[77] L'Héritier (Ph.) et Teissier (G.), Discussion du Rapport de J.-B. S. Haldane: L'analyse génétique des populations naturelles, dans *Congrès du Palais de la Découverte, 1937: VIII, Biologie*, Paris, Hermann, 1938.

[78] Littré (E.), *Médecine et médecins*, Paris, Didier, 1872, 2ᵉ éd.

[79] Littré (E.) et Robin (Ch.), *Dictionnaire de médecine, chirurgie, pharmacie, de l'art vétérinaire et des sciences qui s'y rapportent*, Paris, J.-B. Baillière, 1873, 13e éd. entièrement refondue.

[80] Marquezy (R.-A.) et Ladet (M.), Le syndrome malin au cours des toxi-infections. Le rôle du système neurovégétatif, *Xᵉ Congrès des Pédiatres de Langue française*, Paris, Masson, 1938.

[81] Mauriac (P.), *Claude Bernard*, Paris, Grasset, 1940.

[82] Mayer (A.), L'organisme normal et la mesure du fonctionnement, *Encyclopédie française*, t. IV, Paris, 1937.

[83] Mignet (M.), Broussais, dans *Notices et portraits historiques et littéraires*, t. I, Paris, Charpentier, 1854, 3ᵉ éd.

[84] Minkowski (E.), A la recherche de la norme en psychopathologie, dans l'*Evolution psychiatrique*, 1938, n° 1.

[85] Morgagni (A.), *Recherches anatomiques sur le siège et les causes des maladies*, t. I, *Epitre dédicatoire du 31 août 1760*, trad. fr. de Desormeaux et Destouet, Paris, Caille&Ravier, 1820.

[86] Mourgue (R.), La philosophie biologique d'A Comte, dans *Archives d'anthropologie criminelle et de médecine légale*, oct.-nov.-déc. 1909.

[87] _____ . La méthode d'étude des affections du langage d'après Hughlings Jackson, dans *Journal de Psychologie*, 1921, p.752.

[88] Nélaton (A.), *Eléments de pathologie chirurgicale*, 2 vol., Paris, Germer-Baillière, 1847-48.

[89] Neuville (H.), Problèmes de races, problèmes vivants; Les phénomènes

biologiques et la race; Caractères somatiques, leur répartition dans l'humanité, *Encyclopédie française,* t. VII, 1936.

[90] Nolf (P.), *Notions de physiopathologie humaine,* Paris, Masson, 1942, 4ᵉ éd.

[91] Ombredane (A.), Les usages du langage, dans *Mélanges Pierre Janet,* Paris, d'Artrey, 1939.

[92] Pales (L.), *Etat actuel de la paléopathologie. Contribution à l'étude de la pathologie comparative, thèse médecine,* Bordeaux, 1929.

[92 bis] Pales et Monglond, Le taux de la glycémie chez les Noirs en A.E.F. et ses variations avec les états pathologiques, dans *La Presse médicale,* 13 mai 1934.

[93] Pasteur (L.), Claude Bernard. Idée de l'importance de ses travaux, de son enseignement et de sa méthode, dans *Le Moniteur universel,* nov. 1866.

[94] Porak (R.), *Introduction à l'étude du début des maladies,* Paris, Doin, 1935.

[95] Prus (V.), *De l'irritation et de la phlegmasie, ou nouvelle doctrine médicale,* Paris, Panckoucke, 1825.

[96] Quêtelet (A.), *Anthropométrie ou mesure des différentes facultés de l'homme,* Bruxelles, Muquardt, 1871.

[97] Rabaud (E.), *La tératologie dans Traité de Physiologie normale et pathologique,* t. XI, Paris, Masson, 1927.

[98] Rathery (F.), *Quelques idées premières(ou soi-disant telles) sur les Maladies de la nutrition,* Paris, Masson, 1940.

[99] Renan (E.), *L'avenir de la science, Pensées de 1848(1890),* Paris, Calmann-Lévy, nouv. éd., 1923.

[100] Ribot (Th.), Psychologie, dans *De la méthode dans les sciences, I,* par Bouasse, Delbet, etc., Paris, Alcan, 1909.

[101] Rœderer (C.), Le procès de la sacralisation, dans *Bulletins et mémoires de la Société de Médecine de Paris,* 12 mars 1936.

[102] Rostand (J.), *Claude Bernard. Morceaux choisis,* Paris, Gallimard, 1938.

[103] _____ , *Hommes de Vérité: Pasteur, Cl. Bernard, Fontenelle, La Rochefoucauld,* Paris, Stock, 1942.

[104] Schwartz (A.), L'anaphylaxie, dans *Conférences de physiologie médicale sur des sujets d'actualité,* Paris, Masson, 1935.

[105] _____ , Le sommeil et les hypnotiques, dans *Problèmes physio-*

pathologiques d'actualité, Paris, Masson, 1939.

[106] Sendrail (M.), *L'homme et ses maux*, Toulouse, Privat, 1942; reproduit dans la *Revue des Deux Mondes*, 15 janv. 1943.

[107] Sigerist (H.-E.), *Introduction à la médecine*, trad. fr., Paris, Payot, 1932.

[108] Singer (Ch.), *Histoire de la biologie*, trad. fr., Paris, Payot, 1934.

[109] Sorre (M.), *Les fondements biologiques de la géographie humaine*, Paris, Colin, 1943.

[110] Strohl (J.), Albrecht von Haller (1708~1777). Gedenkschrift, 1938, in *XVIe Internat. Physiologen-Kongress*, Zürich.

[111] Teissier (G.), Intervention, dans *Une controverse sur l'évolution. Revue trimestrielle de l'Encyclopédie française*, n° 3, 2e trimestre 1938.

[112] Tournade (A.), Les glandes surrénales, dans *Traité de physiologie normale et pathologique*, t. IV, Paris, Masson, 1939, 2e éd.

[113] Vallois (R.-J.), Les maladies de l'homme préhistorique, dans *Revue scientifique*, 27 oct. 1934.

[114] Vandel (A.), L'évolution du monde animal et l'avenir de la race humaine, dans *La science et la vie*, août 1942.

[115] Vendryès (P.), *Vie et probabilité*, Paris, A. Michel, 1942.

[116] Virchow (R.), Opinion sur la valeur de microscope, dans *Gazette hebdomadaire de médecine et de chirurgie*, t. II, 16 févr. 1855, Paris, Masson.

[117] _____ , *La pathologie cellulaire*, trad. fr. Picard, Paris, J.-B. Baillière, 1861.

[118] Weiss (A.-G.) et Warter (J.), Du rôle primordial joué par le neurogliome dans l'évolution des blessures des nerfs, dans *La Presse médicale*, 13 mars 1943.

[119] Weiss (A.-G.) et Klein (M.), Physiopathologie et histologie des neurogliomes d'amputation, 1943, *Archives de Physique biologique*, t. XVII, suppl. n° 62.

[120] Wolff (E.), *Les bases de la tératogenèse expérimentale des vertébrés amniotes d'après les résultats de méthodes directes*, thèse Sciences, Strasbourg, 1936.

2 _ 정상적인 것과 병리적인 것에 대한 새로운 고찰(1963~1966)

Abrami (P.), Les troubles fonctionnels en pathologie (Leçon d'ouverture du Cours de pathologie médicale de la Faculté de médecine de Paris), *La Presse médicale*, 23 décembre 1936.

Amiel (J.-L.), Les mutations: notions récentes, in *Revue française d'études cliniques et biologiques*, X, 1965(687-690).

Bachelard (G.), *La terre et les rêveries du repos*, Paris, Corti, 1948.

Bacq (Z. M.), *Principes de physiopathologie et de thérapeutique générales*, Paris, Masson, 1963, 3ᵉ éd.

Balint (M.), *Le médecin, son malade et la maladie*, trad. fr., Paris, Presses Universitaires de France, 1960.

Bergson (H.), *Les deux sources de la morale et de la religion*(1932), Paris, Alcan, 1937, 20ᵉ éd.

Bernard (Cl.), *Introduction à l'étude de la médecine expérimentale*(1865), Paris, Delagrave, 1898.

_____ , *Principes de médecine expérimentale*, Paris, Presses Universitaires de France, 1947.

Bonnefoy (S.), *L'intolérance héréditaire au fructose*(thèse méd.), Lyon, 1961.

Bösiger (E.), Tendances actuelles de la génétique des populations, in *La Biologie, acquisitions récentes*(XXVIᵉ Semaine internationale de Synthèse), Paris, Aubier, 1965.

Brisset (Ch.), Lestavel et coll., *L'inadaptation, phénomène social*(Recherches et débat du C.C.I.F.), Paris, Fayard, 1964.

Bugard (P.), *L'état de maladie*, Paris, Masson, 1964.

Canguilhem (G.), *La connaissance de la vie*(1952), Paris, Vrin, 1965, 2ᵉ éd.

_____ , Le problème des régulations dans l'organisme et dans la société(*Cahiers de l'Alliance Israélite universelle*, n° 92, sept.-oct.1955).

_____ , La pensée de René Leriche, in *Revue philosophique*(juillet-sept. 1956).

_____ , Pathologie et physiologie de la thyroïde au xixᵉ siècle, in *Thalès*, IX, Paris, Presses Universitaires de France, 1959.

Canguilhem (G.), Lapassade (G.), Piquemal (J.), Ulmann (J.), Du développement à l'évolution au xixᵉ siècle, in *Thalès*, XI, Paris, Presses Universitaires de France, 1962.

Cannon (W. B.), *La sagesse du corps*, Paris, Editions de la Nouvelle Revue Critique, 1946.

Chesterton (G. K.), *Ce qui cloche dans le monde*, Paris, Gallimard, 1948.

Comte (A.), *Cours de philosophie positive*, t. III(1838), 48ᵉ Leçon, Paris, Scleicher, 1908.

_____, *Système de politique positive*, t. II, (1852), chap. V, Paris, Société Positive, 1929.

Courtès (F.), La médecine militante et la philosophie critique, in *Thalès*, IX, Paris, Presses Universitaires de France, 1959.

Dagognet (F.), Surréalisme thérapeutique et formation des concepts médicaux, in *Hommage à Gaston Bachelard*, Paris, Presses Universitaires de France, 1957.

_____, La cure d'air: essai sur l'histoire d'une idée en thérapeutique, in *Thalès*, X, Paris, Presses Universitaires de France, 1960.

_____, *La raison et les remèdes*, Paris, Presses Universitaires de France, 1964.

Decourt (Ph.), Phénomènes de Reilly et syndrome général d'adaptation de Selye(*Etudes et Documents*, I), Tanger, Hesperis, 1951.

Duyckaerts (F.), *La notion de normal en psychologie clinique*, Paris, Vrin, 1954.

Foucault (M.), *La naissance de la clinique*, Paris, Presses Universitaires de France, 1962.

Freund (J.), *L'essence du politique*, Paris, Sirey, 1965.

Garrod (S. A.), *Inborn errors of metabolism*, Londres, H. Frowde, 1909.

Gourevitch (M.), *A propos de certaines attitudes du public vis-à-vis de la maladie*(thèse méd.), Paris, 1963.

Grmek (M. D.), La conception de la santé et de la maladie chez Claude Bernard, in *Mélanges Koyré*, I, Paris, Hermann, 1964.

Grote (L. R.), Über den Normbegriff im ärztlichen Denken, in *Zeitschrift für Konsititutionslehre*, VIII, 5, 24 juin 1922, Berlin, Springer.

Guiraud (P. J.), *La grammaire*, Paris, Presses Universitaires de France("Que sais-je?", n° 788), 1958.

Huxley (J.), *La génétique soviétique et la science mondiale*, Paris, Stock, 1950.

Ivy (A. G.), What is normal or normality? in *Quarterly Bull. Northwestern Univ. Med. School*, 1944, 18, Chicago.

Jarry (J.-J.), Amoudru (C.), Claeys (C.) et Quinot (E.) La notion de "Norme" dans les examens de santé, in *La Presse médicale*, 12 février 1966.

Kayser (Ch.), *Physiologie du travail et du sport*, Paris, Hermann, 1947.

_____ , Le maintien de l'équilibre pondéral (*Acta neurovegetative*, XXIV, 1-4), Vienne, Springer.

Klineberg (O.), *Tensions affecting international understanding. A survey of research*, New York, Social Science Research Council, 1950.

Lejeune (J.), Leçon inaugurale du cours de génétique fondamentale, in *Semaine des hôpitaux*, 8 mai 1965.

Leroi-Gourhan (A.), *Le geste et la parole*; I: *Technique et langage*; II: *La mémoire et les rythmes*, Paris, A. Michel, 1964 et 1965.

Lesky (E.), *Österreichisches Gesundheitswesen im Zeitalter des aufgeklärten Absolutismus*, Vienne, R. M. Rohrer, 1959.

Lévi-Strauss (C.), *Tristes tropiques*, Paris, Plon, 1955.

Lwoff (A.), Le concept d'information dans la biologie moléculaire, in *Le concept d'information dans la science contemporaine*, Paris, Les Editions de Minuit, 1965.

Maily (J.), *La normalisation*, Paris, Dunod, 1946.

Müller (H. J.), *Hors de la nuit*, Paris, Gallimard, 1938.

Pagès (R.), Aspects élémentaires de l'intervention psycho-sociologique dans les organisations, in *Sociologie du travail*, V, 1, Paris, Ed. du Seuil, 1963.

Péquignot (H.), *Initiation à la médecine*, Paris, Masson, 1961.

Planques (J.) et Grezes-Rueff (Ch.), Le problème de l'homme normal, in *Toulouse Médical* (54ᵉ année, 8, août-sept. 1953).

Raymond (D.), *Traité des maladies qu'il est dangereux de guérir*(1757). Nouv. édition par M. Giraudy, Paris, 1808.

Rolleston (S. H.), *L'âge, la vie, la maladie*, Paris, Doin, 1926.

Ruyer (R.), *La cybernétique et l'origine de l'information*, Paris, Flammarion, 1954.

Ryle (J. A.), *the meaning of normal, in Concepts of medicine, a collection of essays on aspects of medicine*, Oxford-Londres-New York-Paris, Pergamon Press, 1961.

Selye (H.), Le syndrome général d'adaptation et les maladies de l'adaptation, in *Annales d'endocrinologie*, 1964, nᵒˢ 5 et 6.

_____ , *Stress*, Montréal, 1950.

_____ , D'une révolution en pathologie, in *La Nouvelle nouvelle Revue française*, 1er mars 1954.

Simondon (G.), *L'individu et sa genèse physico-biologique*, Paris, Presses Universitaires de France, 1964.

Starobinski (J.), Une théorie soviétique de l'origine nerveuse des maladies, in *Critique*, 47, avril 1951.

_____ , Aux origines de la pensée sociologique, in *Les Temps modernes*, décembre 1962.

Stoetzel (J.), La maladie, le malade et le médecin: esquisse d'une analyse psychosociale, in *Population*, XV, n° 4 août-sept. 1960.

Tarde (G.), *Les lois de l'imitation*, Paris, Alcan, 1890.

Tubiana (M.), Le goitre, conception moderne, in *Revue française d'études cliniques et biologiques*, mai 1962.

Valabrega (J.-P.), *La relation thérapeutique: malade et médecin*, Paris, Flammarion, 1962.

Vandel (A.), *L'homme et l'évolution*, Paris, Gallimard, 1949; 2e éd., 1958.

_____ , L'évolutionnisme de Teilhard de Chardin, in *Etudes philosophiques*, 1965, n° 4.

Wiener (N.), The concept of homeostasis in medicine, in *Concepts of medicine* (voir à Ryle).

_____ , L'homme et la machine, in *Le concept d'information dans la science contemporaine*, Paris, Les Editions de Minuit, 1965.

찾아보기

| ㄱ |

갈바니즘(galvanisme) 56

감수성(sensibilité) 72

개체성 247

건강 110

결정론 170, 241

겸상적혈구성빈혈(anémie à hématies
falciformes) 317

경험주의 55

고체병리론자 73

고혈압 42

골드슈타인, 쿠르트(Kurt Goldstein) 41

과민반응 234

과잉자극 상태(irritation) 68

교감신경 207

글리슨, 프랜시스(Francis Glisson) 72

기관 254

기능항진(sthénie) 72

기형학 47, 156, 239

긴장(tonus) 114

| ㄴ, ㄷ |

내분비학 237

내장역위증(hétérotaxies) 239

뉴턴, 아이작(Isaac Newton) 60

니체 57

다렘베르그, 샤를 빅토르(Charles Victor
Daremberg) 53

단백질 317

달랑베르, 장 르 롱(Jean Le Rond d'
Alembert) 60

당뇨병 83

돌연변이 163, 301.

동질성(homogénéité) 93

디드로, 드니(Denis Diderot) 275

DNA 317

디프테리아 257

| ㄹ, ㅁ |

라가슈, 다니엘(Daniel Lagache) 133

라부아지에, 앙투안(Antoine Laurent

Lavoisier) 90

랄랑드, 앙드레(André Lalande) 150

레비-스트로스, 클로드(Claude Lévi-
Strauss) 275

루소, 장 자크(Jean Jacques
Rousseau) 275

르낭, 에르네스트(Ernest Renan) 55

르리슈, 르네(René Leriche) 41

리트레, 에밀(Emile Littré) 55

마장디, 프랑수아(François
Magendie) 79

맥박수 206

메를로 퐁티, 모리스(Maurice Merleau
Ponty) 40

메이에르송, 에밀(Émile
Meyerson) 130

메치니코프, 일리야(Ilya
Metchnikoff) 184

모델 176

모르가니, 조반니(Giovanni
Morgagni) 53

목적론 248

목적성 248

문학 57

밍코브스키, 오스카(Oskar
Minkowski) 98

| ㅂ |

바로크 231

바슐라르, 가스통(Gaston
Bachelard) 271

발레리, 폴(Paul Valéry) 161

백혈구 255

베르그송, 앙리(Henri Bergson) 148

베르나르, 클로드(Claude Bernard) 43

베이컨, 프랜시스(Francis Bacon) 52

병리학 58

병원 266

병태생리학 47

부검 236

부신(surrénales) 237

불구(infirmité) 160

브라운, 존(John Brown) 71

브라운-세카르, 샤를 에두아르(Charles-
Édouard Brown-Séquard) 237

브루세, 프랑수아 조제프 빅토르(François
Joseph Victor Broussais) 54

브룅슈비크, 레옹(Léon Brunschvicg) 47

블라슈, 폴 비달 드 라(Paul Vidal de La
Blache) 183

블롱델, 샤를(Charles Blondel) 133

비샤, 그자비에(Xavier Bichat) 71

| ㅅ |

사범학교(école normale) 269

4체액 51

사혈(瀉血, saignée) 75

사회물리학 286

사회적 규범 267

사회학 62, 286

생기론자 89

생리학 55

생명의 규범 267

생물학 63

생-틸레르, 에티엔 조프루아(Etienne Geoffroy Saint Hilaire) 53

생활 양식(genre de vie) 183

선천성 대사 이상(erreurs innées du métabolisme) 315

세포 254

세포병리학 256

세포설 78

셀리에, 한스(Hans Selye) 41

셰링턴, 찰스 스콧(Charles Scott Sherrington) 104

쇠약(asthénie) 72

슈탈, 게오르크 에른스트(Georg Ernst Stahl) 123

시드넘, 토머스(Thomas Sydenham) 52

신경교종증(syndrome du neurogliome) 218

신경학 218

실어증 212

실증주의 78

실증철학 59

심리학 133

심장 189

| ㅇ |

아디슨, 토머스(Thomas Addison) 237

아리스토텔레스 147

아미노산 317

아카데미 프랑세즈 280

알캅톤뇨증 96

야스퍼스, 칼(Karl Jaspers) 134

양극성 144

염색체 317

염증 68

요가 수행자 189

우생유전학 297

우생학(eugénique) 296

위궤양 42

위산과다 100

유기체 51

유물론자 89

의기계론자(iatromécanicien) 123

의화학자(iatrochimiste) 123

이상(anomalie) 53

인과관계 57

인과성 246

임계점 226

| ㅈ |

자연 상태 275

자연선택 148

자연철학 244

자연치유력 148

잭슨, 휼링스(Hughlings Jackson) 104

정신병 134

정신병리학 136

정신분석 156

정신의학 133

정신질환 135

조건반사 201

조직 254

조직학 78

지거리스트, 헨리(Henry E. Sigerist) 53

진화 230

| ㅊ, ㅋ, ㅌ |

철학 45
체액병리론자 73
체온 201
체질(terrain) 50
초파리 163
총체성 247
컬렌, 윌리엄(William Cullen) 72
컴퓨터 290
케틀레, 아돌프(Adolphe Quêtelet) 176
코흐, 로베르트(Robert Koch) 240
콜레주 드 프랑스 81
콩트, 오귀스트(Auguste Comte) 54
텐, 이폴리트(Hippolyte Taine) 55
통계학 176
통일성 247
통증 116
투베르쿨린(tuberculin) 240

| ㅍ |

파라켈수스(Paracelse) 123
파스퇴르, 루이(Louis Pasteur) 50
평균 173
평균치 177
평활근 189
폰 메링, 요제프(Joseph von
Mering) 98

표준편차 305
플라톤 77
피넬, 필립(Philippe Pinel) 53
피르호 239

| ㅎ |

하비, 윌리엄(William Harvey) 53
하제(下劑, purgation) 75
할러, 알브레히트 폰(Albrecht von
Haller) 53, 72
합병증 226
항상성 210
항체 234
행동(comportement) 203
헬몬트, 얀 밥티스타 판(Jan Baptista Van
Helmont) 123
혈당 85
혈액 순환 231
혈우병 161, 227
형이상학 46
환경 210
황금 시대 275
획득형질 204
횡문근 189
효소 318
흥분가능성(incitabilité) 72
히포크라테스(Hippocrates) 51